Edgardo Dobry

América en sus poetas

Una cartografía lírica del continente

taurus

Papel certificado por el Forest Stewardship Council®

Primera edición: enero de 2026

© 2026, Edgardo Dobry
© 2026, Penguin Random House Grupo Editorial, S. A. U.
Travessera de Gràcia, 47-49. 08021 Barcelona

Printed in Spain – Impreso en España

ISBN: 978-84-306-2368-6
Depósito legal: B-19.675-2025

Compuesto en Arca Edinet, S. L.
Impreso en Unigraf
Móstoles (Madrid)

TA 2 3 6 8 6

*El autor ofrenda este libro a la memoria
del poeta Daniel Samoilovich (1949-2025)*

ÍNDICE

PREFACIO

El título de este libro puede dar lugar a algún equívoco; en este prefacio intentaré disiparlo e indicar lo que significa o quiere significar. *América en sus poetas* podría ser un estudio sistemático del modo en que el continente americano ha cantado o llorado o gritado su historia, circunstancias y vicisitudes a través de la poesía. No es el caso. No pretendo demostrar la existencia de una voz continental que se manifestara mediante los autores que aquí leo. Además, si el objetivo fuera medir la cantidad de *americanismo* que hay en cada poeta significativo sería muy difícil no caer en la falacia de ir en busca de lo que ya se tiene, en la ficción de averiguar lo que ya se sabe. Si existen rasgos comunes, si hay características, actitudes, direcciones que conforman, en la lectura, un trazado (no sistemático) de reenvíos y reflejos, estos debieron surgir en la lectura y no antes. Incluso en la lectura casual, porque lo significativo suele encontrarse donde no se lo busca; o desviado o de otro modo.

Este libro no pretende construir un canon ni discutir o suscribir alguno de los ya constituidos, aunque da por sentado los más conocidos. Hay aquí capítulos dedicados a autores ineludibles, como Whitman, Rubén Darío y César Vallejo. Pero no los hay sobre Huidobro ni Neruda, a pesar de que ambos están, de modo explícito o implícito, en varios pasajes. Dedico un capítulo a Oliverio Girondo, cuya resonancia es quizá más argentina que latinoamericana; el peruano Tulio Mora también tiene uno, pero no sus compatriotas Rodolfo Hinostrioza, Antonio

Cisneros o Carmen Ollé, no menos significativos. Entre los que están todavía en activo, hay algunos autores que considero importantes, como Zurita, Arturo Carrera, Daniel Samoilovich (tristemente fallecido en el momento de entregar este libro a imprenta) o, más joven, Sergio Raimondi, pero un lector colombiano o uruguayo podría reprocharme, no sin razón, que faltan otros, quizá tan relevantes como estos.

¿Cuál es, entonces, el criterio? Lo que propongo es un recorrido por una serie de libros, más que de autores. Dicho de otro modo, no es mi intención ofrecer una colección de perfiles abarcadores, que dieran cuenta de figuras veneradas o trayectorias coherentes, sino incidir aquí y allá en algunos libros que me rodearon o me rondaron en los últimos años y que, en distintos aspectos, me brindaron el acceso a modulaciones diversas de lo americano en la poesía. Una vez más: si hay una o varias tramas que atraviesan este libro —y yo creo sinceramente que las hay—, estas se hicieron visibles *a posteriori*: no son un supuesto sino un develamiento.

América no es una unidad, sino un conjunto con algunos rasgos comunes, sin ignorar las grandes diferencias, sobre todo entre la angloparlante y la que suele denominarse América Latina. La inclusión de poetas de esas dos Américas en un mismo trabajo es una decisión y no una obviedad. Los tratados, los manuales, los ordenamientos históricos y nacionales o subcontinentales de la literatura descartan esa opción. Una opción que, por otro lado, tiene antecedentes notorios en los que ampararme, sin pretender compararme. El principal: *La expresión americana* de José Lezama Lima (1957), donde *Hojas de hierba* y *Moby Dick* forman serie con el *Primero sueño* y *Martín Fierro*. En el principio (es decir, en el siglo XIX), la fuerza que atraviesa América emana de la voluntad de fundar y sostener una poesía que, escrita en la lengua heredada, inglés, castellano o portugués, fuera otra cosa visiblemente distinta de la poesía inglesa, española o portuguesa. Ya bien entrado el siglo XX, William Carlos Williams (véase el capítulo que le dedico en este libro) le reprochará a Eliot, establecido en

Londres, haber causado un gran retroceso en la búsqueda de la poesía de los Estados Unidos por encontrar su dicción propia.

El itinerario o la constelación que estos capítulos construyen demuestra —insisto: teniendo siempre presentes las enormes diferencias de todo tipo— impulsos e inquietudes comunes. En *Celebración. A través de la poesía americana** abordé este aspecto desde una perspectiva teórica, mostrando el modo en que la poesía americana (en el sentido continental de la expresión) tiende a la actitud celebratoria, frente a la deriva elegíaca de la poesía europea desde el romanticismo en adelante. El presente libro no es una extensión de aquel; aunque algunas directrices permanecen, aquí quiero escuchar la voz de los poemas sin imprimirles antes una voluntad clasificatoria.

Por otra parte, incluso dentro de América Latina las diferencias son notorias: si hay un suelo común es la lengua —si nos ceñimos al ámbito hispanoamericano—, pero no lo que en ella se expresa. Lo diré con Octavio Paz: «América Latina es un concepto histórico, sociológico o político: designa un conjunto de pueblos, no una literatura». Sin embargo, no es infrecuente encontrar unas posiciones semejantes respecto del encaje en la tradición occidental —de la que América es una parte sustancial y a la vez singular, con una temporalidad propia—, unos cruces frecuentes entre lo poético y lo político, y una relación propia con los ejes de la modernidad y la vanguardia. Así, se manifiestan proximidades y resonancias en obras pertenecientes a esa diversidad de literaturas.

Los dos poetas de Estados Unidos que ocupan los primeros capítulos de este libro son fundacionales: en la primera mitad del siglo xix, Edgar Allan Poe; en la segunda, Walt Whitman. Poe pensó que la poesía americana, para alcanzar su propia entidad, tenía que abandonar el didactismo al que se la había destinado en un enorme país todavía en estado de consolidación. Para ser algo en sí mismo, el poema tenía que emanciparse del mandato moral y consolidarse como una entidad propia, sin transitividad. Con ese fin, tras escribir su poema más famoso,

* Barcelona, Trampa, col. «Intervenciones», 2022.

«El cuervo», elaboró un curioso método al que denominó «Filosofía de la composición», donde afirmaba que la belleza es el territorio de la poesía «porque es una regla obvia del Arte que los efectos deben surgir de causas directas y que los objetos deben alcanzarse con los medios más adecuados a ellos». No la espontaneidad sino el proyecto debe guiar el trabajo. Idea antirromántica difundida por un poeta de fuerte impronta romántica en casi todos sus versos; tensión entre la impregnación social y política del poema y su aspiración a la autonomía y la inmanencia. Unos ochenta años más tarde del ensayo de Poe, un poeta del *modernism* estadounidense, Archibald MacLeish, escribió en su «Ars poetica»: «A poem should not mean / But be» (el poema no *significa* algo, *es* algo). Era un modo de empujar hasta el extremo el impulso de los simbolistas franceses, para quienes el poema debía ser el ámbito donde la palabra se purificara de su ya imparable circulación y proliferación industrial. Sin embargo, como muestro en el primer capítulo, una parte importante del germen de esa actitud está en lo que Baudelaire leyó (y tradujo) de Poe. Conjunción americana: se pueden plegar las estéticas sucesivas y opuestas, así como Rubén Darío podía juntar en un verso a «Hugo fuerte» y a «Verlaine ambiguo», algo que hubiera resultado incongruente y hasta disparatado para un poeta francés de su tiempo, porque el delicado y sutil simbolismo de Verlaine era una reacción contra la rotunda verbosidad victorhuguesca. Lo señaló Federico de Onís: lo característico de las letras americanas es el «fenómeno de superposición de épocas y escuelas». Y sin embargo, Poe a través de Baudelaire y, medio siglo más tarde, Darío a través de Juan Ramón Jiménez y Antonio Machado, son el insoslayable germen de lo nuevo en la poesía francesa (y, a través de ella, occidental) y española.

Hojas de hierba de Whitman fue la constitución poética y mítica de la democracia americana como la buena nueva del continente para sí mismo y para el universo. Esa obra funda una tradición que recorre América a lo largo del siglo xx y hasta ahora: la irrupción de lo político en lo lírico, como en los chilenos Gabriela Mistral, Neruda y Zurita, donde es evidente;

incluso en los lujos retóricos de los neobarrocos, como Néstor Perlongher, en los «cadáveres» de su poema más famoso. Esos cadáveres que, hacia finales de la dictadura militar que gobernó Argentina entre 1976 y 1983, aparecían por todas partes precisamente porque estaban «desaparecidos», ocultos, no reconocidos. Cincuenta años antes, Rosario Castellanos los había visto, también, tras la masacre de estudiantes en Tlatelolco de 1968, en la Ciudad de México, en su único poema abiertamente político: «No busques lo que no hay: huellas, cadáveres...». En el giro americanista de su última etapa, Perlongher retoma su formación como antropólogo, con su rechazo de París (es decir, del postestructuralismo) y su reivindicación del culto amazónico del Santo Daime.

La democracia no solo fue el asunto de *Hojas de hierba*, del que Martí, el primero que habló de Whitman en castellano, dijo que era un «libro natural»; también fue la forma, en las largas enumeraciones y la sintaxis paratáctica, que no subordina una cosa a otra, sino que las pone a todas al mismo nivel. Esta forma original de versificar, inspirada en los salmos bíblicos, dio origen a una prosodia nueva, que reencontramos, de distintos modos, en el «Canto a la Argentina» de Darío, en Neruda y en Martín Adán, entre muchos otros; y, en el ámbito europeo, aunque mucho menos frecuente, en dos poetas periféricos: un lisboeta criado en Sudáfrica y un francés nacido en Guadalupe, en las Antillas francesas. Es decir, en las odas de Álvaro de Campos (Fernando Pessoa) y en la *Anábasis* de Saint-John Perse.* Y también en una de las traductoras de Whitman al castellano, la demasiado olvidada chilena Concha Zardoya.

En el espacio americano, un poeta insoslayable en la irrupción de lo político en lo lírico fue Leopoldo Lugones. Hizo el camino inverso al propugnado por Poe: en pocos meses pasó de un libro que lleva al modernismo al umbral de la vanguardia

---

*   Se han señalado, en la *Anábasis*, evocaciones de la conquista de México contada por Bernal Díaz del Castillo; y Alfonso Reyes, cuyo magisterio fue reconocido por Perse, creyó ver huellas de su *Visión del Anáhuac*.

(*Lunario sentimental*, 1909) a un volumen institucional, escrito para celebrar el centenario de la Revolución de Mayo, es decir, el inicio de la independencia argentina (*Odas seculares*, 1910). Lugones fue una figura política desde su irrupción en Buenos Aires, en 1896 y con veintidós años, hasta el suicidio en El Tigre, en febrero de 1938. Fue funcionario del Estado durante buena parte de su vida, vinculado sobre todo al sistema de educación pública, en lo cual continuó la labor de uno de sus ídolos y padre de la patria, Domingo F. Sarmiento. Durante muchos años dirigió la Biblioteca Nacional del Maestro, donde aún se conservan su despacho y parte de sus libros. Lugones adoptó sucesivamente todas las figuras posibles: el rebelde y tonante de sus primeros libros, donde la impronta de Victor Hugo se funde con la de Walt Whitman; el poeta institucional de las *Odas seculares*; el pensador y ensayista de un nacionalismo cada vez más radical, que se propuso demostrar la cualidad épica del poema gauchesco *Martín Fierro* para darle genealogía heroica a la estirpe argentina. Ese giro nacionalista lo llevó a posiciones fascistas, como cuando decretó en 1924, en otro centenario, el de la batalla de Ayacucho, la «hora de la espada» contra «la democracia y el socialismo». Discursos que pueden compararse, teniendo en cuenta todas las diferencias de tradiciones y contextos, como lo hago en un capítulo de estas páginas, con el movimiento que llevó a Heidegger a alinearse con el nazismo. Al final de su trayectoria, Lugones volvió al romancero y al canto al amor matrimonial.

En el cruce de la política o, mejor dicho, de lo político en la dirección de la lírica, la trayectoria de Rubén Darío no es menos demostrativa: el poeta de las ensoñaciones versallescas y de los príncipes de Golconda de *Prosas profanas* pasó a ser, en el transcurso de pocos años, el vate atravesado por las preocupaciones de su tiempo que, en *Cantos de vida y esperanza*, se dirige al presidente de Estados Unidos para honrar a «la América ingenua que tiene sangre indígena, / que aún reza a Jesucristo y aún habla en Español»; «la América del grande Moctezuma, del Inca, / la América fragante de Cristóbal Colón, / la América

católica, la América española...». En este último verso están los
dos elementos que, para la inteligencia de principios del siglo xx,
distinguían a la América Latina de la anglosajona: el catolicismo
y la lengua castellana; se parecen a los que en *Ariel*, de Rodó,
separan al Calibán caníbal y materialista del Norte del Ariel
espiritual y contemplativo del Sur. Rodó, con su estudio sobre
Prosas profanas —donde proclamaba que Darío «no es el poeta
de América»—, gravitó sobre el giro hacia lo explícitamente
político: Darío lo reconoció al poner el ensayo del uruguayo
como prólogo a la segunda edición ampliada de su libro, publi-
cada en París en 1901.

En un campo intelectual en estado de formación, un gran
poeta y un gran crítico, en las márgenes opuestas del Río de la
Plata (Darío vivió en Buenos Aires durante buena parte de
la década de 1890), dejaban en su obra la materialización de un
intercambio intelectual explícito. En este sentido, se reproduce en
el Cono Sur un diálogo fundacional para la literatura de Estados
Unidos: el de Emerson como pensador de lo genuinamente ame-
ricano y Whitman como autor del gran poema nacional. En
*Una profecía del pasado. Lugones y la invención del «linaje de Hér-
cules»* he mostrado las resonancias de otro intercambio, implíci-
to en ese caso: entre *El Payador* de Lugones como respuesta al
Ariel de Rodó, como si la oposición europea entre Nietzsche y
Renan tuviera una segunda edición americana. Sin embargo, en
Prosas profanas ya hay americanismo —o, en palabras de César
Vallejo, «sensibilidad americana»—, no solo en la localización
porteña explícita de varios pasajes, sino en la forma de asimilar
todas las influencias para renovar la versificación castellana, cosa
que, como el propio Darío apuntó, España no podía hacer por
estar «amurallada de españolismo».

En su admirable estudio *Las corrientes literarias en la Améri-
ca Hispana*, escrito originalmente en inglés como un ciclo de
Norton Lectures dictadas en Harvard (1945), Pedro Henríquez
Ureña señaló un argumento ya instaurado como certeza sólida:
la autonomía literaria que habrían obtenido, por primera vez
en el ámbito hispanoamericano, los poetas del modernismo:

«Comenzó una división del trabajo. Los hombres de profesiones intelectuales trataron ahora de ceñirse a la tarea que habían elegido y abandonaron la política [...]. El timón del Estado pasó a manos de quienes no eran sino políticos; nada se ganó con ello, antes al contrario». Es verdad que Martí, Darío y Lugones desarrollaron distintas modulaciones de la prosa periodística, excelsa en los tres casos, y fundadora de otra estirpe de gran arraigo en Latinoamérica desde entonces y hasta hoy: la de los cronistas. Los tres, además, publicaron sus artículos en un mismo diario, *La Nación* de Buenos Aires; Darío, en uno de sus escritos autobiográficos, dice que «casi todas las composiciones de *Prosas profanas* fueron escritas rápidamente, ya en la redacción de *La Nación*, ya en las mesas de los cafés». Eso les permitió profesionalizar una parte de su talento; y, según Ángel Rama, parafraseando a Mariano José de Larra («¿Quién es el público y dónde se le encuentra?») aprender «qué cosa era el público y cuáles eran sus apetencias», para ganar un mayor grado de libertad en la poesía, en la estela de parnasianos y simbolistas, que propugnaban la sutileza, los matices y la musicalidad de la poesía, así como la independencia del arte de cualquier fin o función externa. Un ejemplo extraordinario de ese movimiento propiamente americano —que a la vez escinde y hace converger el marfil poético y el lodo periodístico— lo constituyen las crónicas que Darío publicó en *La Nación* sobre la situación en la Península tras la guerra de Cuba, que fueron escritas en 1899 y que luego se recogieron en el libro *España contemporánea*. Ese viaje a España enviado por un diario argentino significó el final del período de mayor estabilidad y creatividad del principal poeta del modernismo, cuya vida fue errante antes y después de su etapa en Buenos Aires. En las «Palabras liminares» a *Prosas profanas* había escrito: «Buenos Aires: Cosmópolis». Una vez más, agregando a su escudo las acusaciones recibidas, sin tomar partido, necesariamente, en la vieja querella entre la defensa del color local y los riesgos del cosmopolitismo. Darío llegó a esa primera capital del *melting pot* de América del Sur a los veintiséis años, después de su primer viaje a París; partió hacia

Barcelona pocos días antes de cumplir treinta y dos: la intensidad e importancia del trabajo que desarrolló en esa etapa son difícilmente comparables con ninguna etapa de otro poeta latinoamericano.

Contra la afirmación de Henríquez Ureña, Ángel Rama argumentó en *La ciudad letrada* que «la mayoría [de los poetas del modernismo hispanoamericano] intervino en política o no dejó de escribir sobre temas políticos: Manuel Díaz Rodríguez, José Juan Tablada, José Santos Chocano, Leopoldo Lugones, Franz Tamayo, Guillermo Valencia, hasta Julio Herrera y Reissig, aunque también aquí podría agregarse que "nada se ganó con ello, antes al contrario"». El propio Darío, a pesar de que pasó casi toda su vida adulta fuera de su país natal, llevó a cabo encargos y representaciones diplomáticas de Nicaragua en numerosas ocasiones.

Unas décadas más tarde, Neruda iba a trazar una trayectoria semejante, aunque menos repentina: del sublime vanguardismo solipsista de *Residencia en la tierra* (1935) al libro que abre una extensa etapa de poesía política en América Latina, el *Canto general* (1950). En medio, la *Tercera residencia*, en la que, tras los bombardeos franquistas de Madrid en el comienzo de la Guerra Civil, escribía:

> *Venid a ver la sangre por las calles,*
> *venid a ver*
> *la sangre por las calles,*
> *¡venid a ver la sangre*
> *por las calles!*

Un modo de responder a las preguntas que encabezan el poema: «Y dónde están las lilas? / Y la metafísica cubierta de amapolas? / Y la lluvia que a menudo golpeaba / sus palabras llenándolas / de agujeros y pájaros?». Lo político irrumpe en forma de «sangre por las calles». En esa misma línea podríamos poner a Gabriela Mistral. Después de las notas románticas de *Desolación* (1922), con sonetos en alejandrinos, en *Tala* (1938), publicada en la editorial Sur de Buenos Aires en los años de la guerra civil española, pone como «Razón de este libro»: «Tomen ellos [los niños españoles dispersados a los cuatro vientos] el pobre libro de mano de su Gabriela, que es una mestiza de vasco, y se lave *Tala* de su miseria esencial por este ademán de servir, de ser únicamente el criado de mi amor hacia la sangre inocente de España [...]». Ya en el siglo XXI, la emergencia política reaparece al principio del monumental *Zurita* (2011) por la inminencia de otro bombardeo, el de la Casa de la Moneda de Santiago de Chile: «Son los últimos minutos del atardecer del lunes 10 / de septiembre de 1973 y los desfiles comenzaron / hace menos de una hora...», poco antes del asesinato de Allende y la larga instauración en el poder de Pinochet y sus secuaces.

No se trata aquí, empero, de la denominada «poesía comprometida»; si tal fuera el caso debería haber preferido, para César Vallejo, *España, aparta de mí este cáliz* a *Trilce*. La importancia de *Trilce* va más allá de la serie en que se la incluya y podríamos repetir, como para Darío, que su carácter americano está en su modo de construir lo nuevo con la información fragmentaria y dispersa que tuvo a su alcance. En alguna medida su preponderancia radica en el carácter irreductible e inestable del propio texto, en la dificultad y casi imposibilidad de fijar cuáles de sus muchas transgresiones de la gramática normativa son decisiones o erratas, es decir, producto de un azar que parece jugar su golpe de dados en cada uno —y en el conjunto— de esos 77 poemas. Todavía hoy los editores se disputan la (imposible) versión canónica del texto; lo cual, lejos de ser un problema, convierte a *Trilce* en un caso único por la potencia significativa y simbólica de su inestabilidad, de su vibración ajena a la unicidad y lo fijado. En este sentido, *Trilce* elabora una política de la poesía, y no al revés.

Otra importante manifestación de la vanguardia en América fue *Kora en el infierno* (1920), de William Carlos Williams, evocación libérrima del mito de Kora, Cora o Proserpina, que sale del inframundo cada primavera para instaurar el triunfo de la vida y del presente. Al contrario de Eliot, que en el famoso primer verso de *La tierra baldía* decretaba que «abril es el mes más cruel», para Williams la primavera es, cada vez, un nuevo nacimiento porque «el pasado está muerto».

Rosario Castellanos y Tamara Kamenszain: la primera se apropia de un episodio sublime de la tradición occidental, Dido abandonada por Eneas, tal como lo narró Virgilio en el Libro IV de la *Eneida*, para darle un giro inesperado, enunciado desde la posición de la mujer abandonada, a la que el dolor «ha hecho eterna». La segunda pertenece a la serie de autores rioplatenses del siglo xx que fueron hijos de inmigrantes, como Arlt, Gelman, Pizarnik, J. R. Wilcock o Juan José Saer (en el otro extremo del continente, William Carlos Williams fue hijo de un inglés criado en la República Dominicana y de una portorriqueña). Escritores cuyo oído registra el eco de otras lenguas, como el yidis materno, en Kamenszain. Lengua materna no es igual a lengua nacional; la lengua en la que se escribe no es la misma (o al menos, no es la única) que se oía en la casa de la infancia. El judaísmo no es casi nunca «el tema» de Kamenszain, pero está en el trasfondo de buena parte de lo que escribió, como en el libro sobre la muerte de su madre, centrado justamente en el «eco» de esa voz a la vez familiar y extraña, o en el breve y memorable volumen sobre las variaciones de su nombre, de raíz bíblica (Tamar). Por eso la evoco, además, en el último paseo que hicimos juntos: en Jerusalén, durante un congreso dedicado a otra ilustre judía argentina, Alejandra Pizarnik.

También son 77, como los de *Trilce* (la coincidencia no es casual), los poemas que Tulio Mora incluyó en *Cementerio general*, una historia discreta del Perú desde sus raíces precolombinas y un libro en el que, de un modo particular, el poeta vuelve a encarnar a su país, a la fisonomía diversa y compleja de la región andina americana. Un libro que, por otro lado, debe buena parte de su materia y su inspiración al conocimiento que Mora tuvo de las zonas más remotas del Perú durante uno de los más peculiares experimentos políticos de América Latina: la dictadura «revolucionaria» de Juan Velasco Alvarado. *Cementerio general* representa otro modo de la poesía americana, el de la parataxis: la coordinación o enumeración whitmaniana, a la composición ya no de la frase sino del libro como unidad abarcadora, como en *Antología de Spoon River* de Edgar Lee Masters o los *Cantos* de Ezra Pound. Y el libro más reciente incluido en estas lecturas, *Lexikón* de Sergio Raimondi, está construido en la forma de un catálogo o un diccionario enciclopédico cuyas entradas son palabras en lenguas extranjeras. Otra manera de poner el fragmento y la (aspiración a la) compleción en un vínculo tenso y por eso mismo significativo. Insistente aspiración del poeta americano a agotar su materia, a clasificar el mundo o una porción del mundo en un archivo regido por algún principio de organización o por el azaroso impulso acumulativo: las lápidas de un cementerio (Mora), el orden alfabético (Raimondi). En el caso de Arturo Carrera, el *Potlatch*, práctica ancestral de pueblos nativos del Pacífico norteamericano que se convirtió en un concepto de la antropología del siglo xx gracias a Marcel Mauss y a Georges Bataille. Carrera lo trabaja como emblema de los usos y significados del dinero en una infancia argentina hacia mediados del siglo pasado.

Otros dos estadounidenses tienen presencia en este libro: John Ashbery y Ron Padgett. El primero de ellos fue uno de los poetas más originales e influyentes de la segunda mitad del siglo xx y principios del xxi. Aquí lo leo a través de una parte menos conocida de su obra, pero muy significativa para estudiar sus ideas sobre la poesía y el arte: por un lado, las conferencias que dio en Harvard en 1989 (en el mismo ciclo Norton que Henríquez Ureña había ocupado cuarenta y cinco años antes) y que se recopilaron bajo el título de *Otras tradiciones*. Una original reivindicación de la importancia de los poetas menores, no solo para la continuidad de la tradición universal sino también, y quizá sobre todo, para el estímulo del poeta individual. Por otro lado, las críticas de arte que Ashbery escribió para diarios y revistas, sobre todo durante los años en que vivió en París, en la década de 1960. Son crónicas llenas de juicios brillantes e inesperados que supusieron la que fue quizá, hasta ahora, la última renovación de la estirpe del poeta que expresa sus ideas sobre estética a través del examen de la obra de los artistas.

Ron Padgett renovó, ya en el siglo XXI, una corriente que subyace a la poesía americana moderna: la de la celebración de lo presente, de lo que está ante la vista. Uno de sus poemas más conocidos es un canto a una marca de fósforos, y aparece en *Paterson* (2016), la película de Jim Jarmusch que es, en buena medida, un homenaje a William Carlos Williams (*Paterson* es el título de la obra más extensa y ambiciosa de Williams), pero cuyos poemas son de Padgett. Me propongo leerlo aquí en relación con cierto arte *pop*, como el de Warhol, que también se aproximó a aquello que parece el rebajamiento industrial del arte: la publicidad.

Los capítulos están dispuestos según la fecha de nacimiento de cada poeta, desde Poe a Raimondi. Es el modo menos arbitrario que se me ocurre para darle orden a un conjunto que solo lo posee en la medida en que sea capaz de hacer presente también lo que no está, lo que no entró en el recorte o cartografía que se propone.

¿Por qué escribir sobre poesía? ¿Por qué imprimir letra escrita sobre lo ya escrito? Porque un poema es una pregunta que se reformula a través de sus sucesivas respuestas. Porque en el momento en que el poema me mueve a levantar la vista de la página sé que no será del todo un pensamiento hasta que no lo argumente por escrito. La escritura es para el lector crítico como el teorema para el matemático: va de la intuición a la demostración, o al menos a su tentativa. Porque ningún poema está solo, y la gran conversación de la poesía no tiene tono sin la intermediación del crítico, que en ocasiones es el mismo poeta en otra escena de especulación. El ensayo intenta poner la casa en orden. Tira los muebles viejos y después se arrepiente y los quiere recuperar para disponerlos de otro modo y con otra capa de pintura. No quiere decirle al lector cómo se lee o interpreta un poema sino sugerirle sustratos, asociaciones y direcciones no siempre evidentes a primera vista. Dijo Lezama Lima: «¿Lo que más admiro de un escritor? Que maneje fuerzas que lo arrebaten, que parezcan que van a destruirlo. Que se apodere de ese reto y disuelva la resistencia… Que le guste la granada, que nunca ha probado y que le guste la guayaba que prueba todos los días. Que se acerque a las cosas por apetito y que se aleje por repugnancia». Lo mismo para el crítico, y en particular para este crítico que nunca probó la guayaba y, en cambio, espera ávidamente el otoño por sus granadas y manzanas.

Dos advertencias finales: soy consciente de la representación del todo insuficiente del Brasil en estas páginas. Solo me refiero a algunos pocos poetas brasileños en el capítulo sobre Néstor Perlongher y el neobarroco/neobarroso. El mapa de América no puede estar completo sin este país, que es, a la vez, un mundo aparte, un enorme y variado mundo en sí mismo. No quería agregar un capítulo solo para completar la representación, que queda, eventualmente, para un trabajo por venir.

Y para que el zumbido de la mosca filológica no moleste el fluir de la lectura he eliminado prácticamente todas las referencias bibliográficas y apenas he puesto notas al pie. El lector interesado encontrará, en las páginas finales de este volumen, una «Bibliografía mínima» con los títulos indispensables para seguir o extender la lectura del presente ensayo.

1

POE, LA SUSTANCIA DE LA NUEVA POESÍA

En los últimos años de su vida, cuando Edgar Allan Poe era ya un escritor famoso, compuso algunos breves ensayos sobre poesía, dos de los cuales alcanzarían tanta trascendencia como sus versos, o incluso más: «La filosofía de la composición» (1846) y «El principio poético»; este último fue pronunciado como conferencia en Richmond poco antes de su muerte y publicado, ya póstumo, en 1850. Para ser más precisos: fue la conjunción de los versos y de esas reflexiones sobre poesía la que alcanzó una posteridad que dura hasta hoy. Poe no fue un poeta muy reconocido en vida, entre otras cosas porque le tocó vivir en un tiempo que no mostró un gran aprecio por la poesía; su país, entonces, estaba aún en estado de formación, y la poesía era, hasta cierto punto, un lujo que aún no podía darse.

Pero, como su compatriota Emily Dickinson, la posteridad iba a ser su verdadera época. La poesía y los escritos sobre poesía de Poe tuvieron una extraordinaria repercusión en la segunda mitad del siglo XIX y principios del XX, primero en Francia y, desde ese preponderante centro de irradiación de las tendencias en poesía y en arte, en el resto de Occidente. La lectura, traducción e interpretación de esos escritos es a tal punto consustancial a las poéticas de Baudelaire, Mallarmé y Paul Valéry que, sin esos ensayos, el simbolismo francés habría carecido de uno de sus principales sustentos teóricos: el del poema elaborado a conciencia, mediante un trabajo minucioso en el que la espontaneidad de la emoción o del sentimiento carecen de un papel decisivo. También, la idea central del «Principio poético»: que el poema lírico extenso «no existe» («I maintain that the phrase, "a long poem", is simply a flat contradiction in terms…»), porque la intensidad que se le exige a la composición poética solo puede sostenerse en la brevedad. Poe llevó este principio no solo a la extensión de cada una de sus composiciones, sino a la suma de sus obras, bastante escueta. Sobre todo, si la comparamos con la de su contemporáneo y amigo Thomas Holley Chivers. La influencia fue mutua; pero Chivers publicó once volúmenes de rimas, que, en palabras de Edmund Wilson, «tienen momentos no carentes de esplendor, otros increíblemente ridículos y, en fin, una buena parte de simple mediocridad». Lo que salvó a Poe de naufragar en semejante exceso fue su pensamiento crítico, que lo llevó a acotar y razonar sus composiciones. En ese aspecto, fue pionero de la modernidad.

Ese carácter precursor de la obra de Poe fue señalado por Charles Baudelaire. En una carta de noviembre de 1858 a Alphonse de Calonne, director de *La Revue contemporaine*, Baudelaire se refiere a la «impersonalidad voluntaria de mis poemas». Ya en el siglo XX, Rilke pondrá *Les Fleurs du mal* en la base de la «evolución hacia un lenguaje objetivo». Ninguna de esas formulaciones hubiera sucedido sin el antecedente de «La filosofía de la composición». La entonación de Longfellow, melodiosa y épica, o la majestuosa de William Cullen Bryant, contemporáneos de Poe y a quienes en «El principio poético» cita como ejemplos, no alcanzarían en las décadas siguientes la importancia de «El cuervo», respaldada por ese aparato teórico que su autor creó *ad hoc*. Longfellow era el poeta más famoso de su tiempo en Estados Unidos, y Poe le dedicó un ensayo en el que vaticinaba la no perdurabilidad de su obra, debido a los «múltiples errores nacidos de la afectación y de la imitación» y a su «concepción por completo errónea de las finalidades de la poesía». También aquí: falta de (auto)crítica por parte de Longfellow, quien no supo escapar del «didactismo», cuando, en palabras de Poe, «la poesía es una respuesta a una demanda natural e incontenible. Siendo el hombre quien es, jamás existió un tiempo desprovisto de poesía. Su primer elemento es la sed de una BELLEZA suprema».

Este juicio —la idea de que el arte, si quiere ser plenamente tal, no está al servicio de nada, pues es un fin en sí mismo— puede parecernos hoy una obviedad: el hecho es que nadie antes de Poe, en América, se había atrevido a rechazar, con argumentos, el mandato preceptivo, civilizador y pedagógico del arte, ni a afirmar que «la Belleza es el único territorio legítimo del poema». En todo caso, Longfellow, que sobrevivió a Poe por más de treinta años, no le guardó rencor. Dijo de él que «su verso exhala una melodía de particular encanto, una atmósfera de verdadera poesía que nos impregna por completo. La aspereza de su crítica nunca la he atribuido sino a la irritabilidad de un temperamento ultrasensible, exasperado ante cualquier manifestación de falsedad».

Las poéticas americanas —de todo el continente, sin olvidar las diferencias, a veces abismales, entre los distintos países— permanecieron dominadas largamente por el ideal ilustrado y neoclásico, que convenía a la concepción de que, en repúblicas recientes y en naciones aún en estado de formación, el arte debía cumplir una función social, instructiva y transmisora de valores civiles. Poe fue el primer poeta que supo crear un espacio de autonomía para su composición lírica, y por eso mismo el fundador de una literatura libre de mandatos edificantes. Dijo que la poesía no debía aceptar superioridades políticas o éticas. A esa convicción, y a su puesta en práctica, se debe lo fundamental de su posteridad. En un mundo cada vez más lleno de cosas útiles (incluido el tiempo, incluido el tiempo del ocio), el arte debía ser el reino de lo bello sin funciones ulteriores. Poe no afirma, como su contemporáneo, el parnasiano Théophile Gautier, que toda cosa bella es necesariamente inútil y viceversa («todo lo útil es feo: el lugar más útil de una casa son las letrinas», escribió Gautier), pero se opone a la necesidad de que un poema esté obligado a cumplir alguna función que no sea la estética: «El Intelecto se ocupa de la Verdad, el Gusto nos informa acerca de la Belleza, y el Sentido Moral se ocupa del

Deber. Acerca de este último, mientras la Conciencia enseña la obligación, y la Razón la conveniencia, el Gusto se contenta con mostrar el encanto librando una guerra contra el Vicio por la única razón de su deformidad, su desproporción, su enemistad con lo adecuado, lo apropiado, lo armonioso; en una palabra, con la Belleza».

Era imposible que la inteligencia crítica latente en estas palabras y la rotunda claridad de la exposición no le trajeran enemigos. Baudelaire, que tantas veces parece pensar en sí mismo cuando se refiere a Poe, lo ve en «una guerra infatigable contra los razonamientos falsos, los pastiches estúpidos, los solecismos, los barbarismos, contra todos los delitos literarios que se cometen a diario en los periódicos y en los libros». Y, por cierto, cómo no ver al propio Baudelaire en este retrato que hace del autor de «El cuervo», al que presenta como un hombre refinado en una época de vil utilitarismo cuyo genio lo condena a vivir en una abyecta indigencia: «Vestido con una levita que dejaba ver su burda trama, y que estaba, según táctica bien conocida, abotonada hasta la barbilla [para que no se notara que su camisa, en caso de llevarla, estaba aún en peor estado], con pantalones harapientos, botas destrozadas bajo las cuales no había evidentemente medias y, a pesar de todo, con un aire altivo, finos modales y ojos chispeantes de inteligencia». Esta combinación de talento y superioridad intelectual con pobreza lamentable e imposibilidad de acomodarse a la vida burguesa es lo que iba denominarse «poeta maldito». Así, en efecto, Rubén Darío saluda a Poe en *Los raros*: «cisne desdichado… príncipe de los poetas malditos». En Nueva York, en medio de los Calibanes que solo veneran al cheque, «saturados de whisky», el jefe de los modernistas cree ver pasar a las mujeres que Poe cantó: «… the fair and gentle Eulalie». La misma a la que él pondrá en el poema que abre *Prosas profanas*: «ríe, ríe, ríe la divina Eulalia».

Hasta la progresiva consagración de Walt Whitman, que era solo diez años más joven que Poe, pero cuya obra no empezó a ser conocida fuera de Estados Unidos hasta principios del siglo XX, tras la edición definitiva de *Leaves of Grass*, no habrá otro poeta americano que tenga la presencia y la importancia de Poe. La impronta de Whitman es central en la poesía del continente americano en el siglo XX: está en Pound y en Wallace Stevens, está en el erotismo oscuro del Neruda de *Residencia en la tierra* y en los versículos de Juan L. Ortiz, y en muchos otros. En cambio, en Europa su huella es dispersa: aparece en las odas entusiastas y melancólicas de Álvaro de Campos (Fernando Pessoa), en los versículos católicos de Paul Claudel, en la épica psíquica de Saint-John Perse. La de Poe, en cambio, es algo más que una influencia: es una sustancia que, desde su irradiación francesa, permea a tal punto la poesía moderna que su presencia es, de tan difundida, casi indistinguible.

¿A qué se debe esa pervivencia entre los clásicos de la modernidad? En buena medida, la respuesta está en «La filosofía de la composición». Allí Poe justifica, *a posteriori*, su poema «El cuervo» y sostiene que, antes de emprender la escritura de un verso, el poeta debería determinar cuál es el *efecto* que desea conseguir. Esta idea, sencilla en apariencia, y que acaso no habría tenido más consecuencia que un silencio indulgente por parte de sus contemporáneos, alcanzó una enorme resonancia en la lectura de Charles Baudelaire. El autor de *Las flores del mal* descubrió a Poe hacia 1847 y sintió de inmediato «une commotion singulière», según cuenta en una carta. A partir de entonces persiguió a todos los norteamericanos que conocía en París, pidiéndoles revistas donde pudiera encontrar cuentos o poemas del bostoniano. En 1856 publicó un volumen de cuentos de Poe traducidos e introducidos por él, y en 1856 otro breve libro que contenía su traducción de «The Raven» seguido de «La Genèse d'un poème», tal como tituló a su versión de «The Philosophy of Composition».

Poe razonó por adelantado una parte sustancial del proyecto que el propio Baudelaire estaba desarrollando; por eso fue para el autor de *Las flores del mal* como caído del cielo: es decir, de América, cuya literatura era, hasta entonces, poco relevante en Europa, que la miraba con una suma de paternalismo y simpatía exótica. Buscar un efecto significa rechazar la tesitura espontánea, la idea de que el poema nace de una inspiración, de una emoción o de una experiencia personal. La más célebre definición de esta tesitura la formuló William Wordsworth en el «Prólogo» a la segunda edición de las *Baladas líricas* (1800), el libro fundacional del romanticismo inglés: «La poesía es el desbordamiento espontáneo de sentimientos poderosos; tiene su origen en la emoción rememorada en la tranquilidad». Seguramente, Poe tiene esto en mente cuando habla de esa «especie de delicado frenesí» tras del cual los escritores prefieren ocultar el laboratorio de sus composiciones: si una obra vale algo —argumenta— debe estar sostenida por un plan, un programa, un «método». La espontaneidad es, en el mejor de los casos, una virtud moral, no estética.

Por otro lado, la obra creativa de Poe fue una consecuencia del romanticismo: «La espeluznante vena de su fantasía es muy semejante a la de Coleridge; su poesía […] deriva de Shelley y Keats; sus "fugas oníricas" recuerdan a De Quincey […]. Sus temas pertenecen a la tradición de Chateaubriand y Byron, y al movimiento romántico en general», dice Edmund Wilson. Un ejemplo: en «Ulalume», uno de los poemas más famosos de Poe, hay un verso que podría ser la definición —o el epitafio— del romanticismo: «Mi pecho era un magma volcánico». Sin embargo, para Baudelaire, Poe fue decisivo en su propia lucha contra el romanticismo, es decir, contra Victor Hugo, teniendo en cuenta que Hugo ya era el poeta nacional de Francia cuando Baudelaire publica *Las flores del mal*, y seguirá ocupando ese lugar por muchos años tras la muerte de este. Hugo escribe cien, doscientos mil versos, en decenas de libros que abordan toda clase de temas: el amor, la Creación, la guerra, la vida sencilla de la gente humilde, el mar, la Vía Láctea, la metafísica, incluso «el arte de ser abuelo». Los versos brotaban de él como las hojas de un gran roble; era, como dirá Mallarmé, «la elocuencia personificada». Baudelaire, en cambio, medita y compone *un* libro, al que dedica su vida. Un libro único, destinado a cambiar el rumbo de la poesía de Europa. En manos de Baudelaire, la «Philosophy of Composition» se convierte en «Genèse d'un poème», donde se rechaza esa «especie de sutil frenesí o de intuición extática» con la que «muchos escritores, particularmente los poetas», identifican el origen de sus composiciones.

Casi cien años después de este ensayo, T. S. Eliot se refirió, en «La unidad de la cultura europea» (1946), a «la tradición que comienza con Baudelaire y culmina con Paul Valéry», en la que él mismo se inserta: «Me aventuro a decir que, sin esta tradición francesa, la obra de tres poetas de otras lenguas, tres poetas muy distintos entre sí —W. B. Yeats, Rainer Maria Rilke y [...] quien les habla— sería difícilmente concebible». Ahora bien: en la raíz de esa tradición, Eliot ubica a «un americano de origen irlandés: Edgar Allan Poe». Nada aquí es ingenuo: en unas conferencias radiofónicas pronunciadas (en alemán) sobre los escombros humeantes de la Segunda Guerra Mundial, Eliot venía a afirmar que la unidad de la cultura europea, al menos en lo que respectaba a la poesía, tenía su antecedente en un americano, y que uno de sus mayores exponentes actuales, él mismo, era otro, trasplantado a Inglaterra. Lo curioso es que Eliot, igual que había hecho Valéry («no me gusta "El cuervo"... es un poema reclamo, hecho para un público torpe en materia de poesía y con efectos artificiosos»), señala que difícilmente se encontrará una huella de la poesía de Poe en la suya propia. Unidad de la cultura europea con un fundador americano (Poe) y un rector que, por entonces y durante muchos años, Eliot fue o creyó ser.

«De los innumerables efectos o impresiones a los cuales el corazón, el intelecto o (con mayor frecuencia) el alma son susceptibles, ¿cuál debo elegir en la presente ocasión?». Esta pregunta, que Poe plantea al principio de «La filosofía de la composición», supone una deliberación que precede a la escritura, una distancia crítica entre el escritor y su materia. Pero esa operación incluye también al lector, pues este es el agente del efecto buscado. Valéry compara esta previsión de las reacciones del lector con una partida de ajedrez y recuerda que Auguste Dupin, el investigador privado que Poe imaginó para «Los crímenes de la calle Morgue» y para «La carta robada» —cuentos de los que, dirá Borges, «procede el caudaloso género policial que hoy fatiga las prensas»—, aplicaba un método semejante para la resolución de los casos criminales. En «Los crímenes…», Dupin compara las operaciones mentales que un investigador debe hacer para resolver un delito con las de un jugador de *whist*: «Examina la fisonomía de su adversario, la compara cuidadosamente con la de cada uno de sus rivales […] Anota cada movimiento de la fisonomía, a medida que avanza el juego, y recoge un capital de ideas en las expresiones variadas de certeza, de sorpresa, de victoria o de mal humor». Y en «La carta robada», destaca la inteligencia del Ministro D… para esconder la carta, de modo que al prefecto de París, a pesar de todos los recursos del cuerpo de policía a su mando, le sea imposible encontrarla: «Como poeta y matemático es capaz de razonar bien, en tanto que como mero matemático habría sido incapaz de hacerlo y habría quedado a merced del prefecto». Porque el método para ganar en cualquier juego «consiste en la identificación del intelecto del razonador con el de su oponente»: ¿como el autor con su lector?

En efecto, acota Valéry, estas ideas «no se aplican tan solo a los jugadores de cartas o a la resolución de un crimen; se aplican también a acciones más elevadas, a la composición de poemas». Poe tiene presentes, a la vez, los elementos técnicos para que un poema sea «original» y «logrado», y las reacciones que quiere provocar en el lector. Por ejemplo, acerca de «El cuervo» dice: «Esta revolución de la idea o de la fantasía por parte del amante se propone inducir un cambio similar en el lector, con el fin de llevar su mente al marco adecuado para el *dénouement*, que, a partir de este momento, debe producirse lo más rápida y *directamente* posible». De ahí, también, su insistencia en que el poema debe ser breve, porque la intensidad se diluye en cuanto la extensión no permite la lectura de un tirón.

Por eso, en la poética de Poe, el cuento es un género más cercano al poema que a la novela: ambos están regidos por la economía, la brevedad, la intensidad, la exigencia de captar la atención del lector por un lapso de tiempo breve, pero sin distracciones. Nadie, quizá, encontró una mejor alegoría de este planteamiento que Julio Cortázar en «Continuidad de los parques». Cortázar, que tradujo todos los cuentos de Poe, imagina en ese relato a un hombre tan absorbido en su lectura que llega a ser asesinado por el protagonista de la ficción que está leyendo.

Dado que «La filosofía de la composición» fue escrita cuando «El cuervo» ya había adquirido una notoria popularidad, ¿cuál era su verdadero objetivo? Poe declara la necesidad de que los poetas reconozcan su trabajo metódico, de que cobren conciencia de que el poema o el cuento, si alcanzan algún valor, no son algo dado, no se llega a ellos sin un trabajo tenaz. Una tenacidad que, por muy asentada que se halle en el «método», no debe dejar huellas en la lectura. W. B. Yeats iba a expresar esa misma idea con nitidez: «Un verso puede llevarnos horas, / pero si no parece el pensamiento de un instante / nuestro coser y descoser habrá sido en vano». En ese *parecer* es donde el método ejerce también su doctrina.

«Muchas veces he pensado cuán interesante sería un artículo de revista en el que un autor se decidiera —en el caso de que tal cosa estuviera a su alcance— a detallar paso a paso el proceso mediante el cual alguna de sus obras llegó a su completa ejecución», dice en «Filosofía de la composición». Pero ¿por qué hacerlo precisamente con un poema que se defiende por sí solo, sin necesidad de explicaciones ulteriores? ¿Acaso quería reclamar la *profesionalidad* del poeta, es decir, la posesión de unos instrumentos y una disciplina específicos, que justificaran su valor no solo estético sino pecuniario, puesto que el poeta pretendía vivir de su trabajo? Edgar Poe había sido desheredado por John Allan, su padrastro, el rico comerciante de tabaco que lo había adoptado cuando quedó huérfano, a los cinco años de edad. La ruptura comenzó hacia 1826, cuando el joven Poe fue expulsado de la Universidad de Virginia por pendenciero y alborotador, poco antes de publicar sus primeros versos, *Tamerlane and Other Poems*. Y esa ruptura se volvió definitiva diez años más tarde, cuando fue expulsado nuevamente, esta vez de la academia militar de West Point. Allan, además, se había vuelto a casar y tenía nuevos herederos. El hecho de que la poesía de Poe sea relativamente breve en comparación con su obra narrativa no se debe seguramente a que le gustara menos escribir versos, sino a que los cuentos estaban mucho mejor pagados por los editores de revistas. Por eso, Rubén Darío, que lo pone al frente de sus *Raros*, dice que Poe fue «un Ariel hecho hombre»: «Nacido en un país de vida práctica y material, la influencia del medio obra en él al contrario. De un país de cálculo brota imaginación estupenda». Y aprovecha la ocasión para marcar la diferencia, muy visible en prácticamente todo lo que Darío escribió en los años finales del siglo xix, incluyendo *Prosas profanas*, entre una América anglosajona utilitaria y pragmática y una América Latina que «aún reza a Jesucristo y aún habla en español».

¿Cómo no iba a seducirle a Darío ese Poe que declaraba «mi primer cometido fue (como siempre) la originalidad», y que esta «no tiene nada que ver con la espontaneidad ni con la intuición, como creen algunos», sino que se halla en «las posibles variaciones del metro y de la estrofa [que] son prácticamente infinitas»? ¿Cómo no iba a encantarse con la rica variación rítmica y armónica de «Tamerlán», de «Al Aaraf», de «A Helena»? Ajeno a los andariveles por los que corría la poesía de sus contemporáneos, Poe quiso explorar todas las posibilidades sonoras del verso y de las rimas inglesas, como Darío iba a hacer con el castellano. Sin el trabajo de ambos, la poesía del siglo xx, en ambas costas del inglés y el castellano, es inimaginable.

Si el poeta no era ya, como había declarado Hölderlin, el que permanece «a la intemperie bajo la tormenta divina», sino un artista que posee un saber y que desarrolla un método para obtener unos resultados —para lograr un efecto—, acaso el estipendio recibido a cambio, de manos del editor de libros o de periódicos, esté tan justificado como cualquier otro. Esta es una posibilidad verosímil. Un cuarto de siglo antes, Byron, en el Canto I de *Don Juan*, le hablaba descaradamente al lector y lo llamaba *gentle purchaser*, «amable cliente». Pero hay otro motivo no menos trascendente: Poe sabía que estaba fundando la auténtica literatura americana. El *método* es un modo de alejarse de la naturaleza, que había sido hasta entonces, en

América, la fuente de toda inspiración. Podría exponerse de este modo: a finales del siglo XVIII, Friedrich Schiller proclamó que el poeta (europeo) se había acercado demasiado al aula universitaria y al salón burgués, y que era hora de que volviera a la naturaleza. Cincuenta años más tarde, Poe argumenta que, para salir del exotismo, de la seducción de lo salvaje al estilo de *El último mohicano* de Fenimore Cooper (1826), el poeta (americano) debía crear su proyecto, su sistema. Esa es la línea que sugiere William Carlos Williams (*En la raíz de América*), para quien Poe representa *el final de la improvisación*: «Escribir sobre los indios, sobre los bosques, sobre la gran belleza natural del Nuevo Mundo es muy atractivo y constituye un éxito seguro; y *por lo tanto* [Poe] aconseja a los escritores que lo EVITEN, con argumentos absolutamente claros y evidentes, además de perfectamente elegidos… Toda su insistencia iba referida al método, en oposición a una especie de rapto anónimo respecto de la naturaleza».

De ahí la insistencia, en «La filosofía de la composición», en *enfriar* toda idea que tenga que ver con la inspiración o el rapto creativo. Por ejemplo: «designo a la Belleza como el territorio del poema sencillamente porque es una regla obvia del Arte que los efectos surgen de causas directas —y que los objetos deben alcanzarse mediante los medios más adecuados a ellos—, ya que nadie negaría que la peculiar elevación a la que hemos aludido se consigue *de modo más inmediato* en el poema». No sabemos si esta correlación de reglas, objetos, medios y modos está sostenida por una lógica irrefutable; sí podemos afirmar, en cambio, que quien habla de este modo quiere mostrarse como alguien que sabe lo que hace o lo que quiere hacer, alguien para quien la *ingenuidad* carece de todo valor. En «El principio poético», Poe parece razonar el concepto de belleza como si se tratara de un argumento científico: define «la Poesía hecha de palabras como la *Creación Rítmica de Belleza*. Su único árbitro es el Gusto. Con el Intelecto o con la Conciencia solo tiene relaciones secundarias. Sus relaciones con el Deber y con la Verdad son solo incidentales».

Una parte considerable de las cuestiones desarrolladas por Poe en sus ensayos se refieren al aspecto musical del poema: al ritmo troqueo en combinaciones variadas dentro de una misma estrofa, o a la articulación de sonidos que lo llevaron a preferir, para el estribillo, la palabra *nevermore*, donde «la *o* larga como la vocal más sonora se asocia con la *r* como la consonante más productiva». Es ese otro germen que el simbolismo desarrollaría como elemento nuclear: el poema es, como dirá Verlaine en su «Arte poética», «De la musique avant toute chose». Allí mismo, además, recomienda al poeta la vaguedad, lo indeterminado, lo sugerido, más que lo claramente expuesto. Todo lo cual está presente en la poesía de Poe, en la que la musicalidad lo es casi todo (y por eso mismo resulta tan difícil de traducir). También allí la matemática (la técnica) se une a la «espiritualidad» (la vaguedad del significado). Frente al desgaste de la palabra escrita a manos de la «literatura industrial» (como la llamó Sainte-Beuve en 1839), la publicidad y los periódicos —primera manifestación de lo que será la *industria cultural*—, los poetas del simbolismo francés, inspirados por Baudelaire, inspirado por Poe, trabajarán la palabra como un músico los sonidos: explorando cada matiz de su textura y haciendo lo más compleja posible la relación entre el elemento sensible (el significante) y su contenido mental (el significado).

Tal es el papel que, en la genealogía que construye, le atribuye el gran ideólogo de la poesía europea posterior al romanticismo, Stéphane Mallarmé. En su soneto «La tumba de Edgar Poe» adjudicó al poeta la labor de «dar un sentido más puro a las palabras de la tribu»: limpiarla de la rémora del mal uso, las mentiras, la palabrería. Baudelaire había soñado con «el milagro de una prosa poética, musical… como para adaptarse a los movimientos líricos del alma». Mallarmé habló de «un hermoso hallazgo», el verso libre, «modulación individual, ya que toda alma es un nudo rítmico». Hay pocos pasos desde allí hasta —por poner dos ejemplos opuestos— la lengua completamente inventada de Hugo Ball en los tiempos de dadá y el Cabaret Voltaire o las prosas objetivistas de Francis Ponge en su «tomar partido por las cosas». Valiéndose de las mentiras y leyendas con que la figura de Poe fue infamada, en Estados Unidos, tras su patético final, Mallarmé consideró que Francia era la auténtica preservadora de su legado: «Toda una generación, desde el instante en que el gran Baudelaire preparó los memorables *Cuentos*, hasta ahora que leerá estos *Poemas* [se refiere a la traducción que, en 1889, publicó Mallarmé de Poe], ha pensado en Poe tanto que no resultaría raro, incluso para los compatriotas del soñador americano, afirmar que la flor brillante y neta de su pensamiento, desterrada primero de allá, encuentra aquí su auténtico suelo». Esta declaración es taxativa: por primera vez un movimiento central de las letras europeas asumía su ascendiente en un autor americano. Una tradición literaria de mil años se abría a las rimas y las ideas del representante de una literatura que casi no existía antes del siglo XIX. De esa hibridación surgió el tronco principal de la poesía que perdura hasta hoy.

2

WHITMAN Y LA LIRA POLÍTICA DE AMÉRICA

En la partida de nacimiento de la poesía americana figura Walt Whitman (1819-1892) en el lugar del «Nombre del padre». «Americana», aquí, debe entenderse en sentido continental, no limitado a Estados Unidos. ¿Sigue teniendo vigencia ese certificado, a más de un siglo y cuarto de la muerte del poeta? Eso parece, si juzgamos la presencia continua de su influjo desde finales del siglo XIX, desde la edición definitiva de *Hojas de hierba*, hasta nuestros días. Whitman es, a la vez, una voz y una figura: esta es una creación de aquella. José Martí, exiliado en Nueva York, introdujo a Whitman en las letras hispanoamericanas con una de las notas más admirables de su prosa exaltada, en la crónica (publicada en diarios de México y de Buenos Aires) de una lectura pública en abril de 1887 del libro *Memorias del presidente Lincoln*: «hímnica fuga», «profético lenguaje», «portentoso extravío» son algunos de los epítetos que le dedica. Un año antes, sin embargo, Rubén Darío había publicado en *La Época* de Santiago de Chile un artículo en el que llamaba a Whitman «el primer poeta del mundo». El Whitman presente en *Azul...* está construido sobre ese pedestal de pionero: «En su país de hierro vive el gran viejo / bello como un patriarca, sereno y santo». Y cierra el círculo en *Cantos de vida y esperanza* cuando, en un apóstrofe al presidente de Estados Unidos, se exalta: «¡Es con voz de la Biblia, o verso de Walt Whitman, / que habría que llegar hasta ti, Cazador!».

La entonación de Whitman está presente en las muchas enumeraciones del Neruda de *Residencia en la tierra* y el *Canto general*; en el versículo expansivo de Vicente Huidobro, Pablo de Rokha u Olga Orozco; y, en otra tesitura, en la búsqueda de un decir *popular* de los poetas coloquialistas que irrumpen a mediados del siglo xx. Uno de los padres de esa escuela, Nicanor Parra, dijo en una entrevista de 1969 haber leído mucho a Whitman «en mis primeras incursiones hacia un lenguaje más democrático y hacia una poesía más de la calle». La construcción de una imagen de poeta patriarca, no salido de las aulas ni de las bibliotecas sino de la fuerza y la empatía con la comunidad, es determinante para Martí, para el García Lorca vanguardista de *Poeta en Nueva York* y para Borges, aunque quizá más para el cuentista que para el poeta: en «El Aleph», sobre todo, donde Borges, imitando a Whitman, se inventa a sí mismo como personaje literario que lleva su propio nombre, como protagonista de una composición (fingidamente) autobiográfica.

En la poesía de Estados Unidos la presencia de Whitman es tan capilarmente generalizada que sería más fácil enumerar los poetas que se resistieron a su influjo. El fraseo y el versículo de John Ashbery, por ejemplo, el último de los grandes poetas estadounidenses del siglo xx, es impensable sin Whitman: eso que Ashbery llama la «ola» (*A Wave*, libro de 1984), una proliferación magmática que todo lo arrastra, un poder de entonación inagotable, sigue teniendo en Whitman su venero. En una entrevista de 1994 le preguntaron a Ashbery si era verdad que su poesía se alimentaba de las lecturas de ensayos sobre lírica y teoría de la literatura, y respondió: «Para cantar, un pájaro no necesita ser especialista en ornitología». Estaba parafraseando el «Canto a mí mismo» y su persistente afirmación de que la simple existencia es más sabia que cualquier saber: «la chova, que jamás ha estudiado la escala musical, trina bastante bien para mí», en la traducción de Concha Zardoya; en traducción de Borges: «El grajo de monte, que no ha estudiado nunca la escala, canta bastante bien para mí». Antes, el principal representante de la poesía de vanguardia en Estados Unidos, William Carlos Williams, erigió a Whitman en la referencia ineludible de una dicción americana radicalmente apartada y distinta de la apetencia británica y conservadora de T. S. Eliot. Y también el magma de los *Cantos* de Ezra Pound, como una lava que todo lo disuelve y lo densifica, es una deriva del «Canto a mí mismo»; y el también desbordante A. R. Ammons en su oda al vertedero avistado desde la autopista (*Basura y otros poemas*) o la grandiosa visión de Derek Walcott en su *Omeros* antillano. En los años cincuenta, Allen Ginsberg, el poeta más importante de la generación *beat*, publicó *Aullido*, otro torrente impregnado de Whitman. El propio Ginsberg lo hace explícito en «Un supermercado en California»: «Cuánto he pensado en ti esta noche, Walt Whitman, mientras caminaba por calles laterales bajo los árboles con un consciente dolor de cabeza, mirando la luna llena». Aquí el versículo whitmaniano ya casi se ha vuelto prosa, sin perder la cadencia perentoria. Y permanece el gerundio —insistencia en la proyección del presente hacia el futuro, en el germen que brota—, que nunca antes de Whitman había alcanzado dignidad estética. Y, más recientemente, *El canto* post 11-S de C. K. Williams tiene, en su entonación, un evidente diapasón de prosodia whitmaniana. Adscripción que se declara, además, desde el título de uno de sus libros de ensayos, *On Whitman*. Desde otra posición muy distinta, la de una comunión con el paisaje abierto y los animales que lo pueblan, Mary Oliver lleva el legado whitmaniano al corazón del siglo XXI: «… lo contemplo todo / como a una hermandad masculina y femenina, / y concibo el tiempo no más que como una idea, / y considero la eternidad como otra posibilidad, / y pienso en cada vida como una flor / tan vulgar como una margarita silvestre, y tan singular…». Oliver escribió, además, que aprendió de Whitman «que el poema es un templo, o un campo verde…».

Cuando un poeta alcanza tal dimensión, su presencia va más allá del ámbito literario. Harold Bloom, un crítico a veces hiperbólico pero nunca gratuito, escribió: «Si eres estadounidense, Walt Whitman es tu padre y tu madre imaginarios, incluso para quienes, como yo mismo, nunca han escrito un verso». Se podría objetar a esta afirmación que, si Whitman es el padre, la madre es Emily Dickinson, que opone al desborde de *Hojas de hierba* y al poeta que parece estar siempre en la calle la tensión del fragmento, el encierro voluntario y el casi silencio murmurado de sus breves poemas. Bloom cree que Whitman es «Adán de buena mañana, enfrentado a un Dios que no lo había creado y que lo necesitaba para ser Dios él mismo». Afirmación significativa si se tiene en cuenta que Whitman se consagra a sí mismo como un nuevo Adán por la misma época en que el pensamiento europeo —que difícilmente él podría haber conocido— proclamaba la muerte de Dios. No ha faltado quien viera en la potencia de salmo apodíctico de *Hojas de hierba* un aire de familia con las enseñanzas del Zaratustra de Nietzsche. «El poeta de los cantos adánicos» es como se llama a sí mismo Whitman: el que da nombre a las cosas (en el verso de Borges: «Walt Whitman, ese Adán que nombra»). El Adán y el *myself* parecen, en muchos pasajes, hermanos del superhombre nietzscheano, sobre todo en su impugnación de la debilidad y el miedo al pecado, y en la celebración de la voluntad humana y la alegría de la vida:

Límpida y tierna es mi alma. Y límpido y tierno mi cuerpo [...]
Me siento feliz: veo, danzo, río, canto...
Cuando mi acariciador y afectuoso camarada, que ha dormido a mi lado
   toda la noche,
se aleja a pasos furtivos al amanecer...

Ben Lerner sostiene que incluso los discursos de los políticos están atravesados por *Hojas de hierba*: «A la hora de la verdad, republicanos y demócratas ofrecen una versión degradada de su retórica». Es una manera más explícita de decir lo que ya había observado Ezra Pound: que Whitman es a los Estados Unidos lo que Dante a Italia. Pero el Cielo de Whitman era el futuro porque, como dice Octavio Paz («Whitman, poeta de América»): «América no fue; y *es solo si es utopía*, historia en marcha hacia una edad de oro». Lo propio de la poesía americana es su «nostalgia del futuro». Whitman no solo cambia el asunto del poema, la celebración de la democracia americana como el advenimiento de la fraternidad del hombre con el hombre, en la que todas las formas de amor están permitidas. Cambia, también, la prosodia, y cambia para siempre: cuando Pound pone, como un precepto del imagismo, el movimiento que lideró, el hecho de que el poema debe ser «compuesto en la secuencia de una frase musical, no en la secuencia de un metrónomo», está detectando precisamente el paso de la versificación tradicional inglesa, mayormente basada en el pie yámbico, al versículo modulado de Whitman, más libre e irregular. En 1950, Charles Olson habló de «verso proyectivo»: aquel que «si quiere tener una función esencial, debe, me hago cargo de esto, ponerse al día y adentrarse en ciertas leyes y posibilidades de la respiración, del respirar del hombre que escribe y escucha». La preocupación por encontrar un «pie americano» llega poco más tarde a William Carlos Williams («On Mesure»), quien habla de un pie «no rígido, relativamente estable», capaz de incorporar a la poesía de su tiempo el idioma «vernáculo de América».

¿Cómo un único poeta, a través de las sucesivas ediciones aumentadas de un libro que empezó siendo poco más que un cuadernillo, pudo convertirse en el fundador del modo de cantarse a sí mismo de todo un continente? Cualquier lector que recorra ese libro podrá intuir una parte sustancial de la respuesta: Whitman inventó un tono a la vez potente e íntimo, sabiamente ingenuo, que le habla a la multitud con megáfono y a cada individuo al oído, provocador y admonitorio, con una cadencia que se graba en la memoria (incluso leída en traducción) como el anuncio perentorio de una nueva era. Una era en que los hombres y las mujeres son hermanos y nadie es más que su prójimo, en la que todas las formas del amor y del goce físico del amor no solo dejan de ser pecado, sino que pasan a ser virtud, en la que nada que sea solo mío puede darme satisfacción si no es a la vez tuyo y de todos («Si no son tan tuyos como míos, son nada o casi nada»), en la que el cuerpo humano y el cuerpo de la naturaleza se suman en una unidad superior y armónica.

Esa nueva edad de oro era la democracia americana. Estados Unidos se inventa, hacia sí mismo y hacia el mundo, como la consagración de lo definitivamente moderno: la democracia parlamentaria. No hay un Nuevo Régimen opuesto y en lucha con otro antiguo, que quiere resurgir e imponer otra vez sus dinastías y privilegios de sangre. Hay un nacimiento —o el imaginario de un nacimiento—, la articulación política de un enorme territorio a partir de la idea de soberanía y democracia. *Hojas de hierba* es la resonancia poética de la grandeza, fraternidad e inocencia que esa fundación requería. Por eso, ese libro excede como pocos en la época moderna el círculo literario, para convertirse en la materialización más contundente de una profecía que atravesaba América desde el Descubrimiento: la del Nuevo Mundo como lugar del recomienzo de la civilización occidental, como segunda oportunidad para esa cultura que, en Europa, estaba envejecida y lastrada por las guerras, las disputas entre naciones vecinas, las dinastías, las iglesias, los cismas, los rencores seculares. Pedro Henríquez Ureña señaló que una de las cosas que más sorprendió a los primeros exploradores de América fue el hecho de que los nativos estuvieran desnudos, «acostumbrados a una Europa vestida en exceso». Walt Whitman, en cambio, venera la desnudez: «Iré a la ribera junto al bosque, me quitaré el disfraz y quedaré desnudo, / me enloquece el deseo de que el aire toque todo mi cuerpo». Fue poderosa su visión de que la tradición occidental solo podía seguir viva, o vigorosamente viva, si arraigaba en América:

Ven, Musa, emigra desde Grecia y Jonia,
cancela por favor esas cuentas ya pagadas con creces,
ese asunto de Troya y la cólera de Aquiles, los viajes de Eneas y Ulises.
Cuelga el cartel de «Se alquila por mudanza» sobre las rocas del nevado
*   Parnaso,*
y lo mismo en Jerusalén, cuélgalo también en las puertas de Jaffa y el monte
*   Moriá,*
y en las murallas de tus castillos en Alemania, Francia y España, y en tus
*   colecciones italianas,*

porque has de saber que una esfera mejor, más reciente e inquieta,
un vasto dominio inexplorado te reclama.

La voz de Whitman suena profética en muchos pasajes porque su canto no evoca un pasado glorioso, una gesta legendaria, un héroe ejemplar y fundador de una nacionalidad, como en las grandes epopeyas europeas: se dirige al presente y al futuro, al momento en que cada hombre y cada mujer será un ciudadano y un héroe en sí mismo, no inferior a nadie, no superior a nadie; en que no habrá un enemigo, un infiel contra el que se contrastan los ideales fundadores de la nacionalidad, porque esos ideales son intrínsecos a la nueva era que nace junto con el día. El nacionalismo de Whitman no se erige sobre la guerra con un enemigo externo, sino sobre la construcción de una sociedad integradora, que acoge en el seno de su *melting pot* las costumbres, los oficios de un país enorme, cuyo principal desafío político era la cohesión en torno a una única bandera:

Oigo el canto de América, oigo sus varias tonadas:
las de los trabajadores, cada una con la suya, como debe ser, jovial y fuerte,
la del carpintero mientras mide tablones y vigas,
la del albañil cuando se prepara o deja el trabajo,
la del zapatero sentado en el banco...

No es casualidad que *Hojas de hierba* empiece a consolidarse como una suerte de constitución poética de Estados Unidos después de la guerra civil o de Secesión (1861-1865), de la que Whitman fue uno de sus cronistas.

En el prólogo a su traducción escribe Borges:

En cada uno de los modelos ilustres [de epopeya] que el joven Whitman conocía y que llamó feudales, hay un personaje central —Aquiles, Ulises, Eneas, Rolando, El Cid, Sigfrido, Cristo— cuya estatura resulta superior a la de los otros, que están supeditados a él. Esta primacía, se dijo Whitman, corresponde a un mundo abolido o que aspiramos a abolir, el de la aristocracia. Mi epopeya no puede ser así; tiene que ser plural, tiene que declarar o presuponer la incomparable y absoluta igualdad de todos los hombres. [...] [Whitman] Ejecutó con felicidad el experimento más audaz y más vasto que la historia de la literatura registra. Elaboró una extraña criatura que no hemos acabado de entender y le dio el nombre de Walt Whitman.

La determinación del género literario de *Hojas de hierba* depende de la conjunción de oportunidad histórica y genio individual en que se inscribe este libro que quiere imitar las propiedades de la hierba, su aparente insignificancia, su frescura. No hay que tomarse a la ligera esa prosopopeya que equipara el poema a la forma más sencilla y silvestre de vida vegetal en un poeta que apenas recurre a la metáfora. Borges propone la idea de que *Hojas de hierba* inventa un género: el de la epopeya en la que el héroe no es superior a los demás, sino, al contrario, un igual, un semejante: «el mayor experimento que la historia de la literatura registra». Resolución brillante pero problemática, porque el experimento parece incompatible con la epopeya, género basado en un hecho legendario y escrito por un poeta anónimo en los casos más importantes, como en *Beowulf*, el *Cantar de mio Cid*, *La Chanson de Roland* o incluso el padre de todos, ese Homero del que nada sabemos salvo su nombre, que acaso es un invento posterior derivado de sus obras. Aunque la independencia de Estados Unidos, proclamada en 1776, antecede en cerca de cuarenta años a la de Argentina, México o Perú, el problema al que se enfrentaron los poetas de esos países fue semejante: en primer lugar, cómo escribir en la lengua de la antigua metrópolis creando, sin embargo, una literatura genuinamente soberana, del todo distinta de la europea; una poesía que se injertara en el tronco de lenguas con mil años de literatura siendo a la vez nueva y original, no lastrada por el peso de los siglos o estableciendo con ese pasado un vínculo libérrimo dirigido hacia el futuro. En segundo lugar, cómo escribir el poema fundacional de una nación en una época en que las epopeyas genuinas («feudales») eran ya imposibles. Hay una serie de obras que intentaron, de modos muy diversos, afrontar el desafío: en el Río de la Plata, la poesía gauchesca, cuya culminación, el *Martín Fierro* (1872-1879) de José Hernández, es un grandioso remedo de esa epopeya imposible, cuyo protagonista no es un héroe, sino un gaucho al que los padecimientos convierten en maleante y asesino. José Lezama Lima, en *La expresión americana* (1957), asoció «la anchurosa guitarra de Martín Fierro» con «la ballena teológica» (*Moby Dick*) y «el cuerpo whitmaniano». Distintas modulaciones de un impulso épico (pero que no puede materializarse en un poema épico): en la novela de Melville (1851), amigo de Whitman, el Mal encarnado en la ballena blanca; en *Hojas de hierba*, el Bien es la fraternidad cuyo tejido se erige en uno de los pilares de una identidad colectiva:

> *Me celebro y me canto a mí mismo,*
> *y lo que me atribuyo también quiero que os lo atribuyáis,*
> *pues cada átomo que me pertenece también os pertenece a vosotros.*

Son los primeros versos del «Song of Myself», el «Canto a mí mismo», como traduce Concha Zardoya, o el «Canto de mí mismo», en traducción de Borges. Una de las claves está en el uso casi exclusivo del tiempo presente. El poema americano no llega al presente como consecuencia de un pasado; parte del ahora para construir el futuro: el mesianismo de *Hojas de hierba*, que tanto se iba a repetir en la poesía americana del siglo xx, parte enteramente de esta decisión. En uno de sus escritos en prosa (*Perspectivas democráticas*), Whitman demuestra que se trata de una elección meditada: «Así como las más grandes lecciones de la Naturaleza en el universo son, acaso, las lecciones de la variedad y de la libertad, el presente mismo es la más grande lección también en la política y el progreso del Nuevo Mundo. [...] América, colmado el presente con los más grandes hechos y problemas [...] cuenta para su justificación y éxito [...] casi enteramente con el futuro». Frente al rico pasado europeo, cuyo nombre altisonante es «tradición», Whitman propone la riqueza del futuro, donde todos los grandes augurios son realizables. La diferencia es decisiva: la tendencia elegíaca será predominante en la poesía moderna, en un mundo que, como dirá el mayor poeta europeo (e ideólogo de la poesía) de la segunda mitad del siglo xix, Stéphane Mallarmé, «tiene olor de cocina». En el canto inaugurado por Whitman, en cambio, predomina la actitud hímnica, la felicidad de estar en un mundo que huele a hojas de hierba.

Por eso su entonación está siempre más cerca del himno que de la elegía; por eso, su voz no invoca una antigüedad gloriosa, sino una fuerza que surge a cada instante desde el porvenir:

¡Poetas del porvenir! ¡Oradores, cantantes, músicos del porvenir!
No es el día de hoy quien debe justificarme y explicar quién soy.
Sois vosotros, la nueva generación, nativa, atlética, continental, más gran-
*   de que todas las conocidas.*
¡Levantaos! ¡Debéis justificarme!

No podía saber hasta qué punto las generaciones futuras iban a responder a su llamado, hasta qué punto iban a «justificarlo». El «mí mismo», el Walt Whitman personaje literario, que dice haber estado en lugares y situaciones en que el autor no pudo haberse encontrado, es el «yo» que se propone a la lírica del futuro justo cuando el «yo» tradicional, unívoco e indivisible, empezaba a resquebrajarse. En mayo de 1871, Arthur Rimbaud escribía a su amigo Georges Izambard, en la que más tarde se iba a conocer como «Carta del vidente»: «Je est un autre» (yo es otro). Ponía en cuestión no solo la identidad individual, principio de la psicología, sino también la ley sintáctica, al colocar ese «yo» en la situación de un objeto ajeno a él mismo y, por lo tanto, predicado por un verbo en tercera persona. Esa carta fue (¿casualmente?) escrita durante la efímera Comuna de París, breve y última fulguración del espíritu revolucionario francés, a la que Rimbaud seguramente no asistió, pero cuyos ecos lo alcanzaron en Charleville, poco antes de su decisivo y escandaloso encuentro en París con Paul Verlaine. Hay quien ha dicho que, por entonces, Rimbaud empezó a usar las palabras como se utilizaban, durante la Comuna, los materiales para erigir barricadas: amalgamando toda clase de cosas, lo suntuario y lo abyecto, lo sublime y el lodo, el cultismo y el exabrupto.

Por esos mismos años, Emily Dickinson escribía (Fragmento 288): «I'm Nobody! Who are you? / Are you — Nobody — too?»: «¡Yo no soy Nadie! ¿Quién eres tú? / ¿Tú también eres nadie?». Pueden leerse, ambos, como modulaciones del nihilismo que iba conquistando el terreno de la cultura europea: si no hay sentido trascendental, da igual ser uno que otro, puesto que nadie es el gran Alguien. También son las manifestaciones contemporáneas de la ruptura del yo monolítico e indivisible, que la poesía anuncia y que, treinta años más tarde, en el umbral del siglo XX, Sigmund Freud iba a formular en *La interpretación de los sueños*. La persuasión cartesiana empezaba a colapsar, pues, ¿quién es ese que, por decir «yo pienso», sabe que existe? ¿Quién piensa lo pensado? ¿Quién era ya capaz de decir «yo» y saberse idéntico a sí mismo?

Whitman prefiere, al pensar y al existir, el celebrarse y cantarse a sí mismo y al mundo presente: «lo que me atribuyo, también quiero que os lo atribuyáis, / pues cada átomo que me pertenece también os pertenece a vosotros». Es una manera más gozosa de decir lo de Rimbaud y lo de Dickinson: yo solo soy si soy también los otros; yo y tú no somos nadie si no somos, a la vez, juntos, alguien. En la sección VII del «Canto a mí mismo» dice:

> *Nunca hubo más principio que ahora,*
> *ni más juventud ni vejez que ahora,*
> *ni habrá más perfección que ahora,*
> *ni más infierno ni cielo que ahora.*

Como Dios en la Biblia, el «yo» del poeta está en todas partes, todo lo ve, todo lo registra. Pero, a diferencia de Dios, no juzga, no sentencia, no pide sacrificios. El «Canto a mí mismo», que se abre con el famoso verso «Sing myself and celebrate myself» (que Zardoya traduce: «Me celebro y me canto a mí mismo»; Borges: «Yo me celebro y yo me canto»; Eduardo Moga: «Yo me celebro y me canto») podría encontrar antecedentes en muchos pasajes de los salmos bíblicos. Por ejemplo, el Salmo 8, teniendo en cuenta que «Hijos de Adán» es una de las secciones más importantes de *Hojas de hierba*:

> *¿Qué es el hombre para que de él Te acuerdes,*
> *el hijo de Adán para que de él Te cuides?*
> *Apenas inferior a un Dios lo hiciste,*
> *coronándolo de gloria y esplendor...*

La semejanza de la entonación es tan evidente como la diferencia de intención: en los salmos bíblicos, el hombre se dirige a Dios para declarar su propia nimiedad y expresar gratitud; en su canto, en cambio, el poeta americano se dirige a un semejante: lo invoca, lo llama, lo inviste de dignidad ciudadana. Hay, hasta cierto punto, una proximidad con «Al lector», la página que abre *Las flores del mal* (cuya primera edición es solo dos años posterior a la primera de *Hojas de hierba*), en la que Baudelaire reclama atención. Pero, para despertar al lector, Baudelaire lo increpa: le dice «hipócrita» y, a continuación, «mi semejante», porque comparte con él, como declara el primer verso, «la necedad, el error, el pecado, la tacañería». La grandeza de Baudelaire va hacia la revelación de lo decadente, hacia la semejanza en lo abyecto. «La carne es triste y ya leí todos los libros», dirá Mallarmé, llevando la melancolía al extremo. Whitman, del otro lado de Occidente, sigue el movimiento ascendente del salmo para proclamar que todo está por hacer y que la hoja de hierba nos recuerda que somos solo una parte —aunque sea la más trascendente— de un gran organismo vivo y ruidoso, pujante, orgulloso de su vigor. El ambiente de Baudelaire es la ciudad: la naturaleza, en Europa, era ya un jardín y se expresaba en el asalto de lo desagradable, bajo la forma de una carroña en el verano parisino. El de Whitman es la totalidad de un país con sus bosques, montañas, ríos, cataratas, campos sembrados, animales domésticos y salvajes, donde la ciudad es un enérgico cerebro al servicio de ese cuerpo multíplice.

Ambos poetas son imprescindibles como fundadores de una forma nueva de percibir y expresar el mundo; ambos se parecen en un rasgo esencial: dedicaron su vida a la composición, corrección, aumento y equilibrio interno de un único libro. Un libro por el que fueron amonestados, censurados, acusados de pornógrafos: Whitman no fue sometido a juicio por inmoralidad, como Baudelaire (condenado y obligado a mutilar la edición de su libro), pero perdió uno de los pocos trabajos estables que tuvo en su vida, en dependencias gubernamentales de Washington, hacia 1865, porque a su jefe le resultaron obscenos algunos de sus poemas.

Difícilmente podía decirse mejor, o de modo más definitivo, que como se expresa en el fragmento XVII del «Canto a mí mismo» (en la traducción de Borges):

Estos son en verdad los pensamientos de todos los hombres en todas las épocas y países; no son originales míos.
Si no son tan tuyos como míos, son nada o casi nada,
si no son el enigma y la solución del enigma, son nada,
si no son tan cercanos como lejanos, son nada.
Esta es la hierba que crece donde hay tierra y hay agua,
este es el aire común que baña el planeta.

Aquí reside la solución de Whitman: la de celebrarse a sí mismo haciendo lo contrario del solipsismo que ese título parece anunciar, y que la historia de la poesía lírica parece determinar, convirtiendo el «sí mismo» en «todos los hombres y mujeres». Donde el «yo» de Rimbaud se colapsa hacia dentro —hacia el resquebrajamiento no solo de la identidad individual y del aislamiento simbolizado por el hermetismo del poema—, el de Whitman se expande en una proliferación verbal que tiende al infinito y a la integración del lector en el verso. Es la primera manifestación de un ímpetu que atraviesa la literatura americana: lo magmático, el verso (y la prosa) enumerativo y acumulativo que surge con una fuerza irrefrenable y casi excesiva, que con distintas modulaciones encontraremos en la «Oda a los ganados y las mieses» de Lugones, en el «Canto a la Argentina» de Darío, en el *Canto general* de Neruda, en *El Gualeguay* de Juan L. Ortiz, en *Zurita* de Raúl Zurita.

El aspecto formal es uno de los asuntos más interesantes en la obra de Whitman, en relación con el contexto de creación de las poéticas de la modernidad. El simbolismo francés establecía, entre 1870 y el fin de siglo, las bases de la ruptura con las formas tradicionales y el verso clásico que habían regido hasta Baudelaire: el poema en fragmentos de prosa de *Una temporada en el infierno* de Rimbaud, las estrofas sin metro ni rima de Jules Laforgue, el *big bang* de palabras y espacio en *El golpe de dados* de Mallarmé… Whitman, que seguramente desconocía esa nueva ola europea, se había inclinado por una modulación que, también en esto, va hacia el desborde: el versículo, una forma flexible y fluida, cadente y melódica, que retrotrae en cierto modo la poesía a su origen lírico, es decir, musical, melódico. De ahí que no sea gratuito el nombre de «Canto» que Whitman utiliza para la parte más importante de su libro: el poema «parece» escrito con la naturalidad de quien silba mientras camina o recuerda una melodía y la reinventa a medida que la entona. Uno de los recursos que Whitman utiliza con mayor insistencia es la «enumeración caótica»:

El sexo lo contiene todo: cuerpos y almas,
ideas, pruebas, purezas, delicadezas, fines, difusiones,
cantos, mandatos, salud, orgullo, el misterio de maternidad, el semen,
todas las esperanzas, bondades, generosidades, todas las pasiones, amores,
*   bellezas, delicias de la Tierra,*
todos los gobiernos, jueces, dioses, caudillos de la Tierra,
existen en el sexo y en todas las facultades del sexo, y en todas sus razones
*   de ser.*

Sin vergüenza, el hombre, tal como lo amo, sabe y confiesa las delicias de
*   su sexo;*
sin vergüenza, la mujer, tal como la amo, sabe y confiesa las delicias del suyo.

Estos versos pertenecen a «Una mujer me espera», pero casi no hay página de *Hojas de hierba* en que no se encuentren yuxtaposiciones semejantes. El filólogo vienés Leo Spitzer afirmó que la enumeración caótica es el mejor medio para expresar el «panteísmo sensualista», ya que la diversidad de los elementos catalogados queda absorbida por una unidad superior, que los contiene a todos. El procedimiento, argumenta, está ya presente en las letanías cristianas medievales, «en que se enumeran las criaturas o los nombres de Dios […]. Hacer ver esa misma perfección y unidad en el caótico mundo moderno era digna tarea del panteísta de América, a su manera neopagana». La construcción paratáctica del período lleva al orden gramatical la misma idea igualitaria que rige el entramado ideológico del libro: en esas largas tiradas no hay un elemento subordinado a otro, todo está en el mismo nivel de relevancia, cada unidad adquiere igual valor que la siguiente y la anterior. Inventariar el mundo o la parte del mundo que el poeta considera propia: será una de las pulsiones que atraviesen la lira americana, como en las obras y poetas que hemos mencionado. La parataxis es el recurso sintáctico constitutivo en todos ellos. Como Whitman renuncia a los dos dispositivos centrales de la poesía lírica tal como era concebida hasta entonces —el ritmo marcado por el verso medido en lo formal, y las diversas inflexiones de las figuras retóricas, en lo expresivo—, el poema no reduce ni compara: actúa por inclusión y extensión. Para cantar a América hace falta un canto tan grande como América. Lo admirable de Whitman no es tanto que haya vislumbrado el impulso para emprender ese canto, sino que haya tenido la fuerza de sostenerlo y extenderlo hasta el final de su libro, e incluso más allá, hasta los inabarcables ecos que genera.

¿Quién fue, en verdad, Walt Whitman? ¿Fue un hombre del siglo xix nacido para darle dignidad mítica a la potencia mundial que iba a dominar el siglo xx? ¿Fue, desde el principio, un poeta destinado a esa labor? Todo lo que sabemos sobre él parece negarlo. El Walt Whitman que protagoniza su propio poema fue la invención de un periodista llamado Walter Whitman, nacido en 1819, segundo de ocho hermanos, en Long Island, una zona rural y bastante agreste a pesar de su proximidad con la que era ya una de las ciudades más importantes del continente, Nueva York, que por entonces se limitaba a la isla de Manhattan. Cuando Walter tenía cuatro años, su familia se mudó a Brooklyn, todavía un pueblo en el extremo oeste de la isla natal del poeta. Trabajó desde muy joven en diversos oficios: fue peón de la imprenta de los primeros periódicos de su pueblo, el *Long Island Patriot* y el *Long Island Star*. Tenía poco más de veinte años cuando empezó a colaborar en un semanario de breve existencia, del que él mismo fue editor, el *Long Islander*; algo más tarde lo encontramos en Manhattan trabajando para el *New World*, un semanario popular fundado por Park Benjamin, conocido escritor y editor de la época. Esta figura cobra cierto relieve en la trayectoria de Whitman: fue quien le encargó su primer libro, una novela moral titulada *Franklin Evans*, que salió en noviembre de 1842 (Whitman tenía veintitrés años) en la colección de «Libros para la gente» que publicaba el semanario. La novela seguía las líneas del *temperance movement*, una forma de literatura didáctica contra el consumo de bebidas alcohólicas, de la que Benjamin era impulsor. El personaje de la novela de Whitman cae en desgracia por no saber abstenerse de esa tentación. El propio autor la despreciaba, como demuestra el hecho de que no la recogiese en sus *Complete Poems and Prose*, que publicó al cumplir setenta años; la novela no volvió a publicarse hasta bien entrado el siglo XX.

El ejercicio del periodismo y de esas ficciones por encargo demuestran que *Hojas de hierba* fue obra de un escritor profesional desde muy joven, y que la voz adánica e ingenua de su gran poema es, al menos en cierta medida, una construcción deliberada, no una efusión confesional. En los episodios autobiográficos de *Jornadas en América* recuerda los años (véase, por ejemplo, «Crecimiento, salud, trabajo») en que combinaba su labor como cajista de imprenta con la de maestro rural y, poco más tarde, «escritor en prosa». No había aún puente entre Manhattan y Brooklyn, y Whitman evoca con placer las travesías del East River en ferri, igual que sus largos viajes en ómnibus (que dejan huella en varias páginas de *Hojas de hierba*), casi a la vez que sus primeras lecturas (Walter Scott, *Las mil y una noches*, Shakespeare) y sus encuentros accidentales con Edgar A. Poe y Charles Dickens.

En la construcción de esa figura de poeta hay escenas decisivas: por ejemplo, cuando el héroe francés de la independencia de Estados Unidos, el general Lafayette, elige entre la multitud que lo rodea en Brooklyn al niño Walter Whitman para levantarlo en brazos. Varios biógrafos han repetido esta escena como si fuera una verdad documentada, cuando la única fuente con que contamos es la del propio Whitman. En la misma dirección, la del elegido, está su evocación de Abraham Lincoln recorriendo en landó o a pie las calles de Washington en plena guerra civil: «en una ocasión su mirada, aunque meditativa, encontró la mía y se fijó en ella. Saludó y sonrió; mas, detrás de su sonrisa, notaba esa expresión profunda». Como periodista, Whitman había justificado la cara menos simpática de esa potencia que empezaba a ser Estados Unidos, que mostró sus garras por vez primera en la invasión de México, que acabaría con la *compra* de buena parte del territorio de ese país. En junio de 1846, en *The Brooklyn Eagle*, escribía: «Cuanto más reflexionamos acerca de la anexión de una parte de México, o inclusive de la mayor parte de esa república, más se disipan las dudas y los obstáculos, y más plausible parece ese objetivo a primera vista difícil. El alcance de nuestro gobierno (como los más sublimes principios de la naturaleza) es tal que fácilmente puede adaptarse, y extenderse, hasta casi cualquier grado y a intereses y circunstancias de lo más diversos». Para usar sus palabras: «Starting from Paumanok», «A partir de Paumanok», que es el nombre algonquino de Long Island.

El ideario imperial ya está allí, completo. En medio de esos múltiples trabajos y de su labor periodística, en 1855, como recuerda en una de sus prosas, «comencé a imprimir *Hojas de hierba* en la imprenta de mis amigos, los hermanos Rome, en Brooklyn, después de mucho hacer y deshacer». En uno de sus libros de crónicas periodísticas, *Specimen Days* (1882), Whitman muestra esa faceta en la que también fue un precursor: la del poeta sublime que es, a la vez, trabajador a pie de prensa. En el oficio de escribir y publicar artículos de actualidad, lo hizo todo.

Aquel cuadernillo de 1855, una docena de poemas que no sumaban cien páginas, era el germen de lo que sería su obra. Whitman envió ejemplares a las personalidades con mayor peso intelectual de su tiempo. Fue ignorado por todos excepto por Ralph Waldo Emerson, precisamente aquel que con mayor clarividencia había razonado la necesidad de que la democracia americana tuviera su poeta original, no parecido a ningún otro, no imitador de ningún otro. En 1844, en su conferencia «El poeta», Emerson decía que «el nacimiento de un poeta es el mayor acontecimiento de la historia»: estaba anunciando el advenimiento de ese vate americano cuya silueta iba a adoptar los rasgos de Walt Whitman. En las sucesivas ediciones, *Hojas de hierba* iría creciendo como un árbol: en 1860, poco antes de que estallara la guerra de Secesión, el libro tiene ya casi quinientas páginas.

En un principio, Whitman permaneció ajeno a la guerra, pero cuando su hermano George cayó herido en la batalla de Fredericksburg, Virginia, en septiembre de 1862, se adhirió a la causa de la Unión y trabajó como copista y enfermero en los campamentos del frente. Allí tomó los apuntes que, veinte años más tarde, servirían de base para las prosas de *Días ejemplares de América*. También toda una sección de *Hojas de hierba*, «Redobles de tambor», surge de esa experiencia. Otra sección, dedicada al presidente Lincoln tras su asesinato, contiene una de las páginas más célebres de la poesía moderna, «¡Oh capitán, mi capitán!». Pero la guerra civil no solo es reconocible en esos pasajes; Whitman quiso que estuviera presente en todo su libro, porque, si había sido determinante para Estados Unidos, tenía que serlo también para *Hojas de hierba*. Así, en el orden definitivo que dio al libro poco antes de morir, ubicó «Para ti, vieja causa» entre las piezas de la primera sección:

Tras una guerra extraña y funesta, una magna guerra librada por ti
(creo que todas las guerras de la historia se han librado, en realidad,
y seguirán librándose siempre por ti),
te dedico estos cantos para acompañar tu marcha eterna.
(Una guerra, ¡oh soldados!, que no se agota en sí misma:
mucho, mucho más estaba a la espera, en silencio, a retaguardia,
y ahora avanza en este libro.)

Y poco antes del final del poema: «Mi libro y la guerra son uno». Un verso que podría servir de divisa a la larga serie, aún viva, de fricciones entre poesía y política en el continente americano, y cuya importancia es patente en varios pasajes del presente libro.

El ejército de la Confederación, del Sur esclavista, se rindió por fin en abril de 1865. En los años posteriores, el reconocimiento de *Hojas de hierba* crece a la par que las acusaciones de obscenidad por la explicitud de algunas páginas, en particular por las insinuaciones de homoerotismo de la sección titulada «Cálamo», agregada desde la edición de 1860: «un muchacho que me ama y al que amo, que se acerca en silencio y se sienta a mi lado y me toma la mano…». La década siguiente, la de 1870, no es menos intensa. Whitman sufre percances laborales y de salud: en 1873, el primer ataque de apoplejía, que marcará el inicio de su decadencia física; en 1876, publica la sexta edición de *Hojas de hierba*, que para entonces ya es lo bastante voluminosa —unos 270 poemas— para dividirla en dos tomos. Es ya un poeta celebérrimo: en 1883, su amigo, el psiquiatra canadiense Maurice Bucke, publica la primera biografía de Whitman; en 1888, salen sus *Complete Poems and Prose*. Tres años más tarde, a finales de 1891, corrige la edición definitiva de *Hojas de hierba*, conocida como «deathbed edition», puesto que Whitman murió semanas después, el 26 de marzo de 1892, en su casa de Camden, New Jersey, no muy lejos de donde había nacido. En ocho ocasiones había reeditado su única obra de poesía, siempre aumentándola, con una fe inquebrantable en su proyecto pese a las recomendaciones o admoniciones ajenas. Convencido del carácter definitivo y a la vez flexible y modulable del impulso que, a sus veintiséis años, le había hecho publicar el germen del que sería su gran libro, solo dado por concluido casi cuarenta años más tarde, en el lecho de muerte.

Existen varias y variadas traducciones de Whitman al castellano. Cuando Borges firma el prólogo de su selección y traducción de *Hojas de hierba*, en junio de 1969, dice: «No las he descuidado [las otras versiones]; he consultado con provecho la de Francisco Alexander (Quito, 1965), que sigue pareciéndome la mejor, aunque suele incurrir en excesos de literalidad, que podemos atribuir a la reverencia o tal vez a un abuso del diccionario inglés-español». Como siempre en Borges, el modesto elogio anuncia un agravio: esa traducción es «la mejor», pero está hecha por alguien que, seguramente, no sabía suficiente inglés y «abusó» del diccionario. En todo caso, significa que ya había otras, que no menciona; por ejemplo, la del uruguayo Armando Vasseur, de 1912. Y otras más, siempre parciales, vendrían después: a cargo de la poeta argentina Mirta Rosenberg, el peruano Eduardo Rada, el chileno Rodolfo Rojo… En España, lo parafraseó León Felipe y lo tradujo, recientemente, Eduardo Moga. En esta edición de *Hojas de hierba* (2014), Moga abarcó el libro entero, tal como fue fijado por el especialista Justin Kaplan en 1982. Este volumen, bilingüe, alcanza casi las 1.600 páginas e incluye una selección de la obra en prosa y un muy documentado prólogo, al que el lector puede remitirse si desea información detallada. Otro caso notable es la traducción de Concha Zardoya, poeta y crítica nacida en Valparaíso, Chile, en 1914, y fallecida en Madrid en 2004. Vivió en España desde su adolescencia; su único hermano murió en la Guerra Civil. Profesora en diversas universidades de Estados Unidos durante la dictadura franquista, Zardoya fue una prolífica poeta cercana a la

Generación del 27. Su libro *Pájaros del nuevo mundo*, de 1946, es un catálogo lírico, peculiarmente whitmaniano, de las aves americanas. Además escribió una de las primeras biografías de Miguel Hernández, publicada en Nueva York en 1955 y, como crítica, trabajó dentro de la tendencia estilística, como queda patente en su considerable *Poesía española del siglo XX*. Por otra parte usó un seudónimo, Concha de Salamanca, para firmar algunos de sus trabajos críticos y filológicos, como el prólogo a la edición de Aguilar de *La Araucana* de Ercilla, en 1961. En la misma editorial apareció, seis años más tarde, su selección de Walt Whitman.

3

DARÍO Y LA POLÍTICA DE LA ESPERANZA

Una entera etapa de la obra de Rubén Darío, y hasta de la poesía latinoamericana, tiene como pórtico el ensayo que José Enrique Rodó publicó en Montevideo en 1899: «Rubén Darío, su personalidad literaria, su última obra». Afirmaba allí: «La poesía enteramente antiamericana de Darío produce también cierto efecto de disconveniencia, cuando resalta sobre el fondo, aún sin expresión ni color, de nuestra americana Cosmópolis, toda hecha de prosa. Sahumerio de boudoir que aspira a diluirse en una bocanada de fábrica; polvo de oro parisiense sobre el neoyorquismo porteño». El tono de Rodó es suavemente agresivo: ofende precisamente por la estudiada blandura del «sahumerio de boudoir» y el «polvo de oro». Resonaban en esas palabras las críticas que ya le habían lanzado a Darío, desde España y tras la publicación de *Azul...*, Juan Valera («su libro no enseña nada [...] está impregnado de espíritu cosmopolita»), Clarín («colorines y trompetería») y Unamuno («eternismo y no modernismo es lo que quiero»).

En esos términos, Rodó introducía y justificaba la sentencia que, dice, había «oído en cierta conversación»: la que afirmaba que «Darío no es el poeta de América». A diferencia de los escritores españoles del 98, que se escandalizaban cuando veían en Darío a un imitador de los franceses deliberadamente apartado del pesado y anacrónico neoclasicismo hispánico, Rodó era una voz del ámbito rioplatense y, como él, estaba interesado en la consolidación de una literatura americana con una expresión propia. Dicho de otro modo: Rodó acompañaba a Darío en la formación de un campo literario nuevo: para que hubiera un gran poeta moderno, debía haber un crítico a su altura que trazase los márgenes de su legibilidad. Y viceversa. El uruguayo no deploraba la ambición de modernidad de Darío sino su falta de sensibilidad política. Cuando habla de «neoyorquismo porteño» no piensa solo en poesía: en esas dos palabras se condensa el argumento esencial de lo que iba a combatir en *Ariel* (1900): el peligro de una «cosmópolis» demasiado tentada por la cultura de la productividad y el dinero, y apartada de la moral cristiana y el cultivo de la belleza, defendidos como los valores de la América Latina frente a la anglosajona.

Rodó subraya la relación entre pragmatismo protestante y consumismo burgués. Lector de Renan y partidario, por tanto, de un cristianismo activo, *Ariel* adopta la forma de una lección del viejo maestro Próspero a «las juventudes de América»: «Yo os ruego que os defendáis, en la milicia de la vida, contra la mutilación de vuestro espíritu por la tiranía de un objetivo único e interesado [...]. A la concepción de la vida racional, que se funda en el libre y armonioso desenvolvimiento de nuestra naturaleza e incluye, por lo tanto, entre sus fines esenciales, el que se satisface con la contemplación sentida de lo hermoso, se opone como norma de conducta humana la concepción utilitaria, por la cual nuestra actividad, toda entera, se orienta en relación a la inmediata finalidad del interés».

Rubén Darío, que desde *Azul...* (1888) y, sobre todo, desde *Prosas profanas* (1896) era el poeta más resonante e imitado de la lengua, podría haber ignorado la crítica de Rodó, quien por otra parte no iba a alcanzar relevancia en todo el ámbito hispanoamericano hasta los años del «arielismo», la adhesión a los ideales proclamados en su famoso libro, que fue *in crescendo* en buena parte de la intelectualidad latinoamericana al menos hasta 1915. Pero Darío, como había hecho con las observaciones de Valera y de Unamuno, se muestra atento a las advertencias de Rodó. En 1901, la segunda edición de *Prosas profanas*, que aparece en París, lleva como prólogo el extenso estudio de

Rodó de 1899, aunque, por descuido o confusión del editor —causado quizá porque el primer poema del libro va dedicado a Rodó, o quizá por sutil ajuste de cuentas del propio Darío—, no sale la firma del uruguayo, que sí aparecería, en cambio, en la edición mexicana de 1915.

Decía Rodó: «Me parece muy justo deplorar que las condiciones de una época de formación, que no tiene lo poético de las edades primitivas ni lo poético de las edades refinadas, posterguen indefinidamente en América la posibilidad de un arte en verdad libre y autónomo». No es que Darío no esté a la altura del poeta que América necesita para expresarla. Al contrario, América todavía está lejos de poder darse el lujo de la «Sonatina», la «Divagación» o «Era un aire suave…», con sus versallescas fiestas galantes y sus princesas tristes de labios de fresa y perlas de Ormuz. Darío podría haber argumentado que, además de esos exotismos parnasianos, en *Prosas profanas* había visible materia argentina, como en «Del campo», escrito desde la calle Florida «del regio Buenos Aires» o en «Canción de carnaval»: «Sé lírica y sé bizarra; / con la cítara sé griega; / o gaucha, con la guitarra / de Santos Vega».

Probablemente no lo hizo porque la admonición de Rodó coincidía con la nueva conciencia política que Darío venía desarrollando en esos años finales del siglo. En un artículo de mayo de 1898, en el diario *La Prensa* de Buenos Aires, tronaba: «El ideal de esos calibanes [los estadounidenses] está circunscrito a la Bolsa y a la fábrica. Comen, comen, calculan, beben whisky y hacen millones. Cantan *Home, sweet home!* y su hogar es una cuenta corriente, un banjo, un negro y una pipa». Una irritación que José Emilio Pacheco, en el prólogo a las *Obras completas* de Darío (2007), interpreta como resentimiento latinoamericano frente a la riqueza y el progreso que se le negaban, al consolidarse su papel como proveedor periférico de materias primas para los países industrializados: «Mientras los otros se adueñaban de los metales, el petróleo y los bosques, los modernistas se apropiaron de la cultura literaria internacional, no solo francesa, del fin de siglo». Pacheco considera que hubo una poesía española influida por Darío, pero no un modernismo español, ya que «el modernismo no se entiende sin la experiencia colonial». Por su parte, Ángel Rama, en *Las máscaras democráticas del modernismo*, sugiere que el aristocratismo del Darío de *Prosas profanas* es un modo de poner distancia frente al nuevo proletariado surgido de la numerosísima inmigración que desembarcó en Buenos Aires en los años en que el nicaragüense, también un inmigrante a su manera, estaba escribiendo esos poemas. Años más tarde, cerca de su ocaso y lejos de Buenos Aires, entonará el himno («Canto a la Argentina») a esa tierra de generosa acogida:

> *Te abriste como una granada,*
> *como una ubre te henchiste,*
> *como una espiga te erguiste*
> *a toda raza congojada,*
> *a toda humanidad triste,*
> *a los errabundos y parias*
> *que bajo nubes contrarias*
> *van en busca del buen trabajo...*

Darío no escondió ni renunció a *Prosas profanas*, como muestra el hecho de que, cinco años después de la edición original porteña, publicara en París la segunda (la que incorpora el ensayo de Rodó), sumando una serie de poemas nuevos, casi todos de tema español: «Cosas del Cid», «Dezires, layes y canciones», «A maestre Gonzalo de Berceo», que pueden verse como una transición hacia el panhispanismo de la «Salutación del optimista», segundo poema de *Cantos de vida y esperanza*, y que se abre con la invocación a las «Ínclitas razas ubérrimas, sangre de Hispania fecunda». Un verso, por otra parte, constituido por cinco dáctilos (compuestos, cada uno, por una sílaba tónica seguida de dos átonas: **Ín**-cli-tas//**rá**-zas-u//**bé**-rri-mas,//**sán**-gre-deHis//**pá**-nia-fe) más un yambo final (**cún**-da): los seis pies del hexámetro griego y latino que el nicaragüense quiso revivir para cantar a la nueva estirpe hispanoamericana. Era un ejercicio deliberado, anunciado en el prefacio: el «hexámetro absolutamente clásico», dice, lo han revivido, en las lenguas modernas, Carducci en Italia y Longfellow en Estados Unidos, pero nadie lo intentó en «el país donde la expresión poética está anquilosada, al punto que la momificación del ritmo ha llegado a ser un artículo de fe». La denuncia del retraso español respecto de la modernidad literaria de Europa y Estados Unidos persiste a pesar de que, en el mismo prefacio, certifica su propia victoria: «El movimiento de renovación que me tocó iniciar en América se propagó hasta España y tanto aquí como allá el triunfo está logrado». Logrado, en efecto, aunque nunca exento de impugnaciones. Todavía en 1938, Gabriela Mistral, en las «Notas» a *Tala*, anotaba: «Si nuestro Rubén, después de la "Marcha Triunfal" (que es griega o romana) y del "Canto a Roosevelt" que es ya americano, hubiese querido dejar los Parises y los Madriles y venir a perderse en la naturaleza americana por unos largos años [...]. Llega el escuadrón de mozos sin mucho gusto que digamos del "Aire Suave" o de la Marquesa Eulalia». Es un segundo pujo de la crítica a lo Rodó: el Darío de *Cantos de vida y esperanza* es ya americano, pero no lo suficiente. Le faltó la verdadera consustanciación con el paisaje y la cultura de la América profunda, lo cual deja en la poesía el espacio que Mistral viene a ocupar, en contra de los rubendarianos «mozos sin mucho gusto que digamos».

Darío le daba así una prosapia solemne a la consolidación de sus decisiones estéticas. Por primera vez, América se impone a Europa y la dirección de las nuevas tendencias va del Río de la Plata a la Península. La declaración de ese «triunfo», en el que resuena el optimismo de la «Salutación...», es mérito de *Prosas profanas*, un libro que Darío reivindica entonces, a pesar de darle la razón a Rodó. ¿Es un ejercicio deliberado de ambigüedad? Probablemente; dice que sus libros anteriores a *Cantos de vida y esperanza* son poco americanos en cuanto al tema, pero lo son en la *forma*, en la manifestación de lo que César Vallejo, en un artículo de 1927, denominará «sensibilidad americana»: «Rodó olvidaba que para ser poeta de América a Darío le bastaba la sensibilidad americana, cuya autenticidad, a través del cosmopolitismo y la universalidad de su obra, es evidente y nadie puede poner en duda». Esta manera de leer a Darío como el fundador de una nueva toma de posición, más allá de la discusión en torno al afrancesamiento, había sido inaugurada por Leopoldo Lugones, en un pasaje de su *Historia de Sarmiento* (1911): «"Educar el idioma", decía Sarmiento. "Emancipar la lengua", sostenía *Figarillo* [Juan Bautista Alberdi]. Todo era uno, puesto que se trataba de adaptarlo a la expresión de la libertad, libertándolo a su vez de la retórica, esa sucursal del convento y del fisco. Y la renovación del castellano ha acabado por invadir la misma España, cuya juventud intelectual escribe ahora como nosotros. Sarmiento es un precursor de Rubén Darío». Afirmación por demás significativa, porque Lugones, que por aquellos años consolidaba su giro hacia un nacionalismo radical (de hecho, *Historia de Sarmiento* es un libro de explícita intención política, escrito por encargo del Consejo Nacional de Educación), incluía a Darío como el creador del moderno sistema poético argentino.

En *La máscara y la transparencia; ensayos sobre poesía hispano-americana* (1975),* Guillermo Sucre retoma y extrema el argumento de Vallejo: «Lo que se ha calificado, con cierto desdén, de *formalismo* en la obra de Darío es lo que hoy nos parece más radical». Desde ese punto de vista, lejos de no ser poesía americana, *Prosas profanas* significa la raíz de una manera nueva de pensar y escribir en y desde América Latina. Unos años más tarde, ya tocando a finales del siglo XX, Eduardo Milán renovaba esa posición con un lenguaje propio de las tendencias que entonces emergían: se preguntaba «de qué nos liberó Darío», el de *Prosas profanas*: «Nos liberó del *contenido* poético, y con ello de nuestra realidad de neocolonias líricas». Leído de este modo, Darío habría hecho en América Latina algo semejante

---

* La literatura latinoamericana, creativa o crítica, parece oscilar entre dos obsesiones opuestas: la soledad (*Cien años de soledad*, *El laberinto de la soledad*, «La soledad de América Latina») y el carnaval (*La máscara y la transparencia*, *Las máscaras democráticas del modernismo*).

a lo que hizo Poe en Estados Unidos: emancipar el poema del imperativo didáctico. Esa «sensibilidad americana» de Darío se parece a lo que José Emilio Pacheco denominó «originalidad involuntaria» de los modernistas: la del «trasplante ecléctico de parnasianismo y simbolismo que condujo a obras distintas a sus modelos».

A pesar de todas las acusaciones de afrancesamiento, al imitar o trasplantar a los poetas parnasianos (primero) y simbolistas (más tarde), Darío hizo los versos más finos y renovadores del castellano en décadas, quizás en siglos, dividiendo la prosodia en dos etapas ya inconciliables. Un historiador y crítico tan mesurado como Pedro Henríquez Ureña señaló que «de cualquier poema escrito en español puede decirse con precisión si se escribió antes o después de Darío». ¿De qué otro poeta podría decirse eso? ¿De Garcilaso, quizás? ¿De San Juan de la Cruz? Aunque el poeta más parecido a Darío, en este sentido, sea el Góngora de las *Soledades*: apartado de mandatos morales o religiosos, de la gastada codificación petrarquista, en busca de algo, también entonces, radicalmente nuevo, «sentimental, sensible, sensitivo».

Saliendo al paso de una nueva crítica por la influencia de los modelos franceses en *Prosas profanas*, esta vez a manos de un porteño francés, Paul Groussac, Darío habría escrito «Los colores del estandarte», publicado en *La Nación* en noviembre de 1896. Después de mostrar su respeto por Groussac, decía: «Al penetrar en ciertos secretos de armonía, de matiz, de sugestión que hay en la lengua de Francia, fue mi pensamiento descubrirlos en el español, o aplicarlos. La sonoridad oratoria, los cobres castellanos, sus fogosidades, ¿por qué no podrían adquirir las notas intermedias, y revestir las ideas indecisas en que el alma tiende a manifestarse con mayor frecuencia? […] La evolución que llevara al castellano a ese renacimiento habría de verificarse en América, puesto que España está amurallada de tradición, cercada y erizada de españolismo». Había que conocer la tradición, y pocos como Darío habían estudiado con tanta seriedad las riquezas de la versificación española a lo largo de los siglos. Pero también había que forzarla a una renovación, y él sabía ya que la originalidad americana iba a ser el producto del copiar mal, o copiar a su manera, o reescribir en castellano lo leído en francés. Se lo dice, en esa respuesta a Groussac, no sin ganas de provocar (porque lo dice en francés): «Qui pourrais-je imiter pour être original? me decía yo». Ángel Rama dirá: «En América el simbolismo no solamente perfeccionó al parnasianismo, sino que fue la más eficaz vía para la recuperación de la tradición poética hispánica».

El poema primero de *Cantos de vida y esperanza*, homónimo, empieza:

> *Yo soy aquel que ayer nomás decía*
> *El verso azul y la canción profana…*

Darío está, aquí, leyéndose y corrigiendo el rumbo: del parnasianismo de *Prosas profanas*, con su nostalgia de una cultura galante que solo conocía por sus lecturas (lo que Pedro Salinas denominó los «paisajes de cultura»), pasa a los *Cantos de vida y esperanza*, que miran a un futuro de promisión panhispánica, bajo la amenaza del nuevo Nemrod, de la nueva torre de Babel que está construyendo el que era entonces presidente de Estados Unidos, Theodore Roosevelt:

> *Eres el futuro invasor*
> *De la América ingenua que tiene sangre indígena,*
> *Que aún reza a Jesucristo y aún habla español.*

Lo había anunciado en el prefacio: «Si en estos cantos hay política, es porque parece universal. Y si encontráis versos a un presidente, es porque son un clamor continental: mañana podremos ser yanquis (y es lo más probable)». Esos perentorios «aún» y «es lo más probable» tienen un sonoro eco algunas páginas más adelante, en «Los cisnes»:

> *¿Seremos entregados a los bárbaros fieros?*
> *¿Tantos millones de hombres hablaremos inglés?*

¿Ya no hay nobles hidalgos ni bravos caballeros?
¿Callaremos ahora para llorar después?

Aquí la conmixtión de literatura y política alcanza un nudo visible: ¿quiénes serían, ya en pleno siglo xx, los «nobles hidalgos» y los «bravos caballeros»? ¿Pensaba Darío que Rodrigo Díaz de Vivar y don Quijote iban a salvar a los pueblos hispanoamericanos del arrogante vecino del Norte? Reavivaba así la alarma que, quince años antes, había encendido José Martí con sus crónicas para *La Nación* de Buenos Aires, desde Nueva York, donde advertía: «Jamás hubo en América [...] asunto que requiera más sensatez, ni obligue a más vigilancia, ni pida examen más claro y minucioso, que el convite que los Estados Unidos potentes, repletos de productos invendibles, y determinados a extender sus dominios en América, hacen a las naciones americanas de menos poder [...]. De la tiranía de España supo salvarse la América española; y ahora [...] ha llegado para la América española la hora de declarar su segunda independencia».

Este apóstrofe político, comercial y militar significaba que el peligro ya no venía de ese pasado español, de esa «lengua de Cervantes, viejo reloj *rouillé* que está marcando todavía el siglo xvi», en palabras de Sarmiento; o de esa «tradición hermosillesca» a la que Darío, en su autobiografía de 1912, reconocerá haber hecho, en sus años azules y profanos, «todo el daño que me era posible». La amenaza viene ahora del futuro inminente y está escrita en las garras del águila imperial que compra con dólares y habla en inglés. La misma «águila temible» de la que ya había hablado Martí en el prólogo a los *Versos sencillos*, firmado en Nueva York en 1881. A ella responden los versos de Darío, como el *Ariel* de Rodó responderá al Calibán anglosajón.

Pero había algo más, que tocaba al lugar del poeta en el nuevo panorama político de los países hispanoamericanos. Algo que modificaba la tajante división entre la poesía y «todo el resto» sentenciada por Paul Verlaine en el verso final de su «Arte poética». Algo que se había afirmado, en el Darío de los años porteños, como la defensa del reino interior, ámbito de belleza y armonía, frente a la brutalidad burguesa (y el aluvión inmigratorio), el espacio urbano de la vulgaridad y de la fealdad industrial. En el cuento «El rey burgués», de *Azul...*, el poeta muere de frío en el jardín, olvidado por el soberano al que alguna vez había divertido como un bufón. Esta oposición, que ya estaba en Baudelaire, en Gautier, en Verlaine, muestra la singular encrucijada del poeta, aristócrata del espíritu y, a la vez, ganapán de toda clase de trabajos y sinecuras, desde cargos diplomáticos al albur de las satrapías a corresponsal de los periódicos en eventos internacionales. Darío, que, en su juventud, como escribe Octavio Paz, se había visto obligado, para justificar los mecenazgos, a escribir «odas y sonetos a tigres y caimanes con charreteras», encuentra ahora la ocasión de ocupar un lugar visible, una posición de intelectual, diríamos, en el pleno sentido que este término había adquirido en Francia por aquellos años entre los dos siglos. El poeta ajeno a la maquinaria pragmática que rige el mundo moderno se desliza hacia la figura del anunciador de una inminente catástrofe por la cual lloraremos después si callamos ahora.

Max Henríquez Ureña, en su *Breve historia del modernismo* (1954), vio en este segundo Darío su verdadera faz, separada de la de sus primeros libros: «Dentro del modernismo pueden apreciarse dos etapas: en la primera, el culto preciosista de la forma favorece el desarrollo de una voluntad de estilo que culmina en refinamiento artificioso y en inevitable amaneramiento [...]. En la segunda etapa se realiza un proceso inverso, dentro del cual, a la vez que el lirismo personal alcanza manifestaciones intensas [...], el ansia de lograr una expresión artística cuyo sentido fuera genuinamente americano es lo que prevalece. Captar la vida y el ambiente de los pueblos de América, traducir sus inquietudes, sus ideales y sus esperanzas, a eso tendió el modernismo en su etapa final, sin abdicar por ello de su rasgo característico principal: trabajar el lenguaje con arte». Al referirse a las «Palabras liminares» de *Prosas profanas*, en que el poeta se jactaba de sus «manos de marqués», señala: «Todo esto es pose que desaparecerá más tarde, cuando Darío asuma la voz del Continente y sea el intérprete de sus inquietudes e ideales». Asume así, ya en la segunda mitad del siglo xx, la senda trazada por Rodó: el poeta de América será poeta político, asumirá «la voz del Continente», o no será.

En esas «Palabras liminares», Whitman aparecía como lo más —o lo único— válido de lo que en América no es lujosamente nativo: «Si hay poesía en nuestra América, ella está en las cosas viejas: en Palenque, Utatlán, en el indio legendario y el inca sensual y fino, y en el gran Moctezuma de la silla de oro. Lo demás es tuyo, demócrata Walt Whitman». En *Cantos de vida y esperanza,* en cambio, le dice a Roosevelt: «¡Es con voz de la Biblia o verso de Walt Whitman, / Que habría que llegar hasta ti, Cazador!». *Hojas de hierba* adquiere aquí una posición ambigua, sagrada por un lado, y propia del «futuro invasor» de América Latina, por el otro. Ese mismo poema deja ver, en su composición, la voluntad de apropiarse del procedimiento característicamente whitmaniano de la enumeración: «La América del grande Moctezuma, del Inca, / La América fragante de Cristóbal Colón, / La América católica, la América española…». Neruda, en el *Canto general*, adopta la sacralidad y lo restituye como el poeta de toda América: «Walt Whitman, levanta tu barba de hierba, / mira conmigo desde el bosque, / desde estas magnitudes perfumadas». Y a la vez: «¡Dame tu voz y el peso de tu pecho enterrado, / Walt Whitman, y las graves / raíces de tu rostro para cantar estas reconstrucciones!».

El 10 de septiembre de 1972, solo quince días antes de quitarse la vida, Alejandra Pizarnik publicó en el diario *La Nación* una composición, «Sobre un poema de Rubén Darío» que empieza: «Sentada en el fondo de un lago…», y termina con este verso: «Ella está triste porque no está». Es una evidente parodia del principio de la «Sonatina», que probablemente Pizarnik había memorizado en la escuela pública argentina. El acopio de citas y referencias que la poeta atesora (lo sabemos por sus *Diarios*) y utiliza en sus poemas con un procedimiento cercano al *collage* es una de las vetas visibles de su obra. Es una nueva materialización de la capacidad del poeta americano para hacer simultáneo lo sucesivo, complementario lo incompatible: el modernismo y Artaud, las jarchas y el surrealismo, «con Hugo fuerte y con Verlaine ambiguo» (*Cantos de vida y esperanza*). Cinco años más tarde, en 1977, la Biblioteca Ayacucho publicó la *Poesía* de Darío. Ángel Rama, director de la colección, se hizo cargo del prólogo, que se abre de este modo: «¿Por qué está vivo todavía? ¿Por qué, abolida su estética, arrumbado su léxico preciso, superados sus temas y aun desdeñada su poética, sigue cantando empecinadamente su voz tan plena? ¿Por qué ese lírico, procesado cien veces por su desdén de la vida y el tiempo en que le tocó nacer, resulta hoy consustancialmente americano…?». A diferencia de la preponderancia que tenían por entonces los estudios sobre las vanguardias, Rama dedicó al modernismo, y particularmente a Darío, los mayores esfuerzos de su extraordinaria inteligencia crítica. De modo que esa pregunta retórica con la que encabeza su prólogo exigía una argumentación precisa y documentada. Lo que estaba vivo era la vigencia de Darío como problema más que como presencia en la poesía que entonces se escribía.

¿Y hoy, medio siglo más tarde, está vivo todavía? La lira latinoamericana es hija y nieta de las distintas modulaciones (y reediciones) de las vanguardias, que no hubieran existido sin Darío y que, a la vez, se alejaron de él para avanzar, para cumplir con lo que Peter Bürger denominó, como característicamente vanguardista, «lo radical de la ruptura». Para conquistar la tierra prometida de la definitiva modernidad, que Darío entrevió y no llegó a pisar, como un Moisés de los poetas de su tiempo. No es un demérito del nicaragüense, más bien al contrario: el trabajo que hizo fue casi sobrehumano, porque el desierto atravesado era enorme. Por eso, en Huidobro, en Neruda, en Vallejo, en Martín Adán, en Gabriela Mistral, la prosodia rubendariana está presente como el fantasma que se quiere desterrar. Si no fuera porque buena parte de la poesía occidental (particularmente la francesa entre finales del siglo XIX y principios del XX, la que va de los experimentos en metros libres de Jules Laforgue y del *Golpe de dados* de Mallarmé a los *Alcoholes* de Apollinaire) tendía a la ruptura con las formas regulares de versificación, podría decirse que la irrupción ya irreversible del verso libre en la poesía latinoamericana de la década de 1920 fue el modo en que los poetas latinoamericanos rompieron el metrónomo del modernismo para conquistar su propio espacio. Un espacio que era el de la definitiva sincronía con las tendencias de la efervescente Europa de entreguerras.

En 2016, cuando se cumplieron cien años de la muerte de Darío, hubo congresos universitarios y homenajes institucionales que dejaron volúmenes de relecturas de su obra. No se trató tan solo de una formalidad académica: una parte de esa producción demuestra que la obra de Darío todavía no agotó su capacidad de emanación de sentidos. Un ejemplo: la nueva edición de las *Obras completas* emprendida por la editorial de la UNTREF (Universidad de Tres de Febrero, Argentina), en volúmenes sucesivos, con la intención de recopilar por primera vez todo lo que escribió, en paralelo a un repositorio digital, el «Archivo Rubén Darío ordenado y centralizado» (<ar.doc-untref>),[*] donde se está reuniendo toda la obra periodística del poeta nicaragüense. ¿Será el propio poeta el que sigue «sentado en el fondo de un lago»? Y, sin embargo, labramos aún su perfil definitivo.

---

[*]   <https://archivoiiac.untref.edu.ar/rub-n-dar-o>.

4

LUGONES MÁS ALLÁ DE LA LUNA

Leopoldo Lugones, nacido en la provincia de Córdoba en 1874 y muerto por suicidio en una isla del delta del Tigre, cerca de Buenos Aires, en 1936, fue varios poetas a lo largo de su obra. Al principio (*Las montañas del oro*, 1897), fue un libertario tardorromántico infatuado de la voz tonante de Victor Hugo; después, tras su llegada a Buenos Aires, fue un modernista canónico (*Los crepúsculos del jardín*, 1905), y, a continuación, un protovanguardista que llevó al límite algunas tendencias implícitas en el movimiento liderado por Rubén Darío (*Lunario sentimental*, 1909). Hacia 1910, año del primer centenario de la Revolución de Mayo, quiso convertirse en el poeta nacional argentino y escribió —a la vez que varios ensayos de dilucidación de la identidad patria— las *Odas seculares*, miles de versos endecasílabos concebidos para la declamación y construidos a base de profusas enumeraciones. Poco después se convirtió en el juglar del amor marital (*El libro fiel*, 1912), de las geórgicas pampeanas (*El libro de los paisajes*, 1917) y de las más diversas estampas rurales, incluyendo la flora y la fauna que, seguramente, había conocido en su infancia cordobesa (*Las horas doradas*, 1922). En 1924, con motivo de la celebración del centenario de la batalla de Ayacucho —la derrota definitiva de las fuerzas leales a la Corona española en el continente americano—, proclamó la «hora de la espada», incitación al golpe de Estado militar que validó el levantamiento que llevará al general José Félix Uriburu, en 1930, a la presidencia de la República.

Imbuido de retórica fascista, afirma en esa enérgica arenga: «Así como [la espada] hizo lo único enteramente logrado que tenemos hasta ahora, y es la independencia, hará el orden necesario, implantará la jerarquía indispensable que la democracia ha malogrado hasta hoy, fatalmente derivada, porque esa es su consecuencia natural, hacia la demagogia o el socialismo». De este modo se expresaba el poeta que quince años antes se divertía comparando a la luna con cualquier cosa aproximadamente esférica, redonda o blanca, desde una oca a un huevo o una píldora. En su admiración por Mussolini, Lugones se parece a uno de los grandes poetas estadounidenses unos años más joven que él, Ezra Pound. Otro rasgo en común: ambos fueron provechosos lectores de Jules Laforgue, que para los propios franceses fue, en cambio, un simbolista de segunda línea.

En ese mismo 1924 publicó el *Romancero*, inspirado en la poesía tradicional española, que recuerda en muchos pasajes la lira atlética del *Lunario*. En el aire mordaz de algunas de esas estrofas se deja ver la huella de Heinrich Heine y quizá de Lord Byron, de modo que el antiguo romancero vuelve al Río de la Plata tras viajar por Alemania e Inglaterra: «La florida acacia / Nieva sobre el blanco. / En lánguido blanco / Florece tu gracia». La lira de Lugones tiene algo de atlética porque avanza por estrofas como por kilómetros corridos o vallas superadas: «Las chicas del tenis en grupos parejos, / Agracian de blanco la pradera verde / Que flota en un polen de sol y a lo lejos / En serenidades azules se pierde». Todas esas vetas continuarán hasta el final, en *Poemas solariegos* (1927) y en el póstumo *Romances del Río Seco* (1938).

Borges, alternativamente, lo denostó y lo exaltó como uno de sus padres literarios. En el prólogo a *El hacedor* narra un encuentro imaginario en la biblioteca de la que ambos fueron directores: «Si no me engaño, usted no me malquería, Lugones, y le hubiera gustado que le gustara algún trabajo mío». También escribió: «La obra de Lugones es una de las máximas aventuras del castellano». Juicio que debe leerse teniendo en cuenta que «aventura», igual que «experimento», no son calificativos

necesariamente elogiosos en el pudoroso Borges. En un artícu-
lo de 1937 declaró: «Lugones publicó ese volumen el año 1909.
Yo afirmo que la obra de los poetas de *Martín Fierro* y *Proa*
—toda la obra anterior a la dispersión que nos dejó ensayar
o ejecutar obra personal— está prefigurada, absolutamente,
en algunas páginas del *Lunario*. En "Los fuegos artificiales", en
"Luna ciudadana", en "Un trozo de selenología", en las vertigi-
nosas definiciones del "Himno a la Luna…". Lugones exigía, en
el prólogo, riqueza de metáforas y de rimas. Nosotros, doce y
catorce años después, acumulamos con fervor las primeras y re-
chazamos ostentosamente las últimas». Ese «nosotros» se refiere
a la primera generación de vanguardistas argentinos, la que em-
pezó a publicar a principios de la década de 1920 en las revistas
que menciona.

Borges ridiculizó en varias ocasiones el ripio de las rimas
consonantes usadas por Lugones; copio parte del repertorio
seleccionado por él: boj-reloj, apio-esculapio, sarao-cacao,
copos-Átropos, garbo-ruibarbo, oréganos-lléganos, insufla-
pantufla, pícara-jícara, hongos-oblongos, orla-por la, borlas-por
las, petróleo-mole o, náyade-haya de, pretéritas-*in vino veritas*,
apoteosis-dosis. Todavía en una conferencia dictada en 1962
volvía sobre este punto. Borges abandonó la poesía a finales de
los años veinte, después de los primeros tres libros, tímidamente
vanguardistas: *Fervor de Buenos Aires*, *Luna de enfrente*, *Cuaderno
San Martín*. Se aplicó en la perfección de su prosa y de sus
símbolos, que le darían la gloria con *Ficciones* (1944) y *El Aleph*
(1949). Cuando volvió al verso, con *El hacedor* (1960) y sus libros
tardíos, el endecasílabo fue la forma predominante, con rima
(en el soneto a la inglesa, de los que escribió una buena cantidad)
o sin ella. En esta última faceta hizo lo contrario de Lugones:
este creía que el verso podía tener cualquier medida, pero siempre
con rima consonante; Borges practicó extensamente el verso
blanco, casi siempre endecasílabo. En el prólogo a *La rosa pro-
funda* (1975), después de declarar que un alejandrino de Lugones
«quiere regresar al latín», parece disculparse por la vacilación
entre la rima consonante y la ausencia de ella: «Whitman tuvo

razón al negar la rima; esa negación hubiera sido una insensatez en el caso de Hugo».

Para las profusas rimas de sus últimos libros (*El oro de los tigres*, 1972; *La rosa profunda*, 1975; *La moneda de hierro*; *Historia de la noche*, 1977; *La cifra*, 1981), Borges no se alejó significativamente de las combinaciones banales del *Lunario sentimental*. Con la diferencia de que en Lugones el ripio es, si no deliberado, consentido; forma parte del gesto antisublime del *Lunario*; de su deliberada asociación, mediante la rima, de elementos nobles con otros bajos: «monja / esponja», «lucha / flacucha», y el contraste, sin duda deliberado por lo reiterativo, del lenguaje culto con los coloquialismos. En tanto el Borges poeta es o quiere ser trascendental y, muchas veces, solemne. El lector que recorra esas páginas tardías, que en verdad componen el grueso de la obra poética del autor, se encontrará con que «literatura» rima con «pura», «impura» y «dura»; «mitología» con «día»; «noruego» con «ciego»; «montonera» con «siquiera»; «veo» con «Proteo», «Excalibur» con «Sur»; esta lista podría extenderse por varios párrafos.

Lugones estableció la singularidad de su espacio en el cruce de haces irreconciliables hasta él: el feísmo característico de la fase final, neobarroca, del modernismo; una peculiar forma de humor, que no es incompatible con el esoterismo; la creencia, heredada del simbolismo francés —sobre todo del Jules Laforgue de *L'Imitation de Notre-Dame la Lune* (1886), que fue determinante, además del mencionado Pound, también para T. S. Eliot, otro poeta preocupado por la relación entre rigor formal y verso libre—, de que en las rimas no hay solo un anclaje musical del verso, sino una forma de las correspondencias que rigen el universo y su percepción artística. Como hemos visto, eso no le impidió la mezcla de lo solemne con lo vulgar:

> *Mientras cruza el tranvía una pobre comarca*
> *De suburbio y de vagas chimeneas,*

> *Desde un rincón punzado por crujidos de barca,*
> *Fulano en versátil aerostación de ideas,*
> *Alivia su consuetudinario*
>   *Itinerario.*

En *El Payador* (libro de 1916 en el que se reúnen las conferencias en las que erige el *Martín Fierro* de José Hernández en el poema épico fundacional de la literatura y hasta de la cultura rioplatense), Lugones intentó demostrar que el castellano argentino no solo no es inferior al de la Península, sino que es incluso más castizo, pues, al descender de «los últimos paladines españoles», es decir, los conquistadores, permaneció ajeno a la «latinización» que habría corrompido la lengua a partir del auge del humanismo renacentista, con el soneto como moda europea que duró trescientos años.

La historia de la poesía moderna es también la trayectoria de la reacción antimoderna; entre mediados del siglo XIX y mediados del XX, el impulso de vanguardia y la contrición clasicista han convivido muchas veces en un mismo poeta. Atracción por la novedad y defensa de la fortaleza del arte verdadero frente al sitio de la charlatanería. En el prólogo al *Lunario*, Lugones escribía: «El verso al cual denominamos libre, y que desde luego no es el blanco o sin rima, llamado tal por los retóricos españoles, atiende principalmente al conjunto armónico de la estrofa, subordinándole el ritmo de cada miembro, y pretendiendo que así resulta aquélla más variada». Esta delicada discriminación, que recuerda a las ideas de Mallarmé sobre el verso libre como «nudo de ritmos», no le impide pergeñar estrofas como esta:

> *Dando en tropo más justo*
> *Mi poético exceso,*
> *Naturalmente es queso*
> *Para vuestro buen gusto.*

Donde «queso» es metáfora de la luna. El prólogo quería justificar, ante la «gente práctica», la utilidad de ese libro cuasi decadente. En solo unos meses iba a aparecer como el vate patriota de las *Odas seculares*. Como si se hubiera asomado al radicalismo de Vicente Huidobro (*Poemas árticos*, *Altazor*) o al humorismo de Oliverio Girondo, y hubiera decidido, en el último momento, dar un paso atrás. Después vendrían el sensualismo galante de *El libro fiel*, donde vuelve a la música pausada del verso de Verlaine, cuya cadencia habíamos escuchado ya en la «Delectación morosa» de *Los crepúsculos del jardín*:

> *La tarde, con ligera pincelada*
> *que iluminó la paz de nuestro asilo,*
> *apuntó en su matiz crisoberilo*
> *una sutil decoración morada.*
>
> *Surgió enorme la luna en la enramada;*
> *las hojas agravaban su sigilo,*
> *y una araña en la punta de su hilo,*
> *tejía sobre el astro, hipnotizada.*
>
> *Poblóse de murciélagos el combo*
> *cielo, a manera de chinesco biombo;*
> *tus rodillas exangües sobre el plinto*
>
> *manifestaban la delicia inerte,*
> *y a nuestros pies un río de jacinto*
> *corría sin rumor hacia la muerte.*

El poeta Lugones no fue ajeno al cada vez más reaccionario pedagogo, moralista y descifrador del alma patria que era el ensayista. Pero no hay que dejar de lado la compleja relación con Rubén Darío: cuando Lugones llegó a Buenos Aires en 1896, Darío, que vivía en Argentina desde 1893, quedó impresionado por su carisma. En un artículo publicado en *El Tiempo*, lo llamó «fanático» y «convencido inconquistable»; pero luego no recogió esa crónica en *Los raros* (1896), colección de retratos literarios de sus poetas favoritos entre los que, en verdad, solo hay dos poetas latinoamericanos, ambos cubanos: José Martí y Augusto de Armas (y este último escribió sus versos en francés). Pero Lugones sintió esa exclusión como una ofensa; cuando se enteró de que Darío no incluiría su perfil en el libro, le escribió: «Permítame decirle que ha sido usted ilógico […] ¿Por qué no ha de ir? […] No se trata, a lo que yo creo, de *poeta minore*. Somos o no somos. Usted sabe lo que yo soy».

Lugones, que no tenía temperamento gregario, entendió que, como modernista, no sería sino uno más de los seguidores del nicaragüense que pronto se extenderían en ambas márgenes del castellano. Pensó que, si no iba a ser el gran poeta de América, sí podía erigirse en el poeta nacional argentino. A partir de 1910, todas sus decisiones parecen tomadas en esa dirección: si el *Martín Fierro* era la epopeya patria, quedaba el amplio abanico de la lírica y las geórgicas, que Lugones despliega en todos los registros que puede impostar con su voz. De ahí que su poesía tenga algo de virtuosismo y de hazaña deportiva: si la indefectible rima consonante acentúa la sensación de simetría y de cierre, la variedad de recursos rítmicos —tan evidente en Darío— aparece en ocasiones como un lujoso juego artístico. Por ejemplo, en «Romanza sin palabras», de *El libro fiel*, donde el título es a la vez una apelación al amable género musical que la composición imita, un homenaje explícito a Paul Verlaine (*Romances sans paroles*, de 1874, es uno de los libros principales del simbolismo), además de la explícita evocación, en el «plenilunio marino» del cuarto verso, de «Claire de lune», una de las páginas excelsas del mismo poeta, y una alusión al metro octosílabo del romance español:

> *Arrobamiento divino*
> *a contemplar nos concierta,*
> *desde la rambla desierta*
> *el plenilunio marino.*
>
> *En el horizonte claro,*
> *hacia la pérfida ola,*

con su fuego de pistola
vivamente apunta el faro.

Y el mar, trazando en la duna
su decreciente circuito,
trémula en un infinito
deshojamiento de luna.

El soneto fue otra de sus formas favoritas, patente en una de sus páginas más famosas, «Alma venturosa», de *Las horas doradas*: «Al promediar la tarde de aquel día, / cuando iba mi habitual adiós a darte / fue una vaga congoja de dejarte / lo que me hizo saber que te quería». Casi al mismo tiempo, en *Languidez* (1920), Alfonsina Storni escribió un soneto de melodía muy cercana a la de Lugones en explícito homenaje al otro jefe de los modernistas: «En la dorada tarde rumorosa / que languidece en placidez de estío / estoy mirando este camino rosa / como en el dulce verso de Darío».

Dentro del género soneto, Lugones ensayó numerosas variaciones: desde la abreviación o extensión del metro hasta la modificación de la forma estrófica, como las composiciones de cuatro cuartetas —una de sus favoritas—. En los *Poemas solariegos*, en cambio, se permite una mayor libertad métrica, con versos de hasta dieciséis sílabas, donde parece retornar el influjo de Walt Whitman, a quien había rendido tributo en su juventud y a quien borró después de su panteón, precisamente por el rechazo por parte de Lugones del versolibrismo.

La lira americana tiene una cierta tendencia a lo exhaustivo, a la enumeración completa, como en el Neruda de las *Odas elementales* y *Canto general*. Algo semejante sucede con Lugones: las mil quinientas páginas de su *Poesía completa*, editadas en 1959 y agotadas hace muchos años, son solo una parte de una obra que incluyó cerca de veinte ensayos y tres libros de cuentos, fundacionales —junto con los de su amigo Horacio Quiroga— de la línea de literatura fantástica que dominó la narrativa rioplatense a lo largo del siglo XX y rige hasta el presente. Lugones fue una sucesión de proyectos que parecen surgir de la convicción de que el poeta es una creación del poema, y no al revés. Si su nacionalismo fue de raigambre romántica, su figura de poeta parece anacrónica en cualquier época y, por eso mismo, contemporánea de todas y quizá, sobre todo, de la nuestra.

5

EL «SALTO FUNDADOR» DE LUGONES

El asunto central de *El Payador* (1916) es el poema gauchesco *Martín Fierro* de José Hernández. Pero no es un ensayo literario al uso, sino una sorprendente construcción —intelectual y retórica— de la que participan la historia, la lingüística, la mitología, la filología, la antropología, la musicología, la etnología y la filosofía. Y tampoco falta el despliegue narrativo, ya que el volumen puede leerse casi como una novela: una peculiar novela histórica acerca del origen de la patria argentina, puesto que, a partir de su lectura del poema de José Hernández, Lugones descubre —o, mejor dicho, inventa— una historia, un pasado para la lengua, la cultura y hasta el «linaje» nacional. El libro se inscribe en la serie de obras heterodoxas que parecen a la vez crear un género literario y acabar con él, y que conforman en buena medida el tronco de la literatura argentina, como el propio *Martín Fierro*, *Facundo* de Sarmiento o *El matadero* de Echeverría.

La intención primera de *El Payador* es conferir al *Martín Fierro* la categoría de epopeya; por eso el primer capítulo se titula «La vida épica» y presenta la conmixtión entre poema y mundo que Lugones sostiene a lo largo de todo el trabajo. ¿Por qué era tan importante esa atribución genérica? Porque el proceso mediante el cual se da forma a una epopeya es paralelo al de la consolidación de una lengua y una idiosincrasia nacionales: así sucedió en la Grecia antigua con los poemas homéricos y, en la Edad Media, con la *Chanson de Roland* en Francia, con el

Cantar de mio Cid en España e incluso —en la serie de Lugones— con la *Divina comedia* en Italia. Estos últimos poemas dieron dignidad literaria a una lengua «vulgar», a la vez que relataron una gesta en la que asentar los rasgos de una identidad colectiva.

Jorge Luis Borges iba a mostrar un perdurable rechazo de esos postulados, contra su tendencia a castigar con el silencio a la mayoría de sus contemporáneos: en numerosas ocasiones se refirió a *El Payador*, siempre para impugnarlo. El lugar de la poesía gauchesca en la genealogía de la literatura argentina era una batalla decisiva para su propia posición. En *Discusión* (1932), por ejemplo, tilda de «superstición» la insistencia de Lugones en el carácter de epopeya del poema de José Hernández, y agrega: «La estrafalaria y cándida necesidad de que el *Martín Fierro* sea épico ha pretendido comprimir, siquiera de un modo simbólico, la historia secular de la patria». En contraposición, prefirió definir el *Martín Fierro* como «novela en verso». Desde otro punto de vista, Ángel Rama, en *La ciudad letrada*, define *El Payador* como una «apropiación de la tradición oral rural al servicio del proyecto letrado que concluye en una exaltación del poder».

Lugones fue un poeta muy conocido a partir de su radicación en Buenos Aires, en 1896. Desde muy joven emprendió una extensa trayectoria en diversos ámbitos de la administración del Estado: «Fue un empleado público toda su vida», dice Sergio Raimondi. En efecto, ya en la década de 1890 fue jefe de los archivos del Correo; hacia 1901 fue nombrado ministro de Instrucción Pública y al año siguiente se le encargó un plan de reforma carcelaria. Fundó publicaciones socialistas (*La Montaña*, la más importante, junto a José Ingenieros), participó activamente en asociaciones espiritistas y teosóficas, y en 1903 viajó —por encargo de Joaquín V. González, prominente personalidad de la cultura y la política argentina, que por entonces era ministro del Interior— al norte del país, a Paraguay y Brasil, para redactar un informe sobre la situación de las antiguas misiones de los jesuitas, de donde derivará su libro *El imperio jesuítico*, de 1904; con una segunda edición corregida y aumentada en 1907.

En medio de esa intensa actividad pública, política e intelectual, escribió varias de las páginas características del modernismo tardío, como los poemas de *Los crepúsculos del jardín* o los densos cuentos de *La guerra gaucha* (ambos de 1905), que no pueden leerse sin un glosario que desentrañe su frenesí léxico. Este ciclo se cierra con *Lunario sentimental* en 1909, en cuyo prólogo defendía con la misma vehemencia el verso libre («como su nombre lo indica [...] la conquista de una libertad») y la rima consonante («elemento esencial del verso moderno»). Sobre todo, le otorga al poeta un papel central en la sociedad, por completo alejado del malditismo y el decadentismo, que lo vincula con aquella estirpe gloriosa de vates fundadores de nacionalidades: «... el lenguaje es un conjunto de imágenes, comportando, si bien se mira, una metáfora cada vocablo; de manera que hallar imágenes nuevas y hermosas, expresándolas con claridad y concisión, es enriquecer el idioma, renovándolo a su vez. Los encargados de esta obra, tan honorable, por lo menos, como la de refinar los ganados o administrar la renta pública, puesto que se trata de una función social, son los poetas. El idioma es un bien social, y hasta el elemento más sólido de las nacionalidades».

Este es el umbral del giro nacionalista que Lugones dio a su obra a partir de entonces. Terminadas las grandes celebraciones del primer centenario de la Revolución de Mayo, que Lugones había adoptado como causa personal —solo en 1910 publicó cuatro libros de marcado acento patriótico—, viaja a París, con la intención de establecerse allí por un largo período. A principios de 1913 vuelve a Buenos Aires. Traía los esbozos de las conferencias que, en mayo de ese año, pronunció en el teatro Odeón y que se convertirían en *El Payador*, publicado en 1916. Esa estadía iba a ser su despedida de la Argentina, pero la inminencia de la guerra en Europa cambió sus planes, y volvió a radicarse en el país.

No es anecdótico el hecho de que entre el público de las conferencias se encontrara un prócer militar como Julio Argentino Roca, artífice de la «Campaña del Desierto», eufemismo con el que se denominó el casi exterminio de la población nativa de la llanura argentina; y bajo cuya segunda presidencia de la República (1898-1904), Lugones había recibido el encargo del viaje a Misiones. Cuando se quitó la vida, en febrero de 1938, dejó sobre el escritorio un manuscrito inconcluso: la *Historia de Roca*. Una crónica aparecida en el diario *La Nación* el 9 de mayo de 1913 documenta que Lugones abrió la primera conferencia con estas palabras: «Señoras; señor general Roca, señores». En su sistema de valores, el general y el poeta estaban hermanados, como guardianes respectivos del cuerpo y del alma de la patria. Lo escribió en *Didáctica*, uno de sus libros del Centenario: «La entidad Patria, compuesta, como el hombre, de cuerpo y de espíritu, denomina estos dos elementos imprescindibles: territorio e idioma. Uno de los dos que falte, ocasiona su desaparición».

Lo repitió en múltiples ocasiones: el «idioma» es inexistente o inoperante sin el poeta. De este modo, al erigirse en poeta nacional, se arroga para sí el lugar de legislador del alma de la patria. No casualmente se propuso redactar un *Diccionario etimológico del castellano usual*, del que escribió unas seiscientas páginas sin agotar la letra «a», discutiendo minuciosamente cada término con los académicos de Madrid. Se publicó póstumo, en 1944.

También asistió a las conferencias, o al menos a alguna de ellas, Roque Sáenz Peña, entonces presidente de la República y promotor de la ley electoral que llevaría su nombre y que instauró el sufragio universal masculino. Esa ley significó un impulso democratizador que el Lugones de 1913 apoyaba con entusiasmo: «Aquella oligarquía tuvo la inteligencia y el patriotismo de preparar la democracia contra su propio interés, comprendiendo que iba en ello la grandeza futura de la nación». No obstante, en 1916, tras la victoria electoral de Hipólito Yrigoyen, Lugones ya había cambiado de idea: en el prólogo a *El Payador*, escrito para la edición del libro, apunta: «La plebe ultramarina […] nos armaba escándalo en el zaguán […]. Solemnes, tremebundos, inmunes con la representación parlamentaria, así se vinieron. La ralea mayoritaria paladeó un instante el quimérico pregusto de manchar un escritor a quien nunca habían tentado las lujurias del sufragio universal. ¡Interesante momento!». Momento interesante, sin duda, por el giro aristocratizante del autor, que ahora ve en la ley Sáenz Peña una amenaza de igualación indiscriminada entre los patricios de prosapia y los recién llegados al país. Entre un proyecto literario ilustrado y una amenaza «plebeya» que, en efecto, era el poderoso germen de una parte muy importante de la cultura argentina. Se manifiesta allí, bajo la apariencia de un fastidio casual, una inflexión definitiva en la tradición rioplatense que, desde Sarmiento —el intelectual argentino más admirado por Lugones, a quien le dedicó un libro en 1911, por encargo del Consejo Nacional de Educación—, había visto en el arribo de extranjeros la promesa de un futuro vigoroso para la nación. Hacia 1916, aquellos europeos, de quienes se esperaba el aporte del tronco principal de la tradición occidental, se habían vuelto «plebe ultramarina»: los depositarios de la civilización occidental ya no podían contrarrestar la barbarie porque se habían vuelto, ellos mismos, plebeyos.

El Payador es, en buena medida, una actualización del proyecto sarmientino, aunque se produce una inversión de la perspectiva: la promesa de desarrollo en el auspicioso *melting pot* que un país despoblado y todavía por construir podía convocar da lugar a la «invención» de esa estirpe hacia el pasado y hacia la persuasión mitológica. En *El Payador*, la figura del gaucho va adquiriendo una composición progresivamente fantasiosa. Ni el gaucho histórico —que era, por otra parte, una presencia poco más que testimonial y folclórica a principios del siglo xx— ni el obrero inmigrante. Hacía falta dar entidad heroica a Martín Fierro para convertirlo en el representante rioplatense de aquellos titanes europeos cuyo linaje se remonta a los héroes homéricos y virgilianos, y, más cerca, de los «paladines» españoles y franceses en su guerra territorial y religiosa contra los musulmanes, lo que Lugones denomina «la época heroica por excelencia». El desfase de seis o siete siglos entre aquellas epopeyas medievales de autor anónimo y lentamente decantadas desde la dinámica tradición oral hacia su fijación escrita, y la del gaucho, escrita por José Hernández, queda disimulado por la laboriosa andadura del argumento lugoniano. Publicadas en la década de 1870, las dos partes del poema de Hernández son contemporáneas de Dostoievski, de Flaubert, de Mark Twain; por eso, «descontando el accidente del verso —dirá Borges—, cabría definir al *Martín Fierro* como una novela».

Lugones hubiera respondido, probablemente, que ese desfase era solo aparente, puesto que en América la historia recomenzaba o, mejor dicho, reemprendía la andadura desde la raíz grecolatina, cuyo desarrollo había quedado arrinconado por la expansión del cristianismo: «Es en el Nuevo Mundo donde va a reintegrarse la civilización de la libertad, contrariada por el dogma de obediencia que el cristianismo impuso hace veinte siglos. La historia eslabona, así, a nuestro destino, ese grande esfuerzo de la antigüedad».

En *El Payador*, el gaucho aparece como heredero de una larga —aunque episódica— estirpe, cuyos últimos representantes europeos fueron, precisamente, los conquistadores de América: «paladín desplazado» llama Lugones a Martín Fierro; el último capítulo, «El linaje de Hércules», es muy elocuente acerca de este punto. La vieja pulsión épica persistía en algunas floraciones tardías, como *Paradise Lost* de Milton y, ya en el siglo XIX, *Fin de Satan* o *La Légende des siècles* de Victor Hugo, poeta al que Lugones había admirado en su juventud. No es improbable que hubiera leído en París un libro que tuvo cierto prestigio a principios del siglo XX: *Victor Hugo, poète épique*, de Eugène Rigal (1900). Pero eran ya ejemplos de épica culta, literaria, obra deliberada de autor moderno, desvinculada del origen legendario de la gesta.

Lugones plegó los siglos para que el poema del gaucho enraizara en la Grecia arcaica y en la poesía medieval. En el envés del Cid y de Rolando, el procedimiento de Lugones parece quijotesco. El personaje de Cervantes invierte el ciclo de la literatura caballeresca: primero lee ficciones y después inventa un personaje y una serie de aventuras con las que quiere hacer actual lo leído. Las conferencias del escritor cordobés hacen algo semejante con el *Martín Fierro*: lo interpretan como si fuera un documento histórico y deducen de él una descendencia social, política, cultural, poética. José Hernández queda reducido a una figura borrosa, un médium de una trama que pertenecería al mito más que a la invención de un escritor. La tradición oral que precede a la epopeya es suplantada por esta enigmática transustanciación de la historia fáctica hacia el verso. La operación, debe decirse, tuvo un éxito perdurable: todavía hoy, en muchas ciudades argentinas, se encuentran con frecuencia calles llamadas Martín Fierro y, pocas veces, José Hernández.

La suposición de una Arcadia gaucha como fundadora de la cultura nacional tiene algo de extravagante, pero Lugones no fue el primero que pensó en América como en una nueva Atenas, como el territorio en que iba a florecer Utopía, donde la historia envejecida de Occidente iba a encontrar una nueva oportunidad de redención. Esa ilusión está ya presente en el diario de a bordo del primer viaje de Colón y se amplifica en Montaigne, Thomas More, Tommaso Campanella... Ya en el siglo XX, cuando los intelectuales americanos buscan aún la definición de las idiosincrasias nacionales, Alfonso Reyes, en *Última Tule*, escribiría: «Antes de ser esta firme realidad [...], América fue la invención de los poetas, la charada de geógrafos, la habladuría de los aventureros, la codicia de las empresas y, en suma, un inexplicable apetito y un impulso por trascender los límites». A partir del siglo XIX, con la consolidación de las soberanías nacionales, los intelectuales americanos habían empezado a desarrollar esa promesa: primero en Estados Unidos, con *Walden* de Henry Thoreau, con la «Naturaleza» trascendental de R. W. Emerson, con la democracia como fraternidad redentora de las *Hojas de hierba* de Walt Whitman.

El adanismo americano frente a la decadencia europea se recrudece, en el Río de la Plata, en las primeras décadas del siglo XX: está, manifiestamente, en el discurso a las nuevas generaciones de *Ariel* (1900), de José Enrique Rodó, donde se proclama una convergencia entre el ideal de belleza griego y la moral católica. En el momento en que el Viejo Mundo está a punto de caer en una guerra que abatirá los ya carcomidos pilares de su orden, lo más alto de aquella tradición reemprende, desde esa perspectiva, su andadura en América. *El Payador* puede leerse como un complemento y una respuesta a *Ariel* y, sobre todo, al «arielismo», que tuvo notorio auge en América Latina durante los primeros quince años del siglo XX. En 1910, Pedro Henríquez Ureña decía: «*Ariel* es la más poderosa voz de verdad, de ideal, de fe dirigida a la América en los últimos años». Pero el ideal y la verdad de Lugones eran distintos: rechazaba el legado cristiano, el de la «moral del esclavo» (en términos de Nietzsche), para adoptar el ideal griego del hombre fuerte; en *El Payador*, Martín Fierro es pintado con rasgos definitorios del superhombre. La sabiduría aparece como aproximación al origen, no como acumulación de conocimientos.

La exaltación del héroe rompe la dicotomía entre acción y contemplación: las funde en el valor de su gesta: «Valientes, despreocupados, irónicos, así nos quiere la sabiduría: es una mujer, ama siempre solo al guerrero» dice el *Zaratustra* de Nietzsche; y en *La genealogía de la moral*: «Mientras que el hombre noble vive con confianza y franqueza frente a sí mismo [...], el hombre del resentimiento no es ni franco, ni ingenuo, ni honesto ni derecho consigo mismo. Una raza de tales hombres del resentimiento acabará necesariamente por ser *más inteligente* que cualquier raza noble [...], mientras que, entre hombres nobles, la inteligencia fácilmente tiene un delicado dejo de lujo y refinamiento; en estos no es la inteligencia ni mucho menos tan esencial como lo son la perfecta seguridad funcional de los instintos *inconscientes* reguladores [...]; así por ejemplo el valeroso lanzarse a ciegas, bien sea al peligro, bien sea al enemigo, o aquella entusiasta prontitud en la cólera, el amor, el agradecimiento y la venganza, en la cual se han reconocido en todos los tiempos las almas nobles».

Estas ideas, que Lugones seguramente conoció en traducciones francesas, lo indujeron a ver en el personaje de Martín

Fierro —sin excluir ni soslayar los pasajes más arduos del poema, como los dos asesinatos que comete el gaucho protagonista en la *Ida*— a ese «hombre noble», a ese héroe de lo súbito y lo instintivo que sabe fundar y ejecutar su propia ley, y hacer justicia por su mano. En este punto, también, Borges fue severamente crítico cuando en 1962 le dijo a Bioy Casares: «Si Lugones quería atacar el cristianismo, que lo hiciera; pero que no dijera que el cristianismo acabó con el mundo de la caballería y de las damas; llamar *paladín* [...] a un héroe homérico es un disparate; y la palabra *dama* no corresponde a las heroínas griegas; Homero ni nadie entonces tenía esa idea romántica de las mujeres [...]. Su odio por el cristianismo lo lleva a exaltar al *Martín Fierro* como un poema épico clásico, libre de sentimiento religioso. ¿Cómo? El poema está lleno de invocaciones a todos los santos del cielo». Sin embargo, con todo el artificio que conlleve, Lugones no improvisó esa idea. Venía trabajando en ella al menos desde diez años antes, cuando, en *El imperio jesuítico*, defendió que la conquista de América fue la gesta del paladín medieval español: «Es que la conquista, por lo que tenía de quimérico, de colosal, de problemático, era una empresa medioeval, cuyo cumplimiento requería espíritus y tendencias medioevales». Por eso fue España, y no las potencias europeas ya imbuidas del espíritu del Renacimiento, la que se quedó con la ambicionada inmensidad de América: «Solo España tenía conquistadores. Los demás países, al volverse industriosos y comerciantes, se tornaron colonizadores [...]. Así se explica cómo habiendo ejecutado España la apertura del continente, fueron otros los que disfrutaron de sus riquezas».

La aspiración de Lugones a ligar el destino de la nación a un origen griego resulta premonitoria de algunas posiciones destacadas de la primera mitad del siglo XX en el pensamiento europeo, asimismo por influjo nietzscheano. En particular, la de Martin Heidegger, también en una alocución institucional, en su caso al asumir el Rectorado de la Universidad de Friburgo, en mayo de 1933; discurso por demás significativo, pues Heidegger hizo pública allí su adhesión al nazismo. Lo que para Lugones es «linaje», para Heidegger será «origen» o «inicio»: en ambos casos, esa raíz lejana y olvidada se actualiza y revierte en proyecto o misión; lo que para el argentino es la relevancia del poema y la instrucción pública, para el alemán es la «ciencia»: «Sólo [podrá existir la ciencia] si nos situamos de nuevo bajo el influjo del *inicio* de nuestra existencia histórico-espiritual. Este inicio es el surgimiento (*Aufbruch*) de la filosofía griega [...]. Esta es la esencia originaria de la ciencia. Pero ¿no han pasado ya dos milenios y medio desde este inicio? ¿No ha cambiado el progreso del obrar humano también a la ciencia? ¡Sin duda! La subsiguiente interpretación teológico-cristiana del mundo [...] ha alejado a la ciencia, temporal y temáticamente, de su inicio. Pero con ello el inicio no ha sido en absoluto superado ni reducido a nada. Pues, dado que la ciencia griega originalmente es algo grande, el *inicio* de esta grandeza es *lo más grande de ella* [...] No está *tras de nosotros* como algo ha largo tiempo acontecido, sino que está *ante* nosotros [...] El inicio ha incidido ya en nuestro futuro, está ya allí como lejano mandato de que recobraremos de nuevo su grandeza» (traducción de Ramón Rodríguez). En «El origen de la obra de arte» (1936), Heidegger sigue el mismo camino: «Historia no significa aquí la sucesión de determinados sucesos dentro del tiempo. La Historia es la retirada de un pueblo hacia lo que le ha sido dado hacer, introduciéndose en lo que le ha sido dado en herencia» (traducción de H. Cortés y A. Leyte); todo lo cual va dirigido a un «salto fundador» por el cual aquello que surge lo hace desde el origen. Lugones, por su parte, había escrito: «En los genios coinciden la belleza y la libertad, móviles característicos de la raza helénica, con la verdad y la disciplina peculiares de la raza gótica. Así es como Wagner resulta un hermano de Esquilo. Ahora bien, nosotros pertenecemos al helenismo; y entonces, la actividad que nos toca en el proceso de la civilización ha de estar determinada por la belleza y por la libertad para alcanzar su mayor eficacia [...]. Cada hombre y cada raza nacen para algo que no pueden eludir sin anularse».

Más allá de las evidentes diferencias de contexto, y más allá también del alcance y las implicaciones de cada uno de estos discursos, cuya dimensión política está implícita en las ocasiones solemnes y ante los públicos distinguidos en que fueron pronunciados, hay una afinidad en el anclaje *griego* del proyecto, en el rescate de una raíz originaria a través de un salto de «veinte siglos» (según Lugones) o de «dos milenios y medio» (en Heidegger). Una común aspiración regeneracionista, anticristiana, por la que el sabio entendido como hombre puro y fuerte se convierte en el origen remoto de una estirpe nacional. En ambos casos, el tiempo histórico, continuo, es —de forma más o menos subrepticia— sustituido por el tiempo mítico, cíclico; un tiempo en el que Wagner puede ser contemporáneo de Esquilo, el gaucho argentino un hijo de Hércules, el pueblo alemán de la década de 1930 un continuador de la labor emprendida por la «ciencia griega». Tan fantasioso y persuasivo, tan inesperado y reaccionario el uno como el otro.

El capítulo VI de *El Payador*, «El lenguaje del poema», desarrolla uno de los aspectos centrales de la obra. Buena parte de la eficacia del argumento de Lugones consiste en demostrar que, según la ecuación histórica enunciada, el *Martín Fierro* consolida la existencia de una lengua argentina. También en este punto se retoma una línea que, desde los fundadores de la patria argentina del siglo xix —Alberdi, Sarmiento y José María Gutiérrez—, había tratado de resolver la difícil cuestión acerca de cómo escribir en castellano y, a la vez, apartarse de la tradición española. «Después de Lope de Vega y Calderón, el español ha degenerado en dialecto inmanejable para la expresión de las ideas», había escrito Sarmiento; ¿cómo derivar de esa «lengua muerta» (Sarmiento, nuevamente) un idioma vigoroso para la nación argentina?; ¿cómo impugnar la autoridad de los académicos de la lengua de Madrid sin entregarse al «cocoliche» con que la variada y multitudinaria inmigración transformaba la antigua lengua imperial? En 1910, el año del Centenario, y después de varios intentos frustrados y de una muy larga polémica, una sede de la Real Academia Española de la Lengua abrió sus

puertas en Buenos Aires. Lugones se encontraba en el bando de
quienes negaban jurisprudencia política y autoridad intelectual a
esa institución. Pero ¿podía afirmarse, con algún fundamento só-
lido, que la lengua argentina se desprendía de su tronco español
como la lengua castellana lo había hecho antes del latín? Hasta
entonces se habían distinguido dos posiciones claras, derivadas
de la elocuente polémica que Sarmiento había sostenido, en su
exilio chileno, con el venezolano Andrés Bello: la de los román-
ticos, defensores de la idea de que, en materia de lengua, no había
más autoridad que la del «pueblo»; y la de los castizos, para quie-
nes, sin una autoridad central que regulara el idioma, este corría
el riesgo de degenerar en cien diversas hablas locales.

Lugones aporta una visión hasta cierto punto superadora de
ese conflicto: sostiene que el castellano argentino no es una
degradación del peninsular, sino, al contrario, un regreso a las
fuentes puras del idioma: una vez más, la fantasía del «origen».
El castellano peninsular se habría acartonado y academizado
con el auge de la corriente italianizante, más tarde barroca, a
partir del siglo XVI, mediante «la artificiosa superestructura hu-
manista que latinizó el idioma y cegó sus fuentes vivas bajo los
adornos retóricos del clasicismo». En cambio, la lengua que pasó
a América con los primeros conquistadores habría sido la última
floración del idioma fresco del pueblo, a salvo de la intoxicación
clasicista: «Ello es tan así que lo mismo se nota en aquel grande
cultísimo escritor Oviedo y en el rudo soldado Bernal Díaz del
Castillo [...]; aquellos hombres que eran, ciertamente, los más
enérgicos de España y los últimos paladines de Europa, trajeron
ínsita la libertad en el don de su heroísmo». No importa que
Oviedo nunca hubiera estado más al sur del Caribe ni que Ber-
nal Díaz hubiera muerto en el cargo de regidor de Guatemala
en 1584, un siglo antes de que en el Río de la Plata hubiera una
colonización digna de tal nombre. En *El Payador*, la cultura de
los gauchos es heredera de aquella «ingenuidad» legendaria; en
su nula formación letrada radica el vigor de su legado: «Los
elementos expletivos [es decir, retóricos] del idioma cayeron,
pues, en desuso; las frases usuales simplificáronse como bajo una

recia mondadura, en elipsis características; el verbo amplificó su acción vivificadora […]; la ley del menor esfuerzo imperó absoluta, al faltar, con la literatura, toda autoridad preceptiva, y aquella síntesis espontánea deshizo, sin saberlo, la artificiosa superestructura humanista. Con esto, aquel lenguaje fue más activo como instrumento de expresión, más vigoroso y más conciso». Y también: «Inconsciente de su mérito, como la pampa cantada de su belleza, esta ingenuidad nativa es otra razón para decretarle el triunfo póstumo que [el gaucho] ni siquiera sospechó». Es probable que este romanticismo extemporáneo de Lugones, lector entusiasta de Dante, como demuestra en numerosos pasajes de su obra, debiera algo a las ideas del más importante crítico dantesco del siglo xix, Francisco de Sanctis, quien afirmó que la grandeza del poeta radica en su «inconsciencia y espontaneidad». El concepto de «intuición», esencial en la obra crítica de Benedetto Croce, es heredero de ese argumento. En *La giovinezza*, el propio De Sanctis celebra el éxito de esa fórmula: «esta disolución del concepto en la forma; esta inconsciencia y espontaneidad del artista causaron gran impresión, y quedaron para siempre como el punto más fuerte de mi trabajo crítico».

Hacia el final del libro, cuando se reclama para Martín Fierro un monumento como «prenda de su gratitud» (del «pueblo» hacia el gaucho), apela a «la poesía de la raza». La confusión entre el personaje Martín Fierro, surgido de la imaginación y la inventiva de un poeta (que, por cierto, como otros que están presentes en este libro, se ganaba la vida como periodista) y el verdadero habitante de la pampa argentina no es ingenua. José Hernández aparece como un hombre no particularmente ilustrado que «improvisó en ocho días» el poema, muy por encima de cualquier otra de sus iniciativas intelectuales. Y, sobre todo, por completo apartado del resto de la poesía gauchesca, a la que Lugones considera «literatura», obviamente en el mal sentido de la palabra (en el sentido «expletivo», retórico, para decirlo en sus propios términos): «Lo que quiero decir es que el *Martín Fierro* no tuvo esa procedencia [la gauchesca]. Precisamente, cada vez que Hernández quiere hacer literatura, empequeñece su mérito». El escritor neoculterano de *La guerra gaucha* y decadente del *Lunario sentimental* se ha vuelto, en *El Payador*, en el abanderado de la ingenuidad, del despojo retórico, de la atención al canto del pueblo como única fuente genuina del poema.

Con *El Payador*, Lugones ejecuta la «fundación mítica» de la literatura argentina, a la vez que da a su obra intelectual un giro con el que se ubica a sí mismo en el centro del campo intelectual argentino: aquí el «salto fundador» es hacia su propio pedestal. Porque ese campo era aún incipiente y débil, y Lugones lo construye discursivamente a la vez que se inserta en él. De allí algunas de las operaciones más o menos extravagantes de su argumentación y, también, algunos de sus famosos cambios de posición política. El poeta nacional necesita un público, más allá de las autoridades en los palcos del teatro, y el nuevo argentino podía pasar rápidamente de ser un exponente potencial de esa ciudadanía a un miembro indistinguible de la «plebe ultramarina» o, como lo señalaba en el mismo año del Centenario (*Didáctica*), de «la inmigración muy inferior que conseguimos». El gaucho, ya extinguido como tipo social y exaltado como mito fundador de la nacionalidad, era el elemento de contraste, el apoyo para el proyecto de linaje.

No he pretendido aquí igualar la posición ni la importancia de Lugones y Heidegger: el primero fue un poeta y ensayista de dimensión argentina y latinoamericana. El segundo fue uno de los filósofos más importantes del siglo xx, cuya huella está presente en buena parte de los pensadores más determinantes de las humanidades en las décadas posteriores. Señalo, en cambio, el paralelismo en las construcciones míticas de estirpes nacionales como base de un proyecto de fundación o refundación ideológica de la patria.

6

RUIDOS EN LA VANGUARDIA:
WILLIAM CARLOS WILLIAMS FRENTE A T. S. ELIOT*

William Carlos Williams no negaba la importancia de T. S. Eliot, a quien comparó con John Keats, pero, en contra de la ruptura con las reglas que el propio Williams buscaba, afeaba a Eliot el «adaptarse a las excelencias de un inglés escolar». Dirá en su *Autobiografía* (1951): «De pronto *The Dial* publicó *La tierra baldía* y acabó con nuestra hilaridad. Aniquiló nuestro mundo como si la bomba atómica hubiera caído sobre él, y nuestras valientes incursiones hacia lo desconocido se convirtieron en polvo». Desde la perspectiva de Williams, el movimiento de vanguardia en Estados Unidos se dividió en dos: la «falsa modernidad» de Eliot y Ezra Pound, y la modernidad de su propia búsqueda. Esta bifurcación es visible en el hecho de que *Kora en el infierno* (1920), de Williams, y *La tierra baldía* (1922), de Eliot, desencadenaron, en su lectura contrapuesta, una disputa por el alma de la modernidad, que Williams perdió por KO en el primer *round*. A *Kora* le llovieron duras críticas en su momento, incluso de sus propios amigos: Pound lo llamó «incoherente» y «antiestadounidense»; Hilda Doolittle (conocida como H. D.) protestó contra lo que consideraba «frivolidades», «burla de sí mismo» y «falta de seriedad»; Wallace Stevens habló de «berrinches», y Marianne Moore se mostró más bien tibia. Williams acabó solo: «Tuve que observar cómo él [Eliot], el idiota, me robaba

* Escrito con Michael Tregebov, a quien agradezco la autorización para incluirlo en el presente volumen.

el mundo, entregándoselo al enemigo». Solo algunos *rounds* más tarde, a partir de los años cincuenta, los grandes nombres de la siguiente generación —Allen Ginsberg, Robert Creeley, Robert Duncan— se reconocieron, cada uno a su manera, como discípulos de Williams; y en la poesía latinoamericana, de Octavio Paz a los coloquialistas de las décadas de 1959 y 1960, la influencia de Williams es notoria.

En la mencionada *Autobiografía*, el poeta lo explica con su tono peculiar: «*La tierra baldía* me golpeó como un proyectil sardónico. Sentí inmediatamente como si me empujara a veinte años atrás, y estoy seguro de que así lo hizo. Eliot nos devolvió drásticamente al aula justo en el momento en que sentía que nos encontrábamos en el punto de partida hacia materias cercanas a la esencia de la nueva forma de arte, arraigada en lo local, de donde debía salir el fruto». La disputa había empezado antes: de modo implícito, *Kora en el infierno* puede leerse como una respuesta al primer poema importante de Eliot, «La canción de amor de J. Alfred Prufrock» (1915). En este se daba voz a un alma poseída por la desgana y a un cuerpo excluido de los goces de la sensualidad; de hecho, los versos de Dante citados como acápite sugieren que Prufrock está vagando por el octavo círculo del Infierno, a la sombra del conde Guido de Montefeltro. Un Infierno que, en el siglo XX, reaparece en el salón en que se desarrolla el poema de Eliot, en el que las mujeres vienen y van «hablando de Michelangelo». Al contrario, el protagonista de *Kora en el infierno* es un trasunto del poeta que mezcla humor y podredumbre, juego y tinieblas, para descubrir, como dirá años más tarde en un famoso poema de amor a su mujer, Fossie, que «hay flores también / en el infierno» («Asfódelos»).

Optimista respecto del futuro (discípulo, en esto, del Whitman del «Canto a mí mismo»), Williams defiende que la primavera de la nueva literatura —«todas las delicias que en la construcción de un mundo pueden igualar la supremacía del pasado»— estaba sin embargo en peligro debido a la «estupidez» de la Gran Guerra: «Todo lo que hoy quiere vivir y prosperar está siendo asesinado en nombre de la Iglesia y el Estado». Esa rabia está presente en *Kora*, cuya composición recuerda, en algunos pasajes, a los deliberados sinsentidos de dadá y a la fantasía surrealista de la escritura automática: «Yo no escribía nada planificado, ponía el papel delante de mí y escribía cualquier cosa que me saliera de la cabeza», dice sobre la composición del libro. Cada día, durante un año, sin corregir nada, incorporó textos ajenos y breves apuntes propios, intercalando interpretaciones, títulos y epígrafes. Luego escribió el prólogo y pagó a The Four Seas Company of Boston la cantidad de 250 dólares por la publicación.

Lo curioso es que ambos, Williams y Eliot, reaccionaban contra el auge del mundo industrial capitalista en Estados Unidos y en todo Occidente. Ambos lo examinaban: era una tierra baldía para Eliot, quien rechazó ese mundo con gesto aristocrático y decadentista, refugiándose en un pasado literario de poetas provenzales y clásicos, en la estela de Ezra Pound, editor y casi coautor de *La tierra baldía*. En tanto que Williams lo veía como una amenaza redimible a través de la poesía, precisamente mediante la salida de Kora (o Coré, el nombre griego de Perséfone) de ese infierno bajo la forma de primavera. El país que Eliot y Pound abandonaron para instalarse en Europa —una Europa que pasaría rápidamente del banquete vanguardista de los años veinte a la irrupción de los fascismos de los treinta— era el escenario del *Kora* de Williams, donde se luchaba contra esa enajenación con la única arma de la lengua local (el *idiom*) y la imaginación. La reacción de Eliot y Pound, la de revivir zonas del pasado literario de Occidente que habían quedado en la penumbra, impulsó a Williams hacia una vía aún más radical de la modernidad. El método de composición de *Kora* lo demuestra. Williams, médico de profesión, toma durante las visitas diarias a sus pacientes —sucios, decrépitos, siempre al borde de la indigencia— las notas sobre retazos de papel, o en la misma libreta de las historias clínicas, que por la noche transforma en apartados de su poema; luego agrega comentarios a cada uno de ellos, obteniendo así la estructura del libro, en la que cada uno de los veintisiete apartados se divide, a su vez, en tres fragmentos.

Del extrañamiento respecto de su entorno sacó parte de su actitud. Rechazaba la adhesión a una poética prefigurada y la exhibición de trofeos eruditos. La actitud positiva hacia el mundo contemporáneo es comparable con la de Apollinaire, o con el cubismo de Braque y Picasso, donde por primera vez los poetas y artistas enaltecieron lo construido industrialmente, aunque sacándolo de contexto para darle un sentido nuevo: el objeto fabricado en serie pasaba a ser único; las imágenes cubistas están hechas, en buena medida, de mercancías fabricadas con máquinas. El carácter vanguardista de *Kora* responde a una necesidad coherente con esa opción estética. Williams renunció, durante toda su vida, a reeditar el poema (que no volvió a imprimirse hasta 1973), no porque lo despreciara, sino más bien al contrario. Al impedir su circulación, al sacralizarlo y esconderlo de la lectura, hizo de él una cantera de la que fue sacando los asuntos y tratamientos esenciales de sus libros posteriores: la primavera, como emblema del bien y del optimismo, que por otra parte constituye la imagen y la idea principal de su obra, la imaginación. Para Williams, lo propiamente humano es la capacidad de imaginar: su obra más ambiciosa, *Paterson*, es una extensa y apasionada exposición de esa tesitura. Por eso, el extenso prólogo a *Kora* (aglomeración de autobiografía, fragmentos de cartas de otros poetas a propósito de su poema y razonamiento de una teoría poética) es fundamental en varios aspectos: no solo formula el marco de lectura y el contexto histórico de ese singularísimo poema, sino que enuncia una de las ideas centrales de todo su proyecto: lo nuevo tiene un valor en sí mismo, puesto que encarna el esfuerzo por hacer algo que antes no existía y que, por tanto, no es copia ni rescate ni evocación de algo del pasado.

Williams ensalza el valor de imaginar y de crear lo nuevo, como queda de manifiesto en el libro siguiente, *Spring and All* (1923) —donde la primavera aparece ya desde el título—, que representa su intento más importante de asalto a una modernidad depurada de toda rémora del pasado. En efecto, la bifurcación del movimiento de vanguardia en la poesía de Estados Unidos parece derivar de una disputa sobre la primavera: del «Abril es el mes más cruel» con que se abre *La tierra baldía* (y que daba la vuelta a las primeras palabras del poema fundacional de la poesía inglesa, *Los cuentos de Canterbury*: «Cuando las dulces lluvias de abril / penetran hasta lo más profundo del árido marzo…») a los versos que Williams incluiría en el libro tercero de *Paterson*: «¿Quién habló de abril? Algún / ingeniero loco. No hay repetición. / El pasado está muerto…».*

Ese certificado de defunción del pasado afectaba también a uno de los pilares de Eliot como ensayista, a su concepto de «tradición y talento individual» (*El bosque sagrado*, 1920), según el cual cada obra nueva se ubica en relación con las del pasado, cuya serie modifica, estableciendo una nueva temporalidad, contracronológica: la más reciente afecta al modo en que leemos las anteriores. A la historia de la literatura, Eliot oponía una dinámica de la lectura y la escritura, que reordena la serie y le da un nuevo sentido. Por ejemplo, la influencia que Dante tiene sobre la propia poesía de Eliot le da un lugar nuevo, o renovado, a la *Comedia*. Para Williams, al contrario, cada obra debe ser radicalmente original y contener en sí misma el valor que irradia; la galaxia que cada poema nuevo formula se orienta según una gravitación futura, no hacia el pasado. En esto Williams está cerca de Whitman, para quien el tiempo americano emana de lo que vendrá, no de lo que fue.

Kora en el infierno pone en primer plano el lado oscuro de Williams —que se deja atraer por lo feo, lo denigrante, las tinieblas—, y aun así todo ello va ligado a la búsqueda de la libertad y el amor. Es un libro guiado por su fuerte defensa de una idea muy determinada de modernidad, a través de una serie de estampas autobiográficas, localizadas en Passaic, Nueva Jersey, tal como —según cuenta en el prólogo— su madre se buscaba a sí misma vagando por las calles de Roma. La protagonista, a la

---

*   *Who is it spoke of April? Some / insane engineer. There is no recurrence. / The past is dead.*

que podemos llamar Kora o Primavera, vaga por el infierno entre los asfódelos.

Para mantenerse cuerda, Kora florece en la imaginación, sale del invierno, de su estado de enajenación, según el pacto entre su madre, Deméter, y su tío Plutón, que la había raptado llevándosela al Hades. De acuerdo con ese pacto, Kora tiene permiso para salir del Hades en primavera, pero en otoño debe regresar. El mito representa para Williams eso que hace la naturaleza para no enloquecer; es decir, romper con el invierno para dar el fruto a la tierra. Y esto es lo que debemos hacer, romper nuestro aislamiento a través de la imaginación. Dice en *Viaje al amor* (1955):

> *Es difícil*
> *deducir las noticias de los poemas*
> *pero los hombres mueren míseramente cada día*
> *a causa de la carencia*
> *de lo que en ellos mismos se encuentra.**

Kora en el infierno es una obra compleja no solo por cómo trabaja sobre la sublimación estética de la experiencia personal, trasvasando —por virtud de la imaginación— la vida del doctor Williams a uno de los poemas más enigmáticos del siglo xx; también porque, a pesar de las declaraciones de su autor en favor del idioma estadounidense, el registro léxico de *Kora* se guía por el mismo criterio de «imaginación» que todo el tratamiento del poema. En efecto, Williams utiliza la palabra que más le conviene —o que mejor le suena— en cada ocasión, de modo que el idioma del poema es una amalgama de cultismos y coloquialismos, de términos técnicos con otros sacados de la lengua de uso corriente, de referencias mitológicas y literarias con otras que hacen alusión al paisaje local en que el poeta vivía y trabajaba.

---

*   *It is difficult / to get the news from poems / yet men die miserably every day / for lack / of what is found there.*

William Carlos Williams, hijo de inglés y portorriqueña, quiso ser el más norteamericano de todos los poetas: vivió la mayor parte de su vida en una localidad del interior, Rutherford, New Jersey; a pesar de que llegó tanto o más lejos que nadie en sus innovaciones vanguardistas, no presumió de cosmopolita. «Aunque vivió en la provincia no fue un provinciano», resumió Octavio Paz. Todas las primaveras, su Kora/Proserpina sigue saliendo del inframundo de lo trillado y lo ya muerto.

7

PERDURACIÓN DE OLIVERIO GIRONDO

Oliverio Girondo no asumió la vanguardia como una fiesta furtiva de irreverencia juvenil, sino como una actitud que, para alcanzar su dimensión verdadera, necesita el recorrido de toda una obra. Su trayectoria estuvo guiada por una radicalidad que alcanza, al final, con *En la masmédula* (1954), la disgregación, reinvención y resignificación de las palabras mismas. Las usó toda la vida para mirar el mundo desde el ángulo más inesperado, para romper —como escribió en 1924 en el manifiesto de la revista *Martín Fierro* (que Girondo financió en buena parte)— con la «impermeabilidad hipopotámica del honorable público».

Dio la vuelta a las palabras, las rompió para volver a armarlas: así surgen el «no inóvulo», «mi lubidulia», la «desqueja» y el «toco poros / amarras / calas toco». Cuando los pintores bailan sobre la tela haciendo chorrear el pincel en líneas ondulantes, cuando los músicos hacen silencio o arrancan las teclas del piano, ¿iba a seguir el poeta confiando en decir cosas bonitas sobre el amanecer y la dulce amada? Girondo quiso ir siempre más allá: de un libro a otro, su exigencia y su insatisfacción lo guiaron por la zona más irreverente y también más incómoda de la poesía como trabajo artístico. Para él, la palabra no era algo dado, una herramienta eficaz para decir cosas: era, en sí misma, un misterio a investigar.

Empezó en 1922 con los *Veinte poemas para ser leídos en el tranvía*, el libro de un viajero que, en lugar de postales, manda poemas disparados en un golpe de vista: desde Bretaña, Biarritz y Sevilla; desde Dakar, Río de Janeiro y Venecia; pero también desde Flores y otros barrios de Buenos Aires. Lo que Baudelaire había inaugurado en París a mediados del siglo xix —el poeta que deambula por la calle y el poema como una «fantástica esgrima» que se escribe *flairant dans tous les coins les hasards de la rime* (husmeando en todos los rincones los azares de la rima)—, Girondo lo reinventa, setenta años más tarde, ya sin rima, usando libremente el verso y la prosa, y estirando el callejeo a todo el planeta. Fue un peatón afortunado, en todo el sentido del término: perteneció a esa estirpe de escritores americanos que, como Henry James, podía pasear por Europa como quien sale a caminar por su barrio. El tranvía, a él, no lo lleva a otro distrito de la ciudad, sino a otros continentes. En lugar de construir, como Borges, una mitología para el suburbio de Buenos Aires, erigió una forma americana de mirar todas las ciudades: fragmentaria, insólita, azorada, curiosa pero nunca solemne; dispuesta a impregnarse de todo y, a la vez, a mirar todo lo que está de puertas afuera del museo.

Uno de los aspectos más originales de los *Veinte poemas para ser leídos en el tranvía* es el modo en que Girondo inventa lo que podría denominarse un «contraexotismo». Frente a los numerosos viajeros europeos, más o menos ilustrados, más o menos talentosos, que habían encontrado y todavía hoy encuentran en América Latina una amplia cantera para su inclinación a lo exótico (continuadores de una estirpe iniciada por Colón, que creyó ver sirenas que «no eran tan hermosas como las pintan, que en alguna manera tenían forma de hombre en la cara» donde había, en verdad, tan solo manatíes), Girondo invierte el juego: es él quien mira a Europa con un desparpajo completo y superior. En Sevilla, por ejemplo: «Pasan perros con caderas de bailarín. Chulos con los pantalones lustrados al betún. Jamelgos que el domingo se arrancarán las tripas en la plaza de toros»; o «un cura mastica una plegaria como un pedazo de "chewing gum"». Desde el primer poema, en Bretaña, parece que las viejecitas que van a la iglesia quieren «emborracharse de oraciones» y hacer que «el silencio / deje de roer por un instante / las narices de piedra de los santos».

Los *Veinte poemas para ser leídos en el tranvía* se imprimieron en Argenteuil, cerca de París, en diciembre de 1922, en una tirada numerada y firmada por el autor, que realizó también las diez acuarelas que lo ilustraban. Esa cuidada edición hacía del título un sarcasmo: nada más lejos del diario del día, lectura canónica del tranvía, que un libro concebido como objeto artesanal y ajeno a la reproducción industrial. En 1925 se publicó en Buenos Aires una segunda edición, denominada «tranviaria» (donde el sarcasmo se troca en pleonasmo) y dirigida a un público más extenso, en la que agregó, a modo de prólogo, una «Carta abierta a "La Púa"», su «cenáculo infernal» de amigos porteños. Allí declara: «Y se encuentran ritmos al bajar la escalera, poemas tirados en medio de la calle, poemas que uno recoge como quien junta puchos en la vereda». Estos puchos (colillas de cigarrillos, en argot rioplatense) podrían ser la versión «tranviaria» de lo que, por aquellos mismos años, Marcel Duchamp llamó *ready-made*: lo ya hecho, aquello que el artista aísla de una situación habitual del mundo cotidiano y, así recortado, convierte en obra.

Pero «los puchos» en la vereda que encuentra Oliverio no son mingitorios ni ruedas de bicicleta, sino cuerpos humanos. Más bien, pedazos de cuerpo humano: «Brazos. / Piernas amputadas. / Cuerpos que se reintegran. / Cabezas flotantes de caucho» («Croquis en la arena»). No se trata del resto luctuoso de una batalla, sino del modo en que la arena y el agua de la playa dejan a la vista partes aisladas, como si los troncos se desmembraran y solo momentáneamente «se reintegraran». Uno de los mandatos centrales de la vanguardia (desautomatizar la percepción, hacer nuevo lo habitual, volver cómico lo obvio) se realiza, en los *Veinte poemas para ser leídos en el tranvía*, como la negación programática a completar con el hábito o la razón aquello que el ojo capta de modo fragmentario, como lo haría una cámara: «por ochenta centavos, los fotógrafos venden los cuerpos de las mujeres que se bañan». Víktor Shklovski, figura central del formalismo ruso que se estaba desarrollando por aquellos mismos años, y el teórico principal del concepto de «extrañamiento» vanguardista, declaraba: «Para dar sensación de vida, para sentir los objetos, para percibir que la piedra es piedra, existe eso que se llama arte. La finalidad del arte es dar una sensación del objeto como visión y no como reconocimiento: los procedimientos del arte son el de la singularización de los objetos [...], en aumentar la dificultad y la duración de la percepción». Desde el otro extremo de Occidente se estaba escribiendo el programa que correspondía a los poemas de Oliverio.

Girondo registra, en los *Veinte poemas*..., la manifestación del mundo, incluida la propia sensibilidad del poeta, como hecho estético, como aquello que es percibido antes o por encima del orden de los datos y acontecimientos. Como una forma de mostrar aquello que golpea la sensibilidad y los sentidos —incluso el sentido común— y desordena las categorías. El deambular de Girondo (que «se va por el mundo, girando...», como dice la coplilla atribuida a Gómez de la Serna) no es un mero accidente. Esa vagancia, en toda la acepción del término, crea el escenario donde la palabra aparece: hay que estar siempre atento para captarla, como algo que solo se insinúa a la mirada a la vez más aguda y más oblicua. Lo que Baudelaire definió como la *féconde paresse* del poeta: ese no hacer nada (Oliverio habla de la «pereza de los remansos») en el que algo, un germen, surge. Esa certeza de la distracción. Es un modo de mirar que erotiza las figuras del lenguaje: «Pasan unos senos bizcos buscando una sonrisa sobre la mesa» («Apunte callejero»); «La camarera me trae, en una bandeja lunar, sus senos semidesnudos» («Café-concierto»). Las «chicas de Flores», si alguien las mira, «aprietan las piernas, de miedo a que el sexo se les caiga en la vereda» y «al atardecer, todas ellas cuelgan sus pechos sin madurar del ramaje de hierro de los balcones».

Néstor Perlongher sostuvo que Girondo fue más allá del sensualismo, hasta encontrar un «sexualismo»: «La imagen del deseo apareciendo detrás de la casta apariencia de normalidad». No se trata solo de la vanguardia que manifiesta la fuerza erótica que mueve al mundo y a las otras estrellas, sino de «una libidinización de lo social». A su manera, lo había apuntado Borges cuando, al reseñar el siguiente libro, *Calcomanías* (1925), hablaba de la «afanosa puntería» de la metáfora de Oliverio, que «mira largamente las cosas y de pronto les tira un manotón». Es un libro con procedimientos parecidos a los de los *Veinte poemas para ser leídos en el tranvía* pero dedicado enteramente a España. El malicioso Borges concluía que el procedimiento de Girondo, el de la metáfora insólita, no era tan moderno como presumía, porque ya aparece en Virgilio. Pero ¿qué mayor virtud que la de estar a la vez cerca de Apollinaire —quien, en los *Caligramas* (1918), enseñó a dibujar con palabras— y de la *Eneida*? Es cierto que el primer Girondo trabaja minuciosamente el juego de las analogías, de la reflexión del mundo objetivo en el plano subjetivo del poema; así es como «al llegar a una esquina, mi sombra se aparta de mí, y de pronto, se arroja entre las ruedas de un tranvía». ¿No había escrito, acaso, el propio Borges, en el «Manifiesto del Ultra», que el «arte se redime» mediante la estética activa de los prismas y no en la pasiva de los espejos?

El acápite que encabeza los *Veinte poemas para ser leídos en el tranvía* («Ningún prejuicio más ridículo que el prejuicio de lo SUBLIME») intuye e incluye todo el resto. ¿Cómo no ver esa premisa en la cacofonía con que se construye el célebre caligrama «Espantapájaros (al alcance de todos)»: «La desorientación de mi generación tiene su explicación en la dirección de nuestra educación...»? Aquello que la normativa invita a rechazar es acogido como material valioso. El espíritu de juego rige también en los *Membretes*, aforismos cercanos a las greguerías de Gómez de la Serna, que Oliverio empezó a publicar en los años veinte en la revista *Martín Fierro* y siguió escribiendo a lo largo de muchos años: «Llega un momento en que aspiramos a escribir algo peor», dice un *membrete*; aspirar a escribir algo mejor, además de obvio, sería recaer en el prejuicio de lo sublime. Mejor lo peor: mejor si se dice algo nuevo o incluso si se descubre algún ángulo insólito desde donde desestabilizar lo que creíamos ya hecho y dicho y tasado definitivamente. «Delatemos un onanismo más: el de izar la bandera cada cinco minutos»: vigente retrato de la estupidez del nacionalismo abusivo, cualquiera que sea el color de la divisa. «La vida es un largo embrutecimiento. La costumbre nos teje, diariamente, una telaraña en las pupilas»: casi todo el esfuerzo de las vanguardias brota de esa convicción. «Un libro debe construirse como un reloj, y venderse como un salchichón»: la primera edición de los *Veinte poemas...* y la «tranviaria» cumplen respectivamente con ese precepto.

La campaña contra el prejuicio de lo sublime tiene una raíz simbolista: la idea de que el lenguaje se ha vuelto, en su conjunto, un sistema de mentiras y de lugares comunes, que predomina en la poesía más avanzada desde el último tercio del siglo XIX. Agotado el idioma por su extrema circulación en diarios, revistas y anuncios publicitarios de todos los tamaños; después en radio, cine, televisión... y eso que no había advenido aún la riada de charlatanería de las «redes sociales», ¿cómo hacer que las palabras todavía digan algo, que estén mínimamente a salvo del lugar común y de las diversas modulaciones de «lo sublime», de las cursiladas que creen cuestionar la industria cultural y que están al servicio de ella? Antes de la irrupción de ese océano verbal sin playas ni marea baja que cubre el planeta, el poeta había sido el dueño y legislador del idioma; ¿qué hacer ahora con ese material que le llega como moneda mellada y devaluada? Este apremio guía buena parte de la poesía moderna; en castellano, nadie la asumió con tan cómico rigor como Girondo, sobre todo a partir de *Espantapájaros*: «Abandoné las carambolas por el calambur, los madrigales por los mamboretás, los entreveros por los entretelones, los invertidos por los invertebrados [...] Preferí lo sublimado a lo sublime, lo edificante a lo edificado». Las palabras se asocian por aliteración o impregnación etimológica, como para poner de manifiesto nuestra sospechosa confianza en su capacidad de transmitir información y sentido. La contracara de lo sublime es lo cursi, y contra esa infección de los tiempos modernos también había que disparar:

¡Todo era amor… amor!
No había nada más que amor.
En todas partes se encontraba amor.
No se podía hablar más que de amor.
Amor pasado por agua, a la vainilla,
amor al portador, amor a plazos.
Amor analizable, analizado.
Amor ultramarino.
Amor ecuestre.
Amor de cartón piedra, amor con leche…

La trayectoria de Girondo va, como un cometa, hacia la cons-
trucción de una lengua poética hecha sobre esa dificultad, sobre
esos límites. Los momentos de extraño lirismo de *Persuasión de
los días* preparan el volcán de una «Rebelión de vocablos»: «De
pronto, sin motivo, / graznido, palaciego, / cejijunto, microbio, /
padrenuestro, dicterio; / seguidos de: incoloro, / bisiesto, tegu-
mento / ecuestre, Marco Polo…». El lenguaje se ha vuelto un
catálogo de sonidos, un teclado en el que tocar armonías crea-
doras de perplejas cadenas de sinsentidos o contrasentidos.

A mediados de la década de 1950, la poesía hispanoamericana
buscaba un giro hacia el significado, hacia la recuperación de un
grado mayor de apertura y claridad: el año decisivo fue 1954.
Entonces, Pablo Neruda publica las *Odas elementales*, César Fer-
nández Moreno da a conocer *Argentino hasta la muerte* (donde
la lengua coloquial rioplatense y el voseo ingresan en el ámbito
de la poesía culta, que ya no abandonarán), el nicaragüense Car-
los Martínez Rivas saca *La insurrección solitaria*, y Nicanor
Parra los *Poemas y antipoemas*,* que abren un nuevo tiempo,
primero en Chile y, más tarde, en buena parte de América La-
tina. Después de tres décadas de pujos surrealistas, el poema

---

*   Esta coincidencia fue señalada por Eduardo Milán en «Relación Parra-Poesía
    concreta», recogido en su libro *Ensayos unidos*.

acepta y recibe una lengua cercana a la comunicacional, despojada de onirismo y atraída por el registro coloquial. No fue la vía de Girondo: ese mismo año salió la primera edición del libro que exacerba su proyecto, *En la masmédula*. El «puro no» grita a pleno pulmón: «El no / el no inóvulo / el no nonato / el noo… el puro no, / sin no». O bien: «toco poros / amarras / calas toco / teclas de nervios… / toco y mastoco / y nada». Los noes y las nadas predominan en esta congregada disgregación de vocablos, en una línea que vuelve a conectar con la raíz de la primera vanguardia, la más radical: la vanguardia de los experimentos dadaístas del Cabaret Voltaire de Zúrich, cuando, hacia 1917, Hugo Ball recitaba su «Karawane»: «Jolifanto bambla ô falli bambla / großiga m'pfa habla horem / egiga goramen / higo bloiko russula huju». También, con el último canto del *Altazor* de Huidobro: «Lusponsedo solinario / Aururaro ulisamento lalilá / Ylarca murllonía / Hormajauma marijauda». Derivas extremas de la máxima que Paul Verlaine había lanzado en su «Arte poética» en la década de 1870: el poema debe ser «música ante todo». No en el sentido de una poesía musical sino en el de la aspiración hacia el carácter no semántico ni figurativo del lenguaje musical. Y, también, de la propuesta del último Mallarmé, el del *Golpe de dados*, de que la página ya no es mero soporte de la línea del verso, sino campo gráfico en el que la letra se expande según una lógica visual (véase, por ejemplo, «Plexilo», de *En la masmédula*).

Girondo murió en 1967; perdura la energía que liberan sus poemas a cada lectura: algo que sacude e inquieta, que da risa y nervios (los «nervios bien templados» que eran su instrumento de cuerdas favorito), que impone el paso más allá de lo obvio, de lo esperado, de lo sabido. Perdura en la impregnación de una actitud: el poema es un juego cuyas reglas forman parte de lo que está en juego. Empezando por esa regla que manda hablar claro. En el núcleo del poema, en esa masmédula que se hace y se deshace a cada lectura, todo es, felizmente, opaco y refractario a la facilidad.

8

¿QUIÉN HACE TANTA BULLA EN LAS ERRATAS DE *TRILCE*?

«Quién hace tanta bulla...» son las primeras palabras de *Trilce*, el pórtico de la poesía contemporánea en castellano. Son nuestro *lasciate ogni speranza*: toda esperanza de volver a esa era geológica de la prosodia que todavía predominaba poco antes, en *Los heraldos negros*. Pero, ahora, después de un siglo, ¿quién sigue haciendo «tanta bulla»? No hay una respuesta única, sino varias que se superponen sin excluirse: hace bulla el poeta que fracturó la escansión modernista y la unidad del poema, del verso y hasta de la palabra; hace bulla o pregunta por la bulla el niño que, evocado desde la adultez, da el tono interrogativo característico de buena parte de *Trilce*, como en el poema III («Las personas mayores / ¿a qué hora volverán?») o en el XXVIII («cómo iba yo a almorzar nonada»). Y hacen bulla sobre todo las reiteradas y estridentes violaciones de la gramática y la ortografía: los arcaísmos, como el «nonada» que acabo de mencionar, la «calabrina» del poema I, el «desque» y el «avía» del IX; o los neologismos: los gallos que no cantan sino «cancionan», eso que «heriza nos», aquello que «se llama Lomismo», para mencionar tres ejemplos de un solo poema, el II. O bien la «amargurada» y el «qué la bamos a hhazer» del IV, que analizaré después con más detalle. Hay, por otra parte, un aspecto de *Trilce* sobre el que, quizá, no se ha reflexionado lo suficiente, a pesar de la muy extensa bibliografía: la bulla que hace la duda, irresoluble en muchos casos, entre el neologismo (deliberado) o la errata (aleatoria). Y la imposibilidad de resolver esa duda debido a la falta de testimonios de Vallejo acerca de las dos ediciones de *Trilce* que se hicieron en vida, la de Lima de 1922 (a la que llamaremos P) y la de Madrid, de 1930 (Md).

En «Poétique du néologisme», Michael Riffaterre distingue entre el neologismo literario y el de la lengua en general. Este último se inventa para expresar un referente o un significado nuevo y, por lo tanto, su empleo depende de una relación entre la palabra y la cosa. Dado que es portador de un significado, no es necesariamente percibido como algo insólito. Así, los múltiples anglicismos que, en las últimas décadas, permean casi todas las lenguas occidentales, y cuya correcta grafía no se normaliza hasta que queda fijada por las academias; tal es el caso, en castellano, por poner un ejemplo, de «champú», del inglés *shampoo*, a su vez tomado del hindi *čampī*. En cambio, el neologismo literario es percibido siempre como una anomalía, incluso con independencia de su significado. No puede no llamar la atención, porque es percibido en contraste con su contexto, y tanto su empleo como su efecto dependen de unas relaciones que se sitúan enteramente dentro del lenguaje. Ya se trate de una palabra nueva o de un sentido nuevo, o de una transferencia de categoría gramatical, el neologismo suspende el automatismo perceptivo y obliga al lector a tomar consciencia de la forma del mensaje que descifra, lo cual es característico de la comunicación literaria. También en este caso se trata del extrañamiento vanguardista, que vimos en el capítulo anterior

La gran cantidad de neologismos de *Trilce* induce una completa suspensión del «automatismo perceptivo», porque ninguno de los 77 fragmentos o poemas que lo compone permiten al lector un acceso mediante hábitos normativos. Se diría que el propio lenguaje es despertado de su letargo con esas numerosas invenciones hechas a base de mínimas pero decisivas alteraciones. Es uno de los motivos por los que, en tantas ocasiones, resulta difícil distinguir, en una palabra, la modificación deliberada de la errata. Un primer ejemplo: en el poema XIX se lee «El establo estaba divinamente meado / y excrementido por la vaca inocente». Las dos primeras ediciones (P y Md) dan, en efecto, «excrementido». Pero Américo Ferrari, en la edición crítica de Archivos (*Obra poética*, 1988), prefiere «excrementado», basándose en una observación de otro destacado vallejista, André Coyné, según la cual «cuando Vallejo neologiza de veras lo hace de un modo más rotundo y simultáneamente acorde con las leyes latentes del idioma». Frente a lo cual es inevitable preguntarse qué significa neologizar (verbo asimismo neológico) «de veras» y cómo sería hacerlo no «de veras», y hasta qué punto ese concepto es pertinente en *Trilce*, donde el neologismo sirve para hacer que la lengua ya no tenga del todo «veras» ni «falsos».

Ferrari arriesga: «lo más probable es que "excrementido" sea una errata». Pero, si ese criterio se usara de modo coherente, ¿por qué mantener «Lomismo» en el poema II, donde también leemos «nombrE» (en todas las ediciones consultadas)? ¿Por qué no corregir «Lo mismo» y «nombre»? Por la propia índole de *Trilce* y por la inexistente documentación que dejó Vallejo respecto de las dos ediciones realizadas en vida, todas las decisiones de estas características en las sucesivas ediciones cargan con una parte de arbitrariedad, de preferencia personal, de conjetura, como acabamos de ver en la justificación de Ferrari para corregir «excrementido» por «excrementado». Otro acreditado vallejista, Julio Ortega, en su edición crítica (*Trilce*, 2003), repone «excrementido» porque «tiene una resonancia más idiomática y lleva, quizás, una ligera ironía por asociación fónica a cultismos y arcaísmos». Argumentación en la que el término más convincente y filológicamente honesto es «quizás». Nunca como con *Trilce* editar significa interpretar, suponer, tantear; hasta cierto punto, intervenir (en) el poema.

Trilce se parece a la música en su resistencia a la glosa: la dificultad de fijar un significado literal en muchos de los poemas, si no en todos, hace aún más severa la imposibilidad de paráfrasis consustancial a la literatura. Porque, más que ningún otro poema escrito en castellano, *Trilce* no se refiere a una cosa: *es* en sí mismo la cosa; sería difícil encontrar un ejemplo más adecuado a eso que Roman Jakobson denominó la «patentización de los signos» propia de la función poética del lenguaje: aquello que «profundiza la dicotomía fundamental de signos y objetos». Esta radicalidad, que pone a Vallejo en la estirpe de los experimentos dadaístas de Hugo Ball o del futurista italiano Palazzeschi, obliga a un ajuste de la lectura tradicional; por eso, la crítica, en reiteradas ocasiones a lo largo de cien años, se inclinó por la valoración general, viciada de vaguedad.

Fue así desde el principio y desde dentro del mismo aparato editorial de *Trilce*: José Bergamín, en el prólogo a Md, no cita un solo verso y se apoya en el tópico de la ingenuidad americana: «ingenua espontaneidad verbal de poesía recién nacida», escribe, parafraseando anacrónicamente a Montaigne, quien a finales del siglo xvi se refirió a América como un mundo «toutesfois si nouveau & si enfant, qu'on luy apprend encore son a, b, c [tan nuevo e infantil que aún está aprendiendo su abecé]». Bergamín lo opone a la «poderosa plenitud» de los poetas de España: «No tiene la poesía de *Trilce* esa poderosa plenitud dominada y dominadora de la expresión poética de Rafael Alberti». Se refiere a *Marinero en tierra* (1924), donde es evidente la imitación del cancionero y numerosa la presencia del soneto. Por eso, «la pureza poética de *Trilce* [es] pureza íntegramente espiritual». Para Bergamín, el peruano Vallejo no sabe lo que hace, y por eso lo hace; en tanto que el andaluz Alberti conoce su tradición y trabaja a conciencia. Los reparos que Juan Valera y Unamuno habían tenido con Rubén Darío se repiten en Bergamín frente a Vallejo: la acusación ya no es de afrancesamiento —aunque esa sombra es visible al fondo del juicio—, sino de olvido de la tradición y de los peligros que eso comporta. Los poetas americanos que se aparten del redil castizo se perderán en sus ensoñaciones de modernidad.

La complejidad de las operaciones con que están compuestos los fragmentos de *Trilce* impugna esta vaga visión totalizadora, más ideológica que crítica. A Bergamín lo guiaba su intolerancia frente a la influencia modernista; quería eximir a Vallejo de la herencia del «modernismo de Rubén Darío, ese gran vehículo armonioso de la peor pacotilla literaria seudo-francesa». Como conjuro de esos terribles peligros, Bergamín propone la nitidez de la «línea becqueriana, ya persistente [...] en el dejo poético de Unamuno en el verso, como en la prosa vibrante de su pensar profundo». A finales del siglo XIX todavía podía ser incomprendida, sobre todo desde la Península, la impactante y definitiva novedad de *Prosas profanas* y *Cantos de vida y esperanza*, pero repetir esas objeciones en 1930 era una operación estruendosa: manifestaba el intento de preservar una presunta pureza de la tradición española frente a las malas influencias ultramarinas; olvidando, entre otras cosas, que en el Machado de *Campos de Castilla* (1906), y en casi todo Juan Ramón Jiménez, la presencia de Darío es ya insoslayable. Aun así, la absolución era improcedente, porque *Trilce* es impensable sin el paso de Vallejo por la estela de Darío en los sonetos en alejandrinos de *Los heraldos negros*. Y porque está documentado que algunos fragmentos de *Trilce*, como el XV, fueron, en su primera versión, asimismo sonetos en alejandrinos al estilo dariano, descompuestos después mediante diversos procedimientos disruptivos.

Desde el lado americano tampoco fue fácil asimilar el impacto. En las páginas que dedica a Vallejo en el decisivo *7 ensayos de interpretación de la realidad peruana* (1928), José Carlos Mariátegui muestra una notoria preferencia por *Los heraldos negros*, porque puede ubicarlo «dentro de la literatura mundial» como perteneciente «parcialmente [...] al ciclo simbolista» y, a la vez, al «indigenismo». Esos poemas estarían tan cerca de los Andes natales de su autor como de Paul Verlaine. Para Bergamín, quien no podía intuir entonces el largo destino americano que le esperaba, la heterodoxia del poeta peruano contrastaba con la bequeriana pureza española que Unamuno y Alberti revivificaban; para Mariátegui, la poesía de Vallejo «resume la experiencia filosófica, condensa la actitud espiritual de una raza, de un pueblo». En ambos casos, *Trilce* era un problema que señalaban sin tocar, como algo que debe ser mirado desde lejos, con guantes y con lentes protectoras. La crítica, muchas veces, podría haber repetido el principio del fragmento XIV: «Cuál mi explicación», que es, también, como preguntarse «quién hace tanta bulla».

El fragmento IV completo dice:

Rechinan dos carretas contra los martillos
hasta los lagrimales trifurcas,
cuando nunca las hicimos nada.
A aquella otra sí, desamada,
amargurada bajo túnel campero
por lo uno, y sobre duras áljidas
pruebas   espiritivas.

Tendíme en són de tercera parte,
mas la tarde —qué la bamos a hhazer—
se anilla en mi cabeza, furiosamente
a no querer dosificarse en madre. Son
los anillos.
Son los nupciales trópicos ya tascados.
El alejarse, mejor que todo,
rompe a Crisol.

Aquel no haber descolorado
por nada. Lado al lado al destino y llora
y llora. Toda la canción
cuadrada en tres silencios.

Calor. Ovario. Casi transparencia.
Háse llorado todo.   Háse entero velado
en plena izquierda.

Se podría escribir un tratado entero de *vallejismo* solo con este fragmento: las escansiones gráficas, las torsiones de la gramática, los anacolutos, los caprichos otrográficos (la mayúscula en «Crisol», la tilde en «són»), el hermetismo. Me detendré únicamente en algunos detalles importantes para los asuntos que aquí tratamos. Veamos «los lagrimales trifurcas» del segundo verso. «Trifurcar» (del latín *trifurcus*: de tres puntas; aunque el DRAE solo lo acepta en su forma reflexiva, «trifurcarse») es dividir en tres; el tres, relacionado con la Trinidad cristiana, está presente en *Trilce* desde el título (volveré sobre esto un poco más abajo). En el poema IV en particular reaparece en la «tercera parte» y en «los «tres silencios», de modo que, o bien «trifurcas» es errata por «trifurcan» (los lagrimales) o bien aquí se hace bulla adjudicando un valor de participio al verbo conjugado. El sentido sería, en tal caso: «los lagrimales trifurcados». Pero «trifurcas» puede haber surgido por deformación deliberada o errata de «trifulcan», un verbo inventado a partir del sustantivo «trifulca», que significa «desorden o camorra entre varias personas». Los neologismos y las deformaciones verbales de *Trilce* trifurcan también el signo lingüístico, porque el significante (neológico, modificado) remite a otro significante (canónico) y, a la vez, distorsiona la relación de ambos con el significado: el del neologismo, por su propia índole de invento; el del significante canónico, al agregarle el matiz de ese nuevo significado derivado. En este caso, si tomamos la última de las posibles lecturas que hemos hecho del segundo verso, «trifurcas» remitiría a «trifulcas» y agregaría al sentido de ocasionar «desorden y camorra» el de la división en tres puntas. No olvidemos la importancia que tiene, en este libro, tanto lo triple como lo que pincha y hiere; por ejemplo, en el fragmento XXVII: «Y me han dolido los cuchillos de esta mesa / en todo el paladar».

Esta ruptura, esta «des-sujeción» de la palabra respecto de una función sintáctica particular, acompañada de la numerosa invención neológica, da un grado de inestabilidad suplementario a un texto que, a pesar de haber alcanzado una sólida centralidad, parece concebido para no llegar nunca a su forma definitiva, para dejar siempre un margen de duda y de posibilidades alternativas, en las que la interpretación y el texto mismo borronean sus límites.

La carga metafórica del neologismo se debe a que no pertenece por entero a ningún paradigma y por eso puede aglutinar las resonancias de varios. En «trifurcas» se juega con lo triple y sus constelaciones; un juego persistente, desde el título del libro, en el que el «Tri» alude a «tres» y a «triple». Es muy conocido el episodio, relatado por el amigo y corresponsal de Vallejo, Juan Espejo Asturrizaga, según el cual aquel iba a firmar con el pseudónimo César Perú y había elegido para el libro el título *Cráneos de bronce*; quiso cambiarlo cuando las primeras páginas ya estaban impresas, pero le anunciaron que el cambio costaría «tres libras». «César quedó muy mortificado. Por varias veces repitió tres, tres, tres, con esa insistencia que tenía en repetir palabras y deformarlas, tressss, trisss, triesss, tril, trilsss [...]». El azar jugó, también aquí, su golpe de dados.

En lo triple, además, hay una resonancia de la Trinidad, que a su vez aparece duplicada, como en los ejemplos que hemos visto del fragmento IV, y en el V («Grupo dicotiledón. Oberturan / desde él petreles, propensiones de trinidad»); implícitamente, en el XXIV («Del borde de un sepulcro removido / se alejan dos marías cantando») y en el XI, «Y por la misma desolación marchóse, / delta al sol tenebloso, trina entre los dos», donde «trina» es a la vez lo que triplica y el acto de trinar. Por otra parte, aquí encontramos otro neologismo, «tenebloso», que suma la tiniebla a lo tembloroso, y que bien puede haber surgido por errata de «tenebroso». En este caso, el consenso es completo: ninguna de las ediciones consultadas considera esta última posibilidad, pese a ser tan verosímil (o incluso más) como la de que «excrementido» haya sido error tipográfico.

Un caso parecido al de trifurcas/trifulca es «la más aguda tiplisonancia» (fragmento XXV). Esta última palabra es un neologismo hecho a partir de «tiple» («voz humana más aguda, propia especialmente de mujeres y niños», según el DRAE) y «resonancia»; es decir, duplica el «más aguda» que se le adjudica. Pero también podría ser errata por «triplisonancia», neologismo cuyo significado sería el de sonar o resonar tres veces. Es difícil descartar del todo esta última opción y por lo tanto fijar el verso en una forma definitiva. Por cierto, en este fragmento tenemos también el problema de «amaricanizar». Cuatro de las ediciones de *Trilce* que he tenido en cuenta lo mantienen —sería un neologismo en el que se funden «amar» y «americanizar»—, las otras tres (incluida la de Julio Ortega) lo corrigen por «americanizar», considerándolo una errata: «Al rebufar el socaire de cada caravela / deshilada sin americanizar». La «carabela», sí, pero con «v», seguramente por fusión con «calavera»: ¿será que las naves de los conquistadores son ya emblema de la muerte, del cadáver? Incluso si se deshilan sin americanizar o amaricanizar. Aquí Vallejo, o el azar, hacen bulla con la errata o el neologismo, reduplicando la incertidumbre o el carácter no fijable del texto. Esta vacilación entre corregir o no la primera edición muestra el carácter inestable al que me refería: si la errata fuera evidente, no habría duda en corregirla; el problema consiste, como vamos viendo, en que es imposible distinguir entre erratas y operaciones conscientes del autor; de ahí la divergencia ruidosa entre las distintas ediciones críticas. Lo que parece deliberado aquí es la voluntad de Vallejo de no dejar testimonio alguno al respecto, incluso en las primeras versiones, que solo se conservan para unos pocos de los fragmentos de *Trilce*.

Una parte considerable de los muchos neologismos y peculiaridades ortográficas parecen, en efecto, erratas; el problema —es decir, lo interesante— es que no podemos ni podremos precisar cuáles. En el prólogo a la edición crítica de Archivos a la que ya hice referencia, Américo Ferrari se detiene sobre este punto: «*Trilce* [...] presenta a primera vista el privilegio de que se pueden colacionar dos ediciones hechas mientras vivía el autor, mientras que hay una sola para *Los heraldos negros* y no hay ninguna para los poemas de París. Desgraciadamente, si se miran las cosas más de cerca, la edición de Madrid no ayuda en nada a establecer un texto para el que no tenemos manuscritos ni páginas mecanografiadas por el autor, y para el que conocemos apenas siete primeras versiones para 77 poemas [...]. El texto de P parece bastante limpio de erratas [...] y las que se puedan, por conjetura, considerar tales, Md las reproduce y, para mejorar las cosas, añade otras [...]. Ninguna de las dos ediciones trae fe de erratas y no sabemos si Vallejo corrigió las pruebas».

Esta declaración es de la mayor importancia porque el responsable del establecimiento del texto en la principal edición crítica de *Trilce* encabeza su tarea declarando la completa imposibilidad de la misma: no hay manuscritos, no se conocen originales (excepto de unos pocos fragmentos), no se sabe si el autor pudo corregir las pruebas, no hay cartas o documentos en los que Vallejo haga alguna referencia a presuntos errores o erratas de las dos ediciones hechas en vida. No existe, al menos en el siglo xx, un caso comparable: un clásico insustituible en su tradición del que no se tiene ni —con toda probabilidad— se tendrá nunca un texto fijado, indiscutible. Por eso, ese «para mejorar las cosas» de Ferrari se troca de ironía en sentido recto, porque es cierto que la cosa que es *Trilce* mejora en su intrínseca inestabilidad con esas nuevas erratas, de las que no sabemos con precisión cuáles lo son. La errata está determinada por lo aleatorio, por el error; ¿cómo debemos llamarla, entonces, si esa involuntaria traición a la decisión autorial es convalidada por el silencio del autor?

Entre la edición P y Md hay 15 variantes, y muchas más entre las ediciones de Georgette Vallejo (GV, 1968), Juan Larrea (L, 1978), Enrique Ballón Aguirre (Biblioteca de Ayacucho, 1979) y Julio Ortega (O, 1991). En Ferrari, que enmienda en 42 ocasiones el texto de P, rige un criterio conservador: muchas veces repone la forma más próxima a la canónica, dando por sentado que las violaciones a la norma son producto de erratas y no voluntad autorial. Estas correcciones parecen indiscutibles en casos como «jurídico» por «jurírico» (XX, v. 10), que por otra parte ya estaba corregido en Md; o «escasos» por «ecasos» (LXXVII, v. 5). Más dudoso es el criterio por el que se repone «vegetal» por «vejetal» (LX, v. 2) o «enjirafada» por «engirafada» (XXXII, v. 4), que es como aparece en P y Md. El cambio de la «j» a la «g» bien pudo ser deliberado, para fundir lo enjirafado con la idea de giro, próximo al de «serpentínica» del verso anterior: «Serpentínica u del bizcochero / enjirafada al tímpano». La resistencia de Ferrari a aceptar «engirafado» podría deberse a que se trata de un neologismo al cuadrado: a partir del nombre «jirafa» se inventa el verbo «enjirafar» y luego se le da —literalmente— otra vuelta de tuerca al retorcer el cuello de la jirafa con el giro que implica «engirafar». Pero ¿por qué no podría ser así, en un poema que gira en torno al incontrolable exceso de energía, que se abre con esas desbordantes «999 calorías» y los «Rumbbb» y «Trrraprrrr rrach… chaz»?

Víctor de Lama de la Cruz, en su minucioso estudio sobre las variantes en las principales ediciones de *Trilce*, menciona una versión anterior del fragmento XXXII publicado en el diario *La Crónica* de Lima en junio de 1921, donde se lee «enjirafada»; por lo cual, con idéntico criterio que Ferrari, dice: «parece lógico corregir la versión de P». Pero ¿acaso Vallejo no podría haber preferido cambiar la «j» por la «g» para la edición del libro, según el procedimiento de desvío de la norma que rige en numerosas ocasiones, como, por ejemplo, en la descomposición del soneto en alejandrinos desde la primera versión del poema XV? El propio De Lama reconoce que «siempre nos quedará la duda de si esos desvíos fueron voluntarios o no». La duda que siempre queda, la bulla que siempre hace *Trilce*, es indivisible de la cuota de azar que ningún golpe de dados (ninguna edición) podrá cancelar. Un caso muy parecido es la sustitución, en la edición de Ferrari, de «dijitígrados» por «digitígrados» (fragmento LXXIII, v. 3).

Muy discutible parece asimismo la corrección que hace Ferrari de «sinembargo» de P, L, GV y O (fragmento LXXV, v. 23) por «sin embargo». Además, en P, L y O hay otro «sinembargo» en el fragmento consecutivo, el LXXVI: «Ebullición de cuerpos, sinembargo, / aptos…»; a pesar de que L lo corrige a «sin embargo» en el fragmento anterior, el LXXV, lo cual es una muestra clara de arbitrariedad. Esa reiteración en páginas consecutivas da a entender que se trata de una unión deliberada de las dos palabras, que en el uso habitual de la lengua ya forman algo así como un término único. Es un procedimiento que Vallejo realiza en varias ocasiones, y por eso es igualmente discutible la corrección de «Aveces» (fragmento LIV, en P y Md) por «A veces» en todas las ediciones posteriores. Hay que recordar que Vallejo escribe «Lomismo» (fragmento II) o, mediante el procedimiento inverso, separa «todavía» en «todo avía» (IX), donde aparece una vez más el gusto por los arcaísmos, «avía» en este caso, que probablemente encontró en alguna canción medieval, como en «Razón de amor», anónimo de principios del siglo XIII: «tan gran sabor de mí avía, / sol' fablar non me podía». También inventa la «existencia que todaviiza», creando un verbo a partir del adverbio. Con lo cual la torsión y ruptura del «todavía» libera dos significados latentes: la capacidad de tenerlo todo (todo avía) y la de dar duración (todaviizar). Y, en el mismo fragmento XXXVI, encontramos los «aúnes que gatean»; en este caso, un adverbio, en plural, se convierte en nombre.

No sostengo que Ferrari haya pretendido corregir a Vallejo en la línea ideológica y paternalista del apóstrofe de Bergamín. El problema es más complejo: como el propio Ferrari muestra, *Trilce* no puede fijarse, no puede ser despojado de ese margen de vibración; incluso entre dos ediciones hechas por el mismo especialista se dejan ver vacilaciones. Si consideramos que los doscientos ejemplares de la edición P se compusieron e imprimieron en los Talleres Tipográficos de la Penitenciaría de Lima, en donde el texto habrá causado un estupor aún mayor que entre los letrados de la ciudad (que le dedicaron un silencio casi unánime), resulta imposible dirimir qué rarezas son deliberadas y cuáles son producto de erratas de imprenta o de mala lectura del manuscrito. Se pueden hacer conjeturas que, como tales, serán más o menos convincentes, nunca definitivas. Mi hipótesis es que Vallejo prefirió dar por buenas, para la edición Md, las erratas de P, por la bulla que hacen, por el margen de juego que introducen, porque eligió la incertidumbre como principio activo y resistente a ser desactivado de *Trilce*. No tengo modo de demostrarlo, porque los silencios no permiten interpretaciones cerradas. Pero todo el desarrollo anterior me permite afirmar que esa posibilidad, la de que Vallejo haya aceptado el azar de las erratas para que el proceso creativo de *Trilce* no se termine con la publicación del libro, es verosímil y defendible, tanto al menos como las opciones defendidas en las distintas ediciones que hemos tenido en cuenta, y que deciden, en muchas ocasiones de modo arbitrario, a pesar de las argumentaciones más o menos metodológicas o científicas, qué palabras o expresiones son erratas (y, por tanto, deben ser corregidas) y cuáles son neologismos. Como clásico insustituible de la poesía americana,

Trilce requiere ser fijado en una versión definitiva; y es entonces cuando se muestra en todo su esplendor la imposibilidad de esa tarea.

Dice De Lama de la Cruz que «la crítica textual tiene en *Trilce* un problema de difícil solución […] Nos quedamos sin saber cuáles de los desvíos son voluntarios y cuáles no». Y agrega: «Habitualmente los escritores se someten a la ortografía académica, y cuando no es así —caso de Juan Ramón Jiménez— el autor sigue unas normas fijas […]. Hay otros casos en los que el escritor se aparta de la ortografía académica con intención significativa —se pueden encontrar muchos ejemplos en textos vanguardistas— […]. El problema se plantea cuando el escritor no sigue unas normas fijas al apartarse de la ortografía normativa, ni tampoco se advierte siempre una intención expresiva en esos desvíos. Lo más normal es pensar que estamos ante simples erratas». Es una afirmación certera, si le agregamos el matiz de que no hay cosa menos «simple» ni «normal» que las erratas de *Trilce* y que es precisamente el «no seguir unas normas fijas» o, mejor dicho, la renuncia a fijar norma alguna, una de las características que hacen del libro un caso único en nuestras letras.

En «qué la bamos a hhazer» (fragmento IV) se puede suponer que Vallejo sustituyó a conciencia «le» por «la», «vamos» por «bamos» (caso parecido a las «caravelas») y, acaso por su regusto arcaizante, la «c» por la «z»; pero ¿no podría ser la segunda «h» producto de una errata? Quien haya compuesto esa línea —tipógrafo penitenciario seguramente poco experto, que debía ver ese verso poco menos que como una lengua inventada— bien podría haberse despistado con esta segunda «h». No es improbable que, después, a Vallejo le haya gustado por su ilegibilidad, porque pronunciar esa doble «h» es imposible, tanto como, de otro modo, lo es casi vocalizar ese «odumodneurtse» que cierra el fragmento XIII, invirtiendo en espejo el «estruendo mudo» (y borrando las separaciones entre palabras, como en «sinembargo» y «Lomismo») del verso anterior. El oxímoron se disuelve en lo literal, se vuelve posibilidad única: ese estruendo reversible solo puede ser mudo, impronunciable.

Por otra parte, ¿qué bulla hace «qué la bamos a hhazer»? Según la lingüística del siglo xx —tanto la de raíz saussuriana como la que deriva de Wittgenstein—, una palabra no significa por referencia directa al objeto (a una cosa material o a un contenido mental relacionado con ella), sino por diferencia y oposición a otra palabra. La grafía y el sonido «hacer» significan por su ligera y, a la vez, decisiva diferencia con otras del mismo paradigma (un infinitivo, en este caso): «nacer», «pacer», «mecer», etc. Si a ello agregamos que la frase hecha «qué le vamos a hacer» no se refiere a una acción sino, por el contrario, al carácter irrevocable de un hecho acerca del cual ya no se puede hacer nada, y equivale a resignación, la determinación del significado de «qué la bamos a hhazer» debe tener en cuenta una doble dirección: significa que «hhazer» no es ni puede ser «hacer»; por otro lado, no tenemos nada que hacer frente al «qué la bamos a hhazer». Tanto si los cuatro desvíos acumulados en estas cuatro palabras son deliberados como si no lo son o lo son solo en parte, no hay nada que hacerle o hhazerle. Aquí la frase hecha es arrancada de su fosilización mediante un explosivo que revela su potencia significativa. Porque *Trilce* le hace algo al «qué le vamos a hacer», le hace un «hhazer» cuando parecía que ya no había nada que hacerle.

Por la importancia determinante de operaciones como esta, *Trilce* representa, en castellano, la primera y definitiva cristalización del poema completamente *escrito*. En este aspecto, su impacto es, en nuestra poesía, comparable al del *Coup de dés* a finales del siglo xix y principios del xx sobre la poesía francesa y, desde ella, sobre la literatura occidental. No porque el aspecto tipográfico o el diseño de la página tengan, en *Trilce*, la relevancia que adquieren en Mallarmé, aunque su importancia es indiscutible, como el propio Vallejo afirma: «La representación gráfica de los versos no debe servir para sugerir lo que dice ya el texto de tales versos, sino para sugerir lo que el texto no dice». Sino porque la ejecución oral del poema solo puede dar cuenta parcial de lo escrito: «hhazer» no suena distinto de «hacer», y sin embargo no es lo mismo. La influencia de Mallarmé en *Trilce* fue estudiada por el poeta peruano Xavier Abril, quien la hace derivar de la traducción de *Una jugada de dados jamás abolirá el acaso* hecha (con ese título) por Rafael Cansinos Assens y publicada en noviembre de 1919 en la revista madrileña *Cervantes*. Este argumento fue repetido por Yurkievich y Anderson Imbert.

Pero lo característico de *Trilce*, y que no está en Mallarmé, es la búsqueda de una inestabilidad semejante a la del lenguaje conversacional, en el que lo mismo no se repite del mismo modo; es decir, no «se llama Lomismo». En este aspecto, es muy elocuente el fragmento IX, que empieza con uno de los versos más *escritos* y de más difícil vocalización: «Vusco volvvver de golpe el golpe»; Abril ve aquí una evocación literal del *golpe de dados*. Un poco más adelante (verso 7), leemos «Busco volvver de golpe el golpe». Y en el verso 14 tenemos «Fallo bolver de golpe el golpe». Los tres versos son muy parecidos, pero presentan importantes variaciones ortográficas en «buscar» y «volver». No hay norma establecida ni hacia afuera (la adecuación a la norma gramatical) ni hacia adentro (la coherencia con el desvío establecido en el verso anterior).

Este modo contundente de mostrar la imposibilidad de decir «Lomismo» debe interpretarse, según creo, como una declaración de lo que *Trilce* es. Del margen de indeterminación que es consustancial al poema y que, afortunadamente, no podremos eliminar.

9

DIDO DESPUÉS DE ENEAS,
CON ROSARIO CASTELLANOS

I

Rosario Castellanos (Ciudad de México, 1925-Tel Aviv, 1974) formó parte de una importante promoción de poetas latinoamericanas nacidas en la primera mitad de la década de 1920, a la que pertenecieron también la argentina Olga Orozco (1920-1999), la cubana Fina García Marruz (1923-2022), la nicaragüense Claribel Alegría (1924-2018) y las uruguayas Idea Vilariño (1920-2009), Amanda Berenguer (1921-2010) e Ida Vitale (1923); a las que se agrega, unos años más tarde, la peruana Blanca Varela (1926-2009). Autoras cuya relevancia es ahora del todo visible, cuando se van cumpliendo los cien años de sus nacimientos y cuando sus obras son asequibles en buenas ediciones completas. Fueron muy distintas entre sí y no se articularon como grupo, pero leídas desde hoy dejan ver la dispersa y estimulante estela que el modernismo y el surrealismo, a veces enfrentados y a veces convergentes, dibujaron sobre el mapa de la América hispana.

Al evaluar la obra de Castellanos, Carlos Monsiváis se refirió al «discutible acierto de los títulos» de sus libros. Es verdad que algunos de ellos, como *Lívida luz* o *Materia memorable*, suenan algo apresurados. No es el caso, sin embargo, del título que eligió Castellanos para la publicación, en 1972, de su poesía reunida: *Poesía no eres tú* (con el subtítulo «Obra poética: 1948-1971»). La evidente alusión a la Rima XXI de Bécquer

(«¿Qué es poesía?, dices mientras clavas / en mi pupila tu pupila azul. / ¿Qué es poesía? ¿Y tú me lo preguntas? / Poesía… eres tú») pone de manifiesto el arquetipo de la femineidad: la mujer no puede ser —no «necesita» ser— poeta, porque es ella misma un poema. La mujer es el objeto pasivo: no está llamada a producir algo bello porque la belleza debe ser su atributo principal, y la poesía es una creación que se separa del creador, algo que el poeta agrega al mundo de modo artificial.

«Poesía no eres tú» significa: «tú» no eres la señorita compuesta y cándida —y preferentemente ignorante— que pregunta qué es la poesía, sino que eres la poeta misma; y para ser poeta hace falta no ser poesía. La propia autora parece haberse sentido movida a justificar este título. Dice en el artículo «Si "poesía no eres tú", entonces, ¿qué?»: «¿Reaccionar, a estas alturas, contra el romanticismo español que tan bien encarnó Bécquer? Somos anacrónicos pero no tanto. ¿Contradecir, por más reciente, a Rubén Darío cuando decide que no se puede ser sin ser romántico? Tampoco. Lo que ocurre es que yo tuve un tránsito muy lento de la más cerrada de las subjetividades al turbador descubrimiento de la existencia del otro».

El pasaje es significativo porque Castellanos no habla aquí, al principio, como mujer, sino sobre todo como latinoamericana: «Somos anacrónicos pero no tanto». Con ese tono zumbón que recorre su escritura periodística, se refiere aquí a la llegada tardía del escritor latinoamericano,* tardanza que, al menos en el ámbito hispánico, fue revertida por el padre de la modernidad en castellano, Rubén Darío. El rechazo del ideal romántico no es una impaciencia extemporánea, sino la voluntad de dar a la posición femenina un pasaje del «tú» al «yo»; del objeto al sujeto que toma la palabra para hablar y, sobre todo, para escribir. Eso significa que el título *Poesía no eres tú* impugna una constante histórica sobre el rol femenino. De ahí que el resto del párrafo cambie el foco hacia

---

* «Llegada tarde al banquete de la civilización europea, América vive saltando etapas», había dicho Alfonso Reyes en sus «Notas sobre la inteligencia americana», publicado en la revista *Sur* de Buenos Aires en 1936.

la experiencia personal de Castellanos y su «tránsito muy lento» en el descubrimiento del otro. Una «lentitud» que, en todo caso, no la privó de tener una consciencia clara de su compleja posición como escritora y mujer en México. Charlene Merithew la considera «una de las voces mexicanas pioneras de la teoría feminista», debido a que «exploró la cuestión ontológica de lo que significa ser mujer en una sociedad patriarcal que valoriza lo masculino y subyuga lo femenino». Una de las figuras centrales de la vida literaria mexicana de los años setenta, José Emilio Pacheco, reconoció, poco después de la muerte prematura de la poeta, que esta poseyó «una consciencia clara de lo que significa la doble condición de mujer y de mexicana […]. Naturalmente, no supimos leerla». Con este *mea culpa*, Pacheco se hacía cargo del conjunto de la intelectualidad mexicana; «naturalmente» significa que la singularidad de Castellanos la volvía solo legible para la posteridad porque la existencia de una poeta de talento resultaba incómoda en su propio país. El hecho de que hubiera aceptado el cargo de embajadora de México en Israel, donde murió en un accidente doméstico en 1974, parece demostrar, con esa elección de la lejanía y el apartamiento, que ella no ignoró esa circunstancia.

No es menos elocuente el título del libro de ensayos y prosas que Castellanos reunió casi al mismo tiempo que el volumen de poesía: *Mujer que sabe latín…* (1973). Aquí la referencia está en un dicho popular: «Mujer que sabe latín no tiene marido ni buen fin».* La segunda parte del refrán queda sobrentendida mediante unos elocuentes puntos suspensivos. La intención es semejante a la que subyace en el título *Poesía no eres tú*: esta mujer que «sabe latín», en el sentido figurado de «persona culta» —y (¿casualmente?) su poema más importante, «Lamentación de Dido», está inspirado en Virgilio—, debe enfrentar el estereotipo según el cual el lugar de la mujer se circunscribe al matrimonio, la maternidad y la casa; cualquier otra opción termina sin «marido ni buen fin».

---

* Miguel Gomes refiere el título a una coplilla popular: «Dos cosas tienen mal fin: / el niño que bebe vino / y mujer que sabe latín».

Si bien el artículo que Castellanos dedica a Virginia Woolf se centra en *El lector común* y no en *Un cuarto propio*, parece evidente la resonancia entre esta mujer del siglo XX que sabe latín y aquella hermana de Shakespeare imaginada por Woolf «que [a diferencia de su hermano William] no tuvo oportunidad de aprender la gramática ni la lógica, ya no digamos de leer a Horacio ni a Virgilio». Woolf concluía: «Cualquier mujer nacida en el siglo XVI con un gran talento se hubiera vuelto loca, se hubiera suicidado o hubiera acabado sus días en alguna casa solitaria en las afueras del pueblo, medio bruja, medio hechicera, objeto de temor y de burlas».

Pero México tiene una «Judith Shakespeare», Sor Juana Inés de la Cruz, en el siglo XVII, que, acaso precisamente para no volverse loca ni ser tenida por bruja, prefirió encerrarse en un convento de jerónimas. Como ella misma dijo, «Entréme religiosa, porque aunque conocía que tenía el estado cosas… muchas repugnantes a mi genio, con todo, para la total negación que tenía al matrimonio, era lo menos desproporcionado y lo más decente que podía elegir en materia de la seguridad que deseaba de mi salvación». En este aspecto, Juana de Asbaje es la decana de una estirpe de poetas *encerradas*, de la que formará parte, dos siglos más tarde, Emily Dickinson en su casa de Amherst. Sor Juana escribió, en su romance a la duquesa de Aveiro: «De nada puedo serviros, señora, porque soy nadie»; y Dickinson, en uno de sus fragmentos más conocidos, el 260: «I'm Nobody! Who are you? / Are you — Nobody — too?». Al escribir sobre Sor Juana, en un artículo de 1963, Rosario Castellanos parece hablar también sobre sí misma y, por extensión, sobre la condición de poeta mujer. En su reseña del libro *Sor Juana Inés de la Cruz, la décima musa de México. Su vida, su poesía, su psique* del romanista alemán Ludwig Pfandl, publicado en México en 1963, donde se aplican de modo un tanto salvaje algunas ideas freudianas, Castellanos afirma: «es un catálogo de los complejos, traumas y frustraciones de que puede ser víctima un ser humano […]. Naturalmente, por su belleza, por su talento, era narcisista. ¿Confiesa su ansia de saber? Es neurótica. ¿Usa un símbolo? ¿Es efusiva con alguien? ¡Cuidado! O hay un afecto equívoco o hay un deseo inconsciente de matar». Hasta parece tener una premonición sobre su propio destino: «Como todos los elegidos por los dioses, Sor Juana muere joven y colorín colorado, el cuento se ha acabado». El rapto de indignación que le provocó la biografía de Pfandl, manifestada con el sarcasmo característico de Castellanos, fue perdurable: reaparece en una página del tercero y último de sus tres libros de cuentos, *Álbum de familia* (1971). En «Lección de cocina», una mujer recién casada se esfuerza en vano por llegar a ser una buena cocinera para su marido; se dice a sí misma: «No es que yo sea una *rara avis*. De mí se puede decir lo que Pfandl dijo de Sor Juana: que pertenezco a la clase de neuróticos cavilosos. El diagnóstico es muy fácil, ¿pero qué consecuencias acarrearía asumirlo?».

El primer ensayo de *Mujer que sabe latín...*, «La mujer y su imagen», es una crítica del estereotipo femenino: «A lo largo de la historia la mujer ha sido, más que un fenómeno de la naturaleza, más que un componente de la sociedad, más que una criatura humana, un mito». Porque «lo femenino [...] es pasividad inmanente, [...] inercia». La belleza «es un ideal que compone y que impone el hombre» y que convierte a la mujer en «una cosa». Como ejemplo demostrativo, la diferencia de los ideales masculinos y femeninos: los de él deben ser, obligatoriamente, «grandes y vigorosos». Los de ella, en cambio, tienen que ser pequeños, de esos con los que «no se va a ninguna parte» (en «Lamentación de Dido» dirá: «La mujer es la que permanece»): «La mujer bella se extiende en un sofá, exhibiendo uno de los atributos de su belleza, los pequeños pies, a la admiración masculina, exponiéndolos a su deseo». Incluso el calzado femenino es un emblema de la opresión, física y moral: «En su parte más ancha aprieta hasta la estrangulación; en su extremo delantero termina en una punta inverosímil a la que los dedos tienen que someterse; el talón se prolonga merced a un agudo estilete que no proporciona la base de sustentación suficiente para el cuerpo, que hace precario el equilibrio, fácil la caída, imposible la caminata». Es el tormento al que la mujer debe someterse para encajar su cuerpo y su conducta en el «mito» que está obligada a encarnar.

Después de leer estas líneas, impresiona encontrar, hacia mediados de siglo, en la prosa de un poeta y crítico tan influyente en el ámbito anglosajón como Theodore Roethke, el mito del pie femenino en medio de una contundente exhibición de sexismo tradicional: afirma, en «The Poetry of Louise Bogan», que las poetas padecen, entre otros múltiples defectos —como el alargamiento excesivo de los poemas, las trivialidades y la superficialidad—, el de rehuir «las agonías reales del espíritu; negarse a afrontar la existencia; adoptar una postura lírica o religiosa; moverse entre el tocador y el altar; *estampar un pie diminuto contra Dios* o caer en un estilo sentencioso…» (la cursiva es mía).

II

Además de poesía, novela, cuentos y artículos, Castellanos escribió teatro, género por el que mostró un marcado interés. En la única pieza que completó, la «farsa» *El eterno femenino*, publicada poco después de su muerte, la escena tiene lugar en una peluquería de señoras. El representante de una compañía de productos para tales establecimientos le ofrece a la peluquera la colocación, en uno de los secadores del local, de un nuevo artilugio tecnológico. El fin de este flamante invento es evitar el aburrimiento de las clientas durante el largo rato que deben permanecer con sus cabezas metidas en esos enormes huevos de acrílico. El vendedor y la dueña de la peluquería acuerdan poner el aparato en la opción «¿Qué me reserva el porvenir?». Cuando Lupita, una clienta asidua, mete la cabeza, la escena cambia de localización: Lupita ya no está en la peluquería, sino en su luna de miel; Juan, el flamante marido, le pregunta si «ha sido esta la primera vez», a lo que Lupita responde en un aparte: «¡Qué manía tienen todos los hombres de preguntar lo mismo!». A continuación, el marido pregunta: «¿Te gustó?»; y ella responde: «¿Gustarme?

¿A mí? ¿A una muchacha decente? ¿Por quién me tomas?» […]
Me pareció repugnante, asqueroso»; entonces dice Juan: «Gracias,
Lupita. Ya sabía yo que no ibas a fallarme a la hora de la verdad.
Gracias, gracias». El siguiente cuadro de la farsa se titula «La
anunciación»: ahora vemos a Lupita de visita en casa de su madre.
Dice: «Soy muy feliz, mamá». A lo que su madre responde: «Allí
está precisamente tu error. Una señora decente no tiene ningún
motivo para ser feliz… y si lo tiene, disimula. Hay que tener
en cuenta que su inocencia ha sido mancillada, su pudor viola-
do. Ave de sacrificio, ella acaba de inmolarse para satisfacer los
brutales apetitos de la bestia».

Mónica Szurmuk dice que *El eterno femenino* forma parte de
la exploración de «las dificultades y las humillaciones de "lo otro",
lo diferente al hombre blanco dominante en la sociedad mexi-
cana que conoció Rosario Castellanos: el indígena y la mujer».
Habría entonces una afinidad entre las denominadas novelas
«indigenistas» de Castellanos (*Balún Canán*, *Ciudad real* y *Oficio
de tinieblas*), la farsa *El eterno femenino*, la presencia de temas
relacionados con la situación de la mujer que aparecen en sus
artículos y los poemas en los que, como en «Lamentación de
Dido», la posición femenina es el asunto predominante. Szurmuk
detecta, además, la huella de *El segundo sexo*: «Simone de Beauvoir
propone que la mujer ha sido construida como "el otro" del hom-
bre y que consecuentemente le han sido negadas su propia sub-
jetividad y la responsabilidad sobre sus actos. En *El eterno feme-
nino*, Rosario Castellanos explora las posibilidades de la mujer
burguesa de convertirse en sujeto histórico, a la par del hombre».

El título declara que el «eterno femenino» es una «farsa»;
la irrisión, lo jocoso, muestran el modo en que el hombre ve a la
mujer y, a la vez, el modo en que la mujer se imagina (es decir,
construye su imagen) a partir de lo constitutivo de la mirada
masculina. Es significativa esa primera escena en un salón de
belleza; volvemos a lo dicho sobre «Mujer que sabe latín…»: su
lugar no está en la biblioteca ni en la redacción de los periódicos,
sino en la casa y en la peluquería. Castellanos adopta ese mandato
para mostrar, en clave cómica, el carácter coercitivo y oprimente

de ese «eterno femenino». Esa atracción por lo farsesco está presente también en varios artículos y poemas (como «Autorretrato» o «Pasaporte»). En cambio, en las piezas en verso más extensas, la autora tiende a una tesitura grave. Un ejemplo, para comparar la relación entre una mujer joven y su madre: al cariz cómico de la escena de *El eterno femenino* que acabamos de citar, se opone el diálogo que articula «Salomé»:

> SALOMÉ (rechazándola)
> *Madre, quiero vivir y el amor tuyo*
> *no me deja.*
> *Tu cariño me envuelve*
> *tan sutil y tenaz como la niebla.*
> *¡Yo quiero ver el sol!*
> MADRE
> *Te quedarías ciega.*
> *Salomé, no es cordura hablar así,*
> *como quien no respeta.*

Castellanos escribió dos «poemas dramáticos»: «Salomé» y «Judith». Son esbozos de piezas teatrales que no llegan a alcanzar esa categoría, aunque permanece la voz de diversos personajes. El primero está ambientado en la ciudad mexicana de San Cristóbal, en Chiapas, durante el porfiriato. En cuanto a «Judith», la acción se desarrolla «en un pueblo de la Tierra Caliente, también en Chiapas, sitiado por un ejército enemigo durante la época revolucionaria». En ambos Castellanos trasplanta el mito bíblico a su memoria propia, ya que vivió en Chiapas la primera mitad de su existencia. De ahí la reivindicación y defensa de los nativos chamulas que caracteriza su novela más conocida, *Balún Canán* (1957), visible también en los cuentos de *Ciudad real*, que suelen clasificarse en la corriente «indigenista» de la narrativa latinoamericana.

Los poemas que acabo de mencionar guardan una estrecha relación con «Lamentación de Dido», composición de 74 versos publicada por primera vez en *Poemas (1953-1955)*, de 1957. En este poema, el aspecto dramático y el lírico se funden en la enunciación en primera persona, como anuncia uno de los primeros versos: «Tal es el relato de mis hechos. Dido es mi nombre». Así, se pasa del «poema dramático» al «monólogo dramático», un género de la poesía lírica en el que un personaje sube a la escena del poema para hablar en su propio nombre, para explicarse en primera persona. Es un género moderno, surgido en la década de 1840 por obra de dos poetas de la segunda generación de románticos ingleses: Robert Browning y Lord Tennyson. Este escribió una composición en verso blanco en la que Ulises anciano rememora sus aventuras; de Browning —quien, como Castellanos, quiso ser dramaturgo— son muy conocidos algunos de sus monólogos, como «My Last Duchess» o «Andrea del Sarto». Se trata de hacer que hable en el poema un «yo» que, notoriamente, no puede identificarse con la persona de quien escribe, una operación sencilla pero significativa, un modo de problematizar la identificación tradicional entre el sujeto del poema y el poeta. Tal identificación se había exacerbado en algunas de las obras fundamentales de los primeros románticos, como el breve «Daffodils» («I wandered lonely as a cloud») o el extenso *Preludio*, ambos de Wordsworth.

Robert Langbaum centró en ese desplazamiento buena parte del análisis en su clásico estudio *La poesía de la experiencia*, donde traza la deriva del monólogo dramático en autores del siglo XX, sobre todo del ámbito estadounidense, como Edwin Arlington Robinson, T. S. Eliot, Ezra Pound, Edgar Lee Masters, Robert Frost, Amy Lowell y Robert Lowell. Langbaum acepta la interpretación habitual según la cual el monólogo dramático surgió como «una reacción contra el estilo confesional romántico», en la búsqueda de una objetivación de la experiencia que el poema desarrolla. Pero va más allá al plantear ese género como germen de buena parte de la poesía del siglo XX, debido a la escisión que produce «entre simpatía y juicio». El lector simpatiza con el «yo» que habla en el poema; a la vez, se ve obligado a tomar distancia crítica con lo que el personaje dice, como en el caso paradigmático de «My Last Duchess» (1842), de Browning, donde el «yo» del poema termina confesando el asesinato de su esposa, cuyo retrato está presentando a un visitante. En cuanto a Tennyson, su «Ulises» siente nostalgia de sus andanzas; sueña con volver a los mares y dejar a Ítaca en manos de Telémaco, para:

> *Navegar más allá del sol poniente, y del baño*
> *de los astros occidentales, hasta la muerte.**

Langbaum observa: «El Ulises de Tennyson huye de la somnolencia que lo apresa en Ítaca y apuesta por la vida; continuará hacia adelante, hará un último esfuerzo, aunque con el mismo grito de dolor que perturba el mundo vegetal en un abril eliotiano, y con la misma obstinación vital, sólo porque lo habrá de conducir a la muerte».

Rosario Castellanos se adscribe a esta línea de la poesía moderna cuando da voz a Dido en su lamentación: toma una figura que participa a la vez de la alta tradición literaria y del mito, aunque, a diferencia de Ulises, Dido es una figura secundaria, un capítulo en la travesía del héroe de la *Eneida*. Castellanos volvería a practicar ese mismo procedimiento en otro monólogo, «Testamento de Hécuba».

III

Dido ocupa un lugar particular en el elenco de personajes de la mitología grecolatina, puesto que su aventura más característica, el enamoramiento y posterior abandono de Eneas, es principalmente la invención de un poeta, Virgilio. Esa aventura, que abarca el Libro IV, constituye, en efecto, uno de los pasajes más sorprendentes de la *Eneida*. ¿Por qué un poema épico, escrito para darle espesor mítico a la nación romana en el momento en que adquiría entidad imperial, incluía un canto entero dedicado a una aventura amorosa? Una aventura en la que, por otra parte,

---

*   *To sail beyond the sunset, and the baths / Of all the western stars, until I die.*

el personaje principal no es el héroe, sino la mujer abandonada. Dido, después de encender una pira con las pertenencias que Eneas había dejado en su palacio, se da muerte con la espada del héroe troyano: «Y es que a impulsos de la inmensa piedad que siente Virgilio por la reina burlada, parece a par de su héroe haberse olvidado de su misión en el poema», anota Javier de Echave-Sustaeta en la introducción al Libro IV de la *Eneida*. El relato de los amores de Dido y Eneas dio lugar a numerosas recreaciones; desde la muy temprana de Ovidio, quien en sus *Heroidas* incluye una imaginada carta de Dido a Eneas, al drama *Dido, Queen of Carthage*, de Christopher Marlowe, de finales del siglo XVI, o la ópera *Dido and Aeneas* de Henry Purcell, de 1689.

En el poema de Virgilio, Eneas, semidiós hijo de Anquises y de Venus, escapa tras la caída de Troya con la misión de llegar a Italia. La diosa Juno, enemiga de Eneas, hace que se desate un gran temporal que arroja las naves de los troyanos a las costas libias, donde Dido, reina de Cartago, acoge al héroe. Entonces interviene Venus para que Dido se enamore de su hijo y le dé protección. Durante un tiempo ambos viven inmersos en la pasión amorosa. Cuando Júpiter advierte la situación, interpela a Eneas y le ordena que abandone Cartago de inmediato y continúe su viaje hacia el Lacio. Al ver las naves que parten, Dido cae en una desesperación delirante y entona el monólogo de su lamento antes de darse muerte. Por otra parte, Dido era también una exiliada, de ahí que tuviera un nombre anterior, fenicio: Elisa. Por eso, Castellanos escribe: «mujer que asienta por primera vez la planta del pie en tierras desoladas / y es más tarde nodriza de naciones…». Virgilio cuenta esa parte de la historia en el Libro I de la *Eneida*: Dido era princesa de Tiro y estaba prometida con Siqueo, «rico en tierras como nadie en Fenicia». Pero el hermano de Dido, el rey Pigmalión, «monstruo más atroz en maldad que ningún otro», asesina a Siqueo delante del altar. Este se aparece en sueños a Dido y le «aconseja apresurar la huida y alejarse de la patria».

A pesar de que Castellanos utiliza el procedimiento del monólogo dramático como forma de objetivación, su versión del lamento de Dido fue leída por algunos críticos en clave autobiográfica, sobre todo a partir de la publicación póstuma de las cartas que la poeta envió a su marido, Ricardo Guerra, entre 1950 y 1967. La correspondencia tiene una interrupción entre los años 1958 y 1966, que coincide con la estadía de Castellanos en Estados Unidos como profesora en la Universidad de Wisconsin. La decisión de alejarse de México habría estado determinada por una crisis con Guerra, inmediatamente posterior a la publicación de *Poemas* (1957), que contiene la pieza sobre Dido. Por otra parte, la interpretación autobiográfica se basa también en varios de sus artículos, recogidos en *El uso de la palabra*. En «Satisfacción no pedida» declara acerca de sus novelas y cuentos: «La unidad de esos libros la constituye la persistencia recurrente de ciertas figuras: la niña desvalida, la adolescente encerrada, la solterona vencida, la casada defraudada». Sin embargo, el recurso al mito y a la tradición manifiestan la intención de que el poema de Dido no sea leído como una efusión confesional ni como una recreación ingenua del episodio virgiliano. En «Lamentación…», el elemento mítico desaparece, no están Venus ni Mercurio, no están Juno ni Júpiter, que cumplen un papel importante en el Libro IV de la *Eneida*. La Dido de Castellanos es esencialmente terrenal.

Sobre esa primera escisión, Castellanos construye un segundo nivel, alegórico, que recorre el poema: la mujer es «la que permanece: rama de sauce que llora en las orillas de los ríos», en tanto que el hombre es viento al que «nada detiene». Dido es raíz, no puede partir; Eneas es agente de una misión: tendrá que abandonar Cartago porque tiene «el corazón puesto en el futuro». En este pasaje es posible que la poeta tuviera en mente las *Heroidas*, de Ovidio, en cuya Epístola VII, «Dido a Eneas», dice: «Huyes ciudad que está poblada y hecha, / búscala por hacer, buscas mis daños, / buscas tierra, porque ésta te es estrecha».*

---

*   No es imposible que Castellanos conociera esta traducción, de principios del siglo XVII, de Diego de Mexía, sevillano que desarrolló toda su carrera como poeta y traductor entre Perú y México.

Castellanos se refiere específicamente a su poema sobre Dido
en el artículo «Si "poesía no eres tú", entonces, ¿qué?», donde
señala el «sufrimiento» como la raíz y, a la vez, la «trivialidad»
de esa determinación: «El sufrimiento es tan grande que des-
borda el vaso de nuestro cuerpo y va a la búsqueda de recipien-
tes más capaces. Encuentra las figuras paradigmáticas de la
tradición. Dido, que eleva la trivialidad de la anécdota (¿hay algo
más trivial que una mujer burlada y que un hombre inconstan-
te?) al majestuoso ámbito en que resuena la sabiduría de los
siglos». La pregunta retórica es significativa, porque quita im-
portancia al acontecimiento personal como inspirador de la obra;
el poema no existe para dar cuenta de una anécdota «trivial»
sino que esta impulsa la búsqueda de un símbolo universal, que
la tradición ofrece. De este modo, la experiencia individual
alcanza una resonancia mitológica, y el mito renueva su vida en
el tiempo. Castellanos parece insinuar algo así en su Dido, cuan-
do cambia el suicidio al que estaba destinada («con el mismo
pie de la sagrada peregrinación / sube —arrastrando la cauda
oscura de su memoria— / hasta la pira alzada del suicidio») por
una perdurable muerte en vida, con la que el poema se cierra:
«Ah, sería preferible morir. Pero yo sé que para mí no hay
muerte. / Porque el dolor —¿y qué otra cosa soy más que do-
lor?— me ha hecho eterna».

IV

En 1985, diez años más tarde de la muerte de la poeta, Elena
Poniatowska señaló: «Dentro de la obra poética de Rosario Cas-
tellanos, veinte poemas giran en torno a la muerte [...]. Rosario
se interrogó acerca de la muerte una y otra vez, obsesiva y
desolada». Poniatowska parece encontrar en ese rasgo algo pa-
recido a una premonición: «Rosario Castellanos murió el 7 de
agosto de 1974 en Tel Aviv [...]. A los cuarenta y nueve años,
víctima de la descarga eléctrica de una lámpara doméstica que
trataba de conectar, la embajadora de México en Israel cayó

fulminada». Formaría parte de la serie de poetas latinoamerica-
nas de vida breve, que murieron de forma trágica o por propia
mano, como Delmira Agustini, Alfonsina Storni, Alejandra
Pizarnik. A lo que se agrega la falta de reconocimiento en vida:
«Rosario es considerada en cierta forma una escritora inferior,
"caserita" como la comida casera, simple, fácil de hacer a un lado.
Su entronización viene con su muerte, pero mientras vida lleva
sobre la tierra, Rosario se mueve […] en un medio que la mi-
nimiza». Ese desprecio sería, según Poniatowska, el resultado
de su ausencia de vanidad: «En un país como el nuestro, en
donde la cultura es acartonada y ceremoniosa y los escritores
hablan de sí mismos en tercera persona, Rosario se la pasa des-
ensolemnizándose. En América Latina es el hábito el que hace
al monje».

En cuanto al poema sobre Dido, Castellanos señaló que fue
producto de una doble influencia: «… es, además de percance
individual, la convergencia de dos lecturas: Virgilio y Saint-
John Perse. Uno me proporciona la materia y el otro la forma.
Y sobreviene el instante privilegiado del feliz acoplamiento y
del nacimiento del poema». La distinción entre la fuente y la
forma deshace, con la evidencia de la elaborada intención com-
positiva, la posibilidad de interpretar el sufrimiento personal
como origen o trasfondo del poema. Castellanos hace estas
precisiones para conjurar el peligro de tales lecturas reduccio-
nistas, a las que se sabía expuesta. De Saint-John Perse toma el
versículo, que el francés había usado en su obra más ambiciosa,
Anábasis (1924). A finales de los años sesenta, Castellanos tra-
dujo varios poemas de Perse. Por otra parte, México tiene una
importante presencia en *Anábasis*. Alfonso Reyes llegó a inter-
pretarlo como una versión de la conquista del imperio azteca a
manos de Cortés y, como señala Paulette Patout, «hasta pensó
que una de sus creaciones, su propia *Visión de Anáhuac*, había
ejercido alguna influencia sobre el poema francés». Es muy pro-
bable que Castellanos conociera esos artículos de Reyes, figura
de importante presencia en la escena cultural mexicana de los
años cincuenta, y que eso la impulsara a traducir al poeta francés,

cuya fama, por otra parte, se había vuelto universal en 1960, cuando recibió el Premio Nobel.

La adopción del versículo en «Lamentación de Dido» se combina con un lenguaje clásico, ajeno a las tentaciones vanguardistas. Veamos la primera estrofa:

Guardiana de las tumbas; botín para mi hermano, el de la corva garra de
*   gavilán;*
nave de airosas velas, nave graciosa, sacrificada al rayo de las tempestades;
mujer que asienta por primera vez la planta del pie en tierras desoladas
y es más tarde nodriza de naciones, nodriza que amamanta con leche de
*   sabiduría y de consejo;*
mujer siempre, y hasta el fin, que con el mismo pie de la sagrada peregri-
*   nación*
sube —arrastrando la oscura cauda de su memoria—
hasta la pira alzada del suicidio.

Carlos Monsiváis, quien recuerda a Castellanos como «lectora exhaustiva» de *Muerte sin fin* de Gorostiza, considera «Lamentación de Dido» el «momento magistral» de su obra: «A la condición tan común de la mujer dejada, Rosario la encumbra con un lenguaje intenso, donde el acento neoclásico se niega a sí mismo y se vuelve moderno. Expresada con tal vehemencia, la circunstancia cotidiana del abandono se transfigura y se torna escena trágica. El ama de casa, cualquier ama de casa, es Dido, la "guardiana de las tumbas… nave de airosas velas… mujer siempre, y hasta el fin"».

En «Lamentación de Dido», la deriva del monólogo dramático se cruza con la tradición del poema extenso y meditativo que, en México, nace con el *Primero sueño* de Sor Juana Inés de la Cruz y pasa por *Muerte sin fin* de Gorostiza y por *Piedra de sol*, de Octavio Paz, publicado este en 1957, el mismo año que *Poemas* de Castellanos. La afirmación femenina del participio con que se cierra *Primero sueño*, «y yo despierta», reverbera en el final del de Castellanos: «el dolor […] me ha hecho eterna». Sor Juana es no solo figura tutelar, sino presencia palpable para quien, en México, quisiera, siendo mujer, ser escritora. Castellanos lo había dejado caer, bajo la forma farsesca, en el segundo acto de *El eterno femenino*: frente a Lupita, en el mismo salón de belleza que vimos al comienzo de la obra, aparece de pronto la autora de *Primero sueño* junto a una corte variopinta. En medio de la escena disparatada, de la que también participan la Malinche y Hernán Cortés, dice la poeta y monja: «[Los hombres] nos hicieron pasar bajo las horcas caudinas de una versión estereotipada y oficial. Y ahora vamos a presentarnos como lo que fuimos. O, por lo menos, como lo que creemos que fuimos». Después, la Malinche y Sor Juana se enredan en una discusión acerca del amor romántico y de las dificultades de Cortés para experimentar semejante emoción.

Julia Cuervo Hewitt agrega otra referencia velada de Castellanos a Sor Juana: la niña protagonista de *Balún Canán* es castigada por leer los papeles de su padre, destinados a ser heredados por su hermano menor, porque «la cultura y el conocimiento eran espacios vedados a la mujer». Y comenta: «Ante el espejo que le ofrece Sor Juana, especialmente en su defensa al derecho de estudiar y de conocer, Castellanos retoma el tema de la exclusión y el conocimiento, y lo lleva a un contexto diferente, el doméstico, para reflexionar sobre la creación literaria de la mujer, su derecho al patrimonio del conocimiento, la condición de la mujer tres siglos después de Sor Juana y, especialmente, sobre los conflictos en el siglo xx en torno a la libertad del ser».

Vuelvo al último verso de «Lamentación de Dido»: «Porque el dolor —¿y qué otra cosa soy más que dolor?— me ha hecho eterna». No dice que el dolor sea eterno, sino que la ha transmutado en eternidad: la del mito, la del poema. Castellanos parece haber tenido siempre la convicción de que, de todos los géneros que practicó, la poesía era la que le daría posteridad. En 1965 (a sus cuarenta años) lo declaró en una entrevista con Emmanuel Carballo: «Llegué a la poesía tras convencerme que los otros caminos no son válidos para sobrevivir [...]. Las palabras poéticas constituyen el único modo de alcanzar lo permanente en este mundo». La poesía no es un *modus vivendi*:

por eso hay que cultivar otros géneros; es, en cambio, el único a través de la cual se puede alcanzar la posteridad. Una sobrevida como permanencia en lo escrito. El mito vive para siempre en el dolor; la poeta muere para que el dolor permanezca en su poema mientras dure la eternidad.

«Dido, la abandonada, la que puso su corazón bajo el hachazo de un dios tremendo...». En otro de sus monólogos dramáticos enmascarados en mitos clásicos, «Testamento de Hécuba» (de *Materia memorable*, 1960), inspirado en la tragedia de Eurípides, dijo: «viuda irreprensible, reina que pasó a esclava / sin que su dignidad de reina padeciera / y madre, ay, y madre / huérfana de su prole». También aquí, la caída desde el trono, desde el lecho conyugal, desde el amor maternal. Pero la «dignidad de reina» permanece transmutada en el poema mismo.

10

JOHN ASHBERY CON LOS POETAS MENORES

Igual que su coetáneo y amigo Frank O'Hara (fallecido en 1966 a los cuarenta años), John Ashbery (Nueva York, 1927-2017) practicó asiduamente la crítica de arte; sin embargo, sus escritos sobre poesía son episódicos y dispersos. En el año lectivo 1989-1990, Ashbery, que ya era reconocido entonces como el poeta más importante de su generación, aceptó la invitación de la Universidad de Harvard para dictar el ciclo de conferencias Charles Eliot Norton, prestigiosa cátedra por la que también pasaron Pedro Henríquez Ureña, Jorge Luis Borges, Octavio Paz o Umberto Eco, y para la que Italo Calvino escribió las *Seis propuestas para el próximo milenio*, que no llegó a dictar. Entonces, Ashbery tomó una decisión que declaró desde el principio: no iba a hablar como erudito ni como profesor, sino como poeta y, más concretamente, como lector de poesía. Su posición, diseminada a lo largo de *Otras tradiciones* (2000) —el libro que recogerá esas charlas—, podría parafrasearse de este modo: dado que nunca he conseguido (ni tampoco estoy demasiado interesado en) explicar el significado de mis poemas, voy a hablar sobre algunos de los poetas cuya influencia asumo consciente y voluntariamente, y a los que sigo leyendo con infinito placer.

Ashbery no se divide entre el poeta que crea y el crítico que analiza: habla siempre como poeta; habla, se diría, desde su obra. Ello no significa que estas lecciones sean un mero conjunto de impresiones ni que carezcan de agudeza crítica, todo lo contrario; pero se niega reiteradamente a ocupar el lugar de pontífice o juez.

«Sus» poetas no vienen a desplazar a otros, sino a ensanchar el rango de las lecturas posibles e incluso necesarias: de allí el «otras» del título. Sus propuestas no aspiran a la objetividad excluyente: constituyen la opinión de un poeta, articuladas en una serie de seis conferencias en las que se razona un atlas de sus preferencias y recorridos.

El título del libro parece una implícita respuesta a un influyente ensayo de T. S. Eliot, «Tradición y talento individual» (incluido en *El bosque sagrado*, 1920), en el que, en plena eclosión de las vanguardias, Eliot proponía una vuelta a la gran tradición europea, de Dante a Shakespeare; y unas premisas críticas y programáticas para la poesía del siglo xx, orientadas a renovar y continuar esa tradición. Con *Otras tradiciones*, Ashbery se ubica en una posición divergente: opta claramente por los poetas menores, por aquellos a los que la posteridad ha dejado en segundo lugar, cerca del abismo del olvido, aquellos cuyos logros son parciales o fragmentarios, y sin embargo dignos de atención: no hay categorización vertical aquí, sino una suerte de whitmaniana democracia del valor o del placer de la lectura. Se diría que las seis conferencias están articuladas en torno a la voluntad de justificar esa opción: Ashbery empieza por presentarse como un «no erudito» que poco podría aportar a la ya abundante reflexión en torno al asunto: «Dudo que yo pudiera añadir nada importante a la literatura crítica concerniente a aquellos poetas mayores que, creo, han influido en mi obra, es decir, W. H. Auden, cronológicamente el primero y por tanto el más importante; así como Wallace Stevens, Marianne Moore, Gertrude Stein, Elizabeth Bishop, William Carlos Williams en ocasiones, Boris Pasternak y Osip Mandelstam. Se advertirá que hay un buen número de poetas mayores del siglo xx que no figuran en esta lista, pero uno no puede elegir sus influencias, son ellas las que te escogen a ti, incluso si ello puede resultar en una lista incongruente». Incluso teniendo en cuenta la cantidad variable de ironía que Ashbery mezcla en sus afirmaciones, la idea de que la influencia es un destino, de que el poeta es elegido por la constelación de poetas que lo marcan y no al revés, revela la actitud de su discurso. Es un modo de otorgarse, desde un principio, un margen de libertad subjetiva en su selección y examen de los poetas que conforman las «otras tradiciones».

A continuación declara que la lista de «poetas menores comprobados» que han sido importantes para su formación y su poesía podría también ser muy larga, incluso más larga que la de los poetas mayores. ¿Y cómo se comprueba que un poeta es menor? Aplicándole la prueba de W. H. Auden, según la cual un poeta mayor debe cumplir cuatro requisitos: haber escrito mucho, tratado una gran variedad de temas, mostrado originalidad de visión y de estilo, y experimentado una clara evolución desde su obra de juventud hasta la de madurez. Dado que hay grandes poetas que, por diversos motivos, se quedan sin cumplir alguna de estas condiciones, o incluso más de una, Ashbery se complace en seleccionar a seis «poetas menores». El primer bloque está constituido por tres poetas europeos: el romántico inglés John Clare, eclipsado por la figura de Lord Byron, a quien imitó, pero con una voz por completo distinta y muy apegada al medio rural en que vivió, aunque durante buena parte de su existencia estuvo recluido en un psiquiátrico; Thomas Lovell Beddoes, médico y poeta inglés, contemporáneo de Clare, autor de unos extravagantes poemas dramáticos olvidados en su tiempo y rescatados en el siglo xx, de los que Ashbery selecciona fragmentos de una rara intensidad lírica. Finalmente, el extravagante dramaturgo (en verso) y novelista francés Raymond Roussel, una de las grandes pasiones de Ashbery, cuyo legado persiguió en el París de los años cincuenta, antes de que el autor de *Locus Solus* se pusiera de moda en la crítica internacional, antes incluso de que Michel Foucault le dedicara uno de sus primeros libros.

El segundo bloque lo constituyen tres poetas estadounidenses del siglo xx: John Brooks Wheelwright, bostoniano, descendiente de un eminente pastor puritano del siglo xvii, obsesionado a la vez por la religión y por el trotskismo, que murió en 1940 a los cuarenta y tres años atropellado por un automóvil; Laura Riding, judía neoyorquina que se unió al núcleo de Robert Graves en

Mallorca —donde fundaron y dirigieron un pequeño sello editorial, Seizin Press, hasta que se vieron obligados a abandonar la isla, en 1936— y que escribió una poesía de oscuridad magnética y extraordinariamente exigente para el lector; y David Schubert, otro neoyorquino, de origen muy humilde, que, como John Clare (y como cerrando un círculo), padeció problemas psiquiátricos, y del que Ashbery, después de citar un elogio de William Carlos Williams, dice: «Personalmente disfruto de la poesía de Schubert más que de la de Eliot o Pound, y es un alivio tener una autoridad de la estatura de Williams para respaldarme».

No es casual la mención de Eliot y Pound, y la proclama de un criterio alternativo. Dice en otra de las conferencias: «Me he referido a algunos de los poemas breves de Wheelwright, relativamente líricos, si bien lo sustancial de su poesía reside en una serie de poemas más extensos, radicalmente experimentales en su forma y mucho más fecundos de posibilidades para la poesía del futuro que cualesquiera de los escritos por Pound o Eliot». Sabíamos que William Carlos Williams propuso, en contra de Pound y Eliot, que la poesía de los Estados Unidos no tenía que ir a buscar sus raíces en la tradición inglesa o europea sino brotar del paisaje y de la forma de hablar de los americanos. Aunque Ashbery simpatiza con Williams, no parece demasiado preocupado por esa disputa, sino por establecer un criterio más disperso, por así decir, y generoso en el establecimiento de su propia genealogía literaria. A lo largo de estas conferencias da a entender de diversas maneras que no vale mucho la pena insistir en la importancia y la grandeza de los nombres ya consagrados, de sólida posteridad; más complejo y más arriesgado es buscar a aquellos poetas cuya obra, sin alcanzar cotas extraordinarias en su conjunto, contiene hallazgos momentáneos, registros, pasajes que procuran una gran felicidad lectora y que a la vez exigen un mayor compromiso por parte del crítico: «Leer sus obras [de los poetas tratados en *Otras tradiciones*] es menos sencillo que, por ejemplo, la de John Keats, del que uno puede simplemente sacar un libro del estante, abrirlo, empezar a leer y disfrutar. Los que yo he seleccionado requieren cierto ajuste previo del dial». Ashbery busca en esas lecturas que lo conmovieron —en ese ajuste del dial— una serie de pistas para su propia poesía: «Los olores de la naturaleza —los pozos ciegos de Clare, por ejemplo— son aquí esencia de rosas y hedor de carne podrida. La imaginería es preciosa, esmaltada; el mensaje es a la vez terrorífico y vagamente trascendental. Me parece que ambos tipos de poesía son necesarios; la mía propia ha oscilado —por sí misma, podría agregar— siempre entre los polos de la grumosa poética de lodo y estiércol de Clare, y el artificio perfumado y venenoso de Beddoes...». De Raymond Roussel dice que sus piezas teatrales en verso son fallidas en su conjunto, pero que contienen tan altas y raras bellezas parciales que su lectura no puede ser sustituida por ninguna otra.

Ashbery parte de la base de que el poeta es el menos dotado para decir algo acerca de su propia obra: la única explicación de un poema es el propio poema, dice. Citando a John Barth, agrega: «Los escritores no saben por qué hacen lo que hacen. Son como buenos tenistas o buenos pintores que, con frecuencia, cuando abren la boca, no dicen más que cosas sin sentido...». Y en otra de las conferencias agrega: «Todo poeta sueña con que sus propias palabras sustituyan a la posible crítica, dado que la poesía es en sí misma una forma de la crítica». ¿En qué sentido? No da una explicación concreta a esta afirmación, pero podemos suponer que el conjunto de sus conferencias en Harvard son el fundamento de ella, en la medida en que la obra de un autor es la consecuencia y la respuesta a los poetas que lo han marcado. Se ampara en la autoridad de Seamus Heaney, el irlandés que ganó el Premio Nobel en 1965, «un poeta que, como yo, siente que no nació para dar clases de poesía, pero que, a diferencia de mí, lo hace admirablemente bien. Durante una conversación con él mencioné el relativo desconocimiento que tengo de los poetas acerca de los cuales hablo en estas clases, y cómo me hubiera gustado dar a los asistentes una aproximación a esas obras sencillamente leyéndoles parte de ellas. Él replicó: "Sí, pero tú sientes que eso sería hacer trampa porque se supone que tienes que hablar sobre los poemas y analizarlos. Sin embargo, adelante, léeles los poemas, lo disfrutarán"».

El recorrido por esas lecturas es la respuesta a la pregunta sobre el significado de su propia poesía. Las conferencias son parte del itinerario, y no es casualidad que, en buena medida, los poemas sobre los que aquí trabaja sean de un notorio hermetismo: esto le sirve para mostrar que, en poesía, el contenido, el significado, no es susceptible de ser separado de su forma. Una idea expresada claramente por Ashbery, quien para justificarla apela una vez más a la autoridad de una cita, en este caso de Lytton Strachey, quien a su vez cita: «Sir James Stephen decía [...] que Milton podría haber dicho todo lo que quiso decir en *El Paraíso perdido* en un panfleto en prosa de dos o tres páginas. Pero ¿a quién le preocupa lo que Milton quiso decir? Es su forma de decirlo lo que importa; es la expresión».

Otras tradiciones parte de la convicción de que el poeta, en su papel de conferenciante, tiene la obligación, a la vez estética y ética, de ensanchar el panteón, de abrirlo a nuevas sugerencias y lecturas al margen de los programas académicos. Bajo un tono amable y en ocasiones zumbón, que prefiere sugerir a pontificar, conversar a imponer, Ashbery se propone una tarea muy ambiciosa: reivindicar a seis figuras que, precisamente por su extravagancia o por lo fragmentario de sus hallazgos, han quedado en la cuneta de la consagración. Poetas como Schubert o Wheelwright no han dejado obras de las que pueda deducirse una visión completa del mundo o del ser humano, o sobre las que pueda asentarse una escuela o tendencia distinguible. Pero escribieron algunos poemas extraordinarios, quizás incluso geniales, que permiten refutar la idea de obra maestra a favor del hallazgo fragmentario y fulgurante en la transfiguración lírica de la experiencia, como en el caso de «Midston House», el poema de David Schubert (aparentemente) inspirado en una entrevista de trabajo. Notoriamente, prefiere los poemas repentinos a los programáticos, propios de autores de doctrinas y sistemas no solo poéticos, sino también políticos y sociales. Quiere añadir frescura, felicidad lectora, y por ello quiebra la solemnidad del escenario con referencias personales, cartas o correos electrónicos, e incluso con rumores y chismes; en particular, sobre las inclinaciones sexuales de los poetas tratados. No lo hace por ingenuidad o falsa simpatía, más bien al contrario; él mismo había sido acusado de mostrar una excesiva influencia de la teoría de la literatura francesa y americana. Por eso pensaba que el poeta no debía prestar demasiada atención al modo en que la crítica o el público general leyera sus libros. Para exponer un caso concreto, dice, no sin cierto sarcasmo: «Hay algo verdaderamente conmovedor en el extraordinario esfuerzo de Laura Riding por controlar la forma en que su poesía iba a ser leída, porque es un ejemplo extremo de lo que todos los poetas quisieran hacer con su obra. Una de las razones es, sin duda, la exagerada aversión a ser juzgada, que todos nosotros tenemos en alguna medida. Si la poeta puede convencernos de que somos incapaces de leerla de la manera correcta, entonces no tendremos ninguna posibilidad de distinguir sus poemas malos de los buenos; todos ellos habitarán en un plano muy alejado de nosotros, donde esas diferencias de grado ni siquiera existen». Un buen poema no necesita que el lector siga las prescripciones del poeta; debe, al contrario, «pasar la prueba de lo que Harold Bloom llama la "mala interpretación"».

Diez años transcurrieron entre las conferencias y la edición del libro que las contiene, publicado en 2000. En el prefacio, Ashbery declara que esa «procrastinación» se debió en buena medida a su dificultad para asumir algunas «cuestiones prácticas», tales como comprobar las referencias, poner notas al pie y fijar la bibliografía: ulterior posicionamiento como poeta que habla de poesía y no como profesor habituado a la preparación de textos críticos.

11

JOHN ASHBERY, CRÍTICO DE ARTE:

LA GRANDE PERMISSION

Los poetas, cuando escriben acerca de otros artistas, tienden a escribir acerca de sí mismos.

J. ASHBERY, «Gertrude Stein»

Debemos, entonces, leer los artículos de Ashbery no como un intento de refrendar una determinada posición sino más bien como una forma del autorretrato.

DAVID BERGMAN, prólogo a *Reported Sightings.*
Art Chronicles, 1957-1987

En 1955, después de graduarse con una tesis sobre W. H. Auden, John Ashbery se fue a París, donde iba a permanecer los siguientes diez años. Unos años más tarde, tras una conversación sobre las exposiciones que había visto por aquellos días, un amigo le ofreció colaborar en la columna de arte del *Paris Herald Tribune*. La beca Fulbright con la que el poeta había financiado su viaje y estadía estaba finiquitada y necesitaba dinero, lo cual lo impulsó a aceptar. Fue un principio doblemente accidental: lejos de Nueva York y obligado a escribir para un diario, Ashbery supo sacar conocimiento y ventaja de ambas circunstancias. De la lejanía en la que se encontraba respecto de su país proviene su muchas veces manifestada simpatía por los exiliados (en un sentido laxo del término); ello es visible en un apartado de *Reported Sightings* (el libro que recogió sus artículos sobre arte hasta 1987), que Ashbery tituló «Estadounidenses por el mundo» y en el que «mundo» equivale a París, con Gertrude Stein a la cabeza. Simpatía, también, por los que se recluyen voluntariamente, como Joseph Cornell, el raro por excelencia, el inventor de las cajas hechas con «la sustancia de los sueños» y de las películas montadas con descartes recogidos de la basura, el vitalicio habitante de Utopia Parkway, en Queens, a quien está dedicado uno de los artículos más luminosos y emotivos. Simpatía por los radicalmente excéntricos, como Raymond Roussel, cuya obra descubrió en sus primeros años parisinos, y a la que me referí en el capítulo anterior.

John Ashbery decidió, poco antes de cumplir los treinta años, «poner distancia», y esa experiencia extranjera marcó el cauce de su destino. Poner distancia, para un joven poeta neoyorquino en los años cincuenta y sesenta, no era en absoluto algo evidente, dado que esa conmixtión de escritores y pintores se sabía en el espacio artístico más intenso del momento, como lo habían sido el Zúrich de dadá en la segunda década del siglo o el París del surrealismo en la tercera. Cuando habla de «estadounidenses por el mundo» se refiere también a sí mismo. La búsqueda de la máxima impregnación y el rechazo de las posiciones excluyentes le permitió hacer cosas tan distintas como una sextina al modo de Arnaut Daniel (casualmente titulada «El pintor», en *Some Trees*) y sus extensos poemas de versículo whitmaniano, que abarcan una parte importante de su producción. En esto, Ashbery puede ser comparado con otros poetas americanos como José Lezama Lima y su «no rechazar», su renuncia a renunciar, como cuando se declara tan partidario de la brillante luz gongorina como de la noche oscura de San Juan de la Cruz.

La admiración que Ashbery exhibe por artistas como De Chirico, Joan Miró, Yves Tanguy o Kitaj demuestra hasta qué punto se alejó de las consignas que corrían en los años sesenta en favor de la muerte de la pintura de caballete. De ahí que, en sus artículos sobre arte, sean frecuentes picantes matizaciones como esta: «El manejo que hace Dalí de los pinceles infinitesimales excluye toda forma de automatismo hasta donde su arte alcanza, y quizá sus ideas estén influidas por el deseo de presumir de su deslumbrante maestría técnica, que poco puede relacionarse con el inconsciente. Breton dijo que Miró era el más surrealista de los surrealistas, a pesar de que la maestría técnica de sus obras difícilmente pueda asociarse con los dictados del inconsciente». Es una de las ideas centrales de Ashbery: sin el surrealismo es imposible entender el siglo xx; a la vez, la verdadera dimensión de la revolución surrealista consiste en aquello que excedió o desatendió el rígido dogmatismo que Breton y los suyos quisieron imponerle: «La idea de libertad total puede convivir, en cierto modo, con la concepción estalinista, pero si uno la acepta desde este punto de vista debe perdonar la conducta inconsecuente de mariscales y conserjes como parte del demiurgo surrealista». Louis Aragon, frente a la opción entre surrealismo y comunismo, se decidió por este último, cometiendo un suicidio literario tan devastador para el movimiento como lo había sido el suicidio real de Crevel (que se había distanciado del grupo después de que Breton condenara abierta y radicalmente la homosexualidad). Leer una de las novelas comunistas de Aragon habiendo leído sus primeros libros, como *Aniceto* o *El campesino en París*, «resulta en verdad una experiencia deprimente». Después de elogiar *La novia desnudada por sus solteros, incluso*, de Duchamp (sin mencionar, sin duda deliberadamente, sus *ready-mades*, que sentaron las bases del arte conceptual), agrega: «Hay consenso en admirar a Duchamp menos por lo que hizo alguna vez que por lo que rehusó hacer desde entonces. Aunque pocos se atreven a cuestionar cualquier producción debida a la mente que concibió ese puñado de obras maestras, uno no puede escapar de la conclusión, al verlas de nuevo, de que la decisión de Duchamp de cambiar el arte por el ajedrez no fue precisamente una idea brillante».

Ashbery no se priva de utilizar el término *beauty* y hasta *great beauty* (gran belleza), aplicándolo por ejemplo a los dibujos de

Delacroix, en contraste con el «cinemascope» de sus grandes cuadros. También usa esos términos —lo cual es aún más sorprendente— cuando habla acerca de algunas de las obras de la muestra de arte abstracto estadounidense en el Whitney Museum of American Art de Nueva York, en 1984. Para muchos poetas, artistas y críticos de arte contemporáneos la belleza era una vieja dama cuyas ideas rancias habían caído en desuso. Hablar de «gran belleza» significaba, en la segunda mitad del siglo XX, reponer el sistema de valores al que las vanguardias habían declarado una guerra sin cuartel. Ashbery parece pensar que las exposiciones que visita no son loables por su mayor o menor adhesión a las tendencias de moda, sino que el valor estético radica en la realización y no en la idea. En esto se deja ver la sombra de Baudelaire, quien dijo que «la modernidad» representa lo fugaz, lo pasajero, y debe ser considerada la mitad del arte, en tanto que la otra mitad remite a lo eterno. Ashbery admiraba a Baudelaire, a diferencia de la mayoría de los poetas de su generación, que parecen, en todo caso, más cercanos al vitalismo de Rimbaud o a la melancólica sorna de Laforgue. En *Una ola* inserta, entre sus propios poemas originales, una traducción de una pieza de *Les Fleurs du mal*, sin señalar explícitamente la procedencia, lo cual causó alguna notoria equivocación en los traductores del libro a otras lenguas. Como Baudelaire en sus «Salones», Ashbery, más que dedicarse a ensayos sistemáticos sobre artistas particulares, practica la crítica de exposiciones. Se deja interesar por el modo en que la exposición es un dispositivo que actualiza las obras del pasado y se fija en si esa actualización tiene o carece de pertinencia.

Las casi tres décadas que abarcan las críticas reunidas en *Reported Sightings* coinciden con los años de la consolidación de John Ashbery como uno de los poetas centrales de Estados Unidos en la era post-Wallace Stevens (muerto en 1955). La poesía de Ashbery es extensa y progresiva, y avanza como «una ola», para tomar el título de uno de sus poemas largos como alegoría plausible de toda su obra. El poema que lo consagró en su país y, poco más tarde, en el mundo, fue *Autorretrato en un espejo convexo* (1975; traducido al castellano por Javier Marías), que toma su título de un cuadro del Parmigianino de 1524, del que es una écfrasis extensa y muy libre. Un germen de ese poema asoma en la crónica parisina escrita en 1966 con motivo de una exposición en el Louvre: «… debemos considerar al Parmigianino, cuyos dibujos se exponen con los de Correggio en el Cabinet des Dessins del Louvre, como uno de los más grandes artistas de todos los tiempos». El hecho es significativo porque un poeta de estirpe vanguardista renovaba el vínculo tradicional entre poesía y arte eligiendo como modelo a un pintor del Renacimiento, tan ajeno al panteón del surrealismo francés como al del expresionismo abstracto americano; movimiento, este último, al que la generación de poetas neoyorquinos (de la que Ashbery formó parte) fue muy cercana y por el que se vio muy influida.

Lo reafirmó en un poema de su libro siguiente, *Houseboat Days* (*Días en la casa flotante,* 1977), «And *Ut Pictura Poesis* Is Her Name»: la máxima de Horacio («así como la pintura debe ser la poesía»), citada textualmente en el título, sigue en vigor dos mil años más tarde: «… Entonces, / veamos qué tienes que poner en tu poema-pintura: / las flores son siempre bonitas, en especial el *delphinium*».* Esta admonición a sí mismo, acompañada de una respuesta cuya excesiva sencillez lo complica todo, son características de Ashbery, de su humor renuente a lo categórico y de su gusto por registrar el modo en que la conciencia individual se enfrenta al mundo exterior y las dudas e inquietudes que esa fricción pone en movimiento. Es llamativo, sin embargo, que los dos versos siguientes digan: «los nombres de chicos que conociste y sus trineos; / los cohetes espaciales están bien (¿existen todavía?)».** El primer verso es un precipitado de la experiencia acumulada, característico del poeta; el segundo pa-

---

* *Now, / About what to put in your poem-painting: / Flowers are always nice, particularly delphinium.*
** *Names of boys you once knew and their sleds, / Skyrockets are good —do they still exist?*

rece una evocación de Apollinaire, del principio de «Zone», que es como decir el principio de la poesía del siglo XX: *À la fin tu es las de ce monde ancien*. Para Apollinaire, el emblema de ese «mundo viejo» era la torre Eiffel; para Ashbery, los cohetes espaciales («¿existen todavía?»). Apollinaire, como el aduanero Rousseau, que también aparece en el poema («follaje rousseauniano de su deseo de comunicar»), remiten al panteón surrealista y a la vez lo exceden, puesto que ambos existen antes o al margen de Breton. En los años sesenta y setenta, el surrealismo ya era un «sombrero viejo» (en palabras de David Sweet), y Ashbery quería mostrar que, aunque su obra había sido juzgada como una herencia tardía del movimiento iniciado en París en los años veinte —es el caso, por ejemplo, de W. H. Auden en el prefacio a *Some Trees*, 1956—, la vanguardia ya era para él una «tradición» (como lo proclama en uno de sus artículos), con sus antecedentes y derivas.

Entonces, la poesía debe ser «como la pintura»; pero, ¿ qué pintura? ¿La del aduanero Rousseau? ¿La de Jackson Pollock? Pollock, el mayor exponente del expresionismo abstracto, había muerto en 1956, veinte años antes de la publicación de *Houseboat Days*. Ambos, el Aduanero y él, como Parmigianino y Delacroix, eran ya parte de la tradición, y Ashbery era bien consciente de ello.

No es un secreto que Ashbery tenía una problemática admiración por T. S. Eliot, a quien consideraba más como teórico que como poeta. La idea de Eliot acerca de una relación dialéctica entre «tradición y talento individual» —expuesta en su ensayo de 1920, en un momento en que nadie esperaba que el mayor exponente del *modernism* reflexionara acerca del concepto de tradición, como el propio Eliot lo advierte al principio de ese texto— reaparece con distintas modulaciones en los escritos de Ashbery. En «La vanguardia invisible» se pregunta: «¿No hay nada entonces entre los extremos [...], entre una vanguardia que se ha convertido en una tradición y una tradición que ha dejado de serlo? En otras palabras, ¿es posible que la tradición finalmente haya logrado absorber el talento individual?». Se adivina, ahí, un programa que iba a cumplir a conciencia: darle sentido a ese espacio entre los extremos, comunicarlos, integrarlos, hacer (como Novalis había anticipado, en su fragmentaria *Enciclopedia*, que era tarea del poeta moderno) de aislante y conductor a la vez de la corriente poética: discriminar y comunicar, determinar el lugar propio en el tupido mapa de las producciones contemporáneas.

Los poemas que hemos mencionado, y muchos otros de sus libros posteriores, demuestran la importancia que para Ashbery tuvo la atención al arte y a los artistas. Es un rasgo compartido con los miembros del grupo al que perteneció, que se suele denominar Escuela de Nueva York: Frank O'Hara, James Schuyler y Barbara Guest, entre otros. O'Hara, a quien conoció en sus años de estudiante en Harvard y con quien mantuvo una amistad muy cercana, escribió, después de varias visitas al taller del pintor Michael Goldberg, un poema titulado «Why I'm Not a Painter?» (1957), que es un emblema de buena parte de ese grupo: «No soy pintor, soy poeta. / ¿Por qué? Creo que preferiría ser / pintor, pero no lo soy». En la época del auge del expresionismo abstracto —movimiento del que Goldberg fue exponente destacado—, la admiración por los artistas neoyorquinos era tal que O'Hara declara su «preferencia» por el arte y su destino de poeta como una forma subsidiaria, un modo de estar cerca del arte y los artistas. Sin olvidar el magisterio de Wallace Stevens y su *Hombre de la guitarra azul* (1937), poema inspirado en un cuadro de Picasso, que Ashbery cita como cierre de su artículo sobre la artista inglesa Anne Dunn.

Stevens fue el fundador de la estirpe a la que Ashbery perteneció, tal como lo establece Harold Bloom en *La escuela de Wallace Stevens*: «Le dijeron: "Tienes una guitarra azul; / No tocas las cosas como son". / El hombre replicó: "Las cosas como son / Cambian en la guitarra azul"» (traducción de A. Sánchez Robayna).* La guitarra azul es el cuadro, es el poema. Stevens,

---

*   They said, «You have a blue guitar, / You do not play things as they are». / The man replied, «Things as they are / Are changed upon the blue guitar».

quien rechazó la invitación a dar las conferencias Norton en Harvard y nunca escribió un libro sistemático de crítica o teoría poética, prefirió reflexionar y poetizar a la vez (*Notas para una ficción suprema*) o recopilar citas de muy variadas lecturas junto con aforismos propios (el póstumo *Sur Plusieurs Beaux Sujects*). *El ángel necesario* (1951), subtitulado «ensayos sobre la realidad y la imaginación», es una recopilación de intervenciones realizadas entre 1941 y 1951, algunas de las cuales, como «Tres piezas académicas», están escritas en verso. Ashbery, por su parte, incorporó a *Autorretrato en espejo convexo* glosas de historiadores y biógrafos («como señala [Sydney Joseph] Freedberg, / la sorpresa, la tensión están en el concepto / más que en la realización») y, en cambio, prefirió exonerar sus artículos sobre arte de casi cualquier referencia erudita.

Harold Rosenberg, el crítico que acuñó el concepto *action painting* aplicado al modo de trabajar de Jackson Pollock y Franz Kline, escribió que «a partir de un determinado momento, el lienzo comenzó a parecerle a una serie de pintores estadounidenses como un escenario en el que actuar más que como un espacio en el que reproducir una imagen, dibujar, analizar o "expresar" un objeto, ya fuera real o imaginario. Lo que queda en el lienzo no es una imagen, sino un acontecimiento». Fred Moramarco dice que, en ese pasaje, «si sustituimos las palabras "lienzo", "pintor" e "imagen" por "página", "poeta" y "poema", la afirmación de Rosenberg sirve con igual eficacia para definir lo que hacían los poetas de entonces». Por eso los poemas de Ashbery fueron comparados con las obras de Pollock, Kline o Willem de Kooning, sobre todo aquellos en los que trabaja sobre una tesitura de improvisación y en los que la única medida posible parece ser el exceso, el desborde o la desmesura, como en *El juramento de la pista de frontón* (1961, versión en castellano de Julio Mas Alcaraz). La situación se vuelve aún más interesante si consideramos que Ashbery afirmó, en distintas ocasiones, que Pollock llevó a la pintura el ideal surrealista de escritura automática. Y que, una vez emprendido ese camino, solo le quedaban dos opciones: o no ser nadie o convertirse en el artista más importante de Estados Unidos. Porque una «apuesta contra posibilidades terribles» como la de Pollock solo puede derivar en el fracaso o en un éxito incontestable. No es difícil intuir que Ashbery pensaba de alguna manera en su propia obra cuando escribía esas palabras.

En los poemas de Ashbery, el lector tiene la impresión de seguir el flujo y el ritmo del pensamiento más que sus premisas y conclusiones, si bien es cierto que el control nunca se pierde del todo, como un cometa que vuela alto pero nunca rompe el amarre con su remontador. En «Qué es la poesía» (de *Houseboat Days*) leemos como respuestas tentativas (en forma de preguntas retóricas): «¿El intento de evitar / las ideas, como en este poema? ¿Aunque / volvamos a ellas como a una esposa, / abandonando a la amante que deseamos?». En sus artículos, también, parece pensar escribiendo. El juicio no está tomado previamente y no hay interdicciones: si algo que no debiera gustarle le gusta —y viceversa—, no lo rechaza, sino que intenta argumentar la sorpresa de su propia reacción. Un ejemplo elocuente es el lugar central que le otorga a artistas que suelen ser considerados menores o segundas figuras, como el pintor Heinrich Füssli, otro «exiliado», nacido en Suiza en 1741, formado en Roma y radicado en Inglaterra, donde fue maestro de William Blake, y de quien Ashbery encomia sus «fantasías siniestras».

Las colaboraciones con el *Herald* parisino llevaron a Ashbery a desarrollar una escritura periodística, informada y argumentada, y sin demasiados sobrentendidos. Lejos de la prosa erudita y exigente de los ensayos de Auden, Pound o Eliot —de los críticos que no están obligados a facilitarle el acceso al lector y que predominaron durante décadas en la crítica anglosajona—, Ashbery escribía para un público no necesariamente iniciado en los intensos debates que dominaron la escena artística estadounidense de los años sesenta. Una escena protagonizada por críticos de gran formación, como Harold Rosenberg, Clement Greenberg y Meyer Schapiro, deudores en distinto grado de las ideas de T. W. Adorno acerca de la pérdida de especificidad del objeto artístico. Eso significa, también, que cuando decide establecerse por largo tiempo en París, Ashbery era consciente de que la capital francesa había dejado de ser el centro irradiador de las producciones de avanzada. Es esa misma ausencia de centralidad lo que lo atrae, como un salón de fiesta en el que uno se queda después de que la orquesta se fue. Lo cual le permite asistir con cierto temperamento zumbón a la grandilocuencia con que Francia celebra sus glorias, como en el artículo dedicado a Delacroix en el centenario de su muerte: «Parece como si el Ministerio de Cultura, dirigido por Malraux, quisiera llevar al mundo del arte la *politique de la grandeur* del general De Gaulle». Es un ejemplo de su estrategia: decide no reseñar «las varias hectáreas de cuadros de Delacroix en la Grande Galerie del Louvre» sino los bocetos y grabados del Cabinet des Dessins, evocando, de paso, las famosas páginas que Baudelaire dedicó a Delacroix en sus «Salones».

A la vez, se toma muy en serio el trabajo de armar una genealogía de la vanguardia histórica, como en los artículos sobre Georges Braque, André Derain y De Chirico, o en el intento de explicar por qué Francis Bacon es el único artista británico (entiéndase: figurativo) respetado en el medio artístico neoyorquino. O su admiración por Odilon Redon y Maurice Denis, y por la obra de los *nabis*, en particular por Pierre Bonnard, que no estaban en absoluto de moda en ese entonces y a quienes sin embargo Ashbery ve como los artistas capaces de actualizar el ideal de la *mimesis* clásica: los cuadros de Bonnard, dice, están tan inacabados como la naturaleza misma, y parecen siempre a punto de cambiar, como cambia la luz natural de un momento a otro.

La entrevista al poeta y pintor belga Henri Michaux, hecha en París en 1961, es una de sus crónicas más peculiares. Ashbery la pone en escena: muestra su peregrinaje, a través de un barrio señorial y decadente, en el que los palacios, otrora espléndidos, ahora solo se aguantan gracias a los andamios que tapan las fachadas. Parece una versión urbana y en tono menor del viaje de Marlowe en busca de Kurtz: el joven poeta va a la caza del viejo vanguardista, el autor de las caligrafías ilegibles, el *Bárbaro en Asia*, el que probó los alucinógenos y vio —y registró— el más allá de la percepción humana. Va a venerarlo y, simbólicamente, a matarlo. Y saca de Michaux la definición de la tradición vanguardista que parecía estar tanteando sin dar del todo con ella: el belga le dice que la línea que va de Klee y Max Ernst a Pollock y Mark Tobey fue la que le dio *la grande permission*. Esta consigna, que Ashbery prefiere dejar en francés como una máxima intraducible o cuya traducción arruinaría su frescura y vigor, aparece como una revelación: esa *grande permission* engloba lo que el arte del siglo xx, incluida la poesía, y la suya en particular, pudo hacer en sus mejores momentos. Algo que asume un alto grado de libertad y, a la vez, la conciencia de que solo con libertad no se hace arte ni poesía. Asume el nuevo territorio que abre el automatismo y el registro del inconsciente pero también su escaso interés si no se lo dota de una forma trabajada con control artístico. Asume que esa *grande permission* se dirige a lo nuevo y también a lo antiguo, a fuerza de saber criticar: es decir, dividir, discriminar, juzgar qué parte del pasado sigue siendo vigente en qué parte del presente. Esas crónicas de arte muestran no solo el modo en que un poeta se exige juzgar críticamente aquello que ve sino también la manera en que ese juicio sirve como poética para su propia creación.

A su regreso a Estados Unidos en 1965, Ashbery siguió ejerciendo la crítica de arte en diversos medios, como *ArtNews*, *Newsweek* y *The New Yorker*. La obligación semanal de entregar un artículo no solo no interfirió en su trabajo poético sino que lo impulsó: en sus propias palabras, pensó que, del mismo modo en que lo hacía para cumplir con ese compromiso, podía «sentarse con los poemas», venciendo la siempre poderosa impresión de que al mundo no le hacen falta más versos de los que ya existen. Las exposiciones que visitaba le servían de estímulo, del mismo modo en que lo hacían los «poetas menores» de *Otras tradiciones* (véase el capítulo anterior). Declaraba, allí, atenerse a la máxima del «Dr. Williams», «no hay ideas sino en las cosas», y añadía: «con la advertencia de que, para mí, las ideas también son cosas». Y también el arte, y también el modo de juzgarlo y de hablar sobre él.

12

RON PADGETT: POR AMOR
A UNA CAJA DE FÓSFOROS

El «Poema de amor» de Ron Padgett es una celebración de una marca de fósforos, los Ohio Blue Tip: de sus «paquetes perfectos, / cajas duras en azul claro y oscuro y etiquetas blancas / con palabras grabadas en forma de megáfono...». En los últimos versos, los besos de los amantes se comparan con el cigarrillo al que el fósforo enciende. Si lo primero que te asalta la vista es una caja de fósforos, tu poema será sobre una caja de fósforos. William Carlos Williams está presente, aquí, en la consigna de que, si hay ideas en el poema, deben residir en las cosas. Quizá siguiendo esta pista nos acercamos a lo que parece ser el antecedente más verosímil de «Poema de amor»: las cajas Brillo que Andy Warhol expuso en el MoMA en 1964. Esas cajas de madera imitaban al milímetro los embalajes de cartón de los supermercados que contenían las esponjas jabonosas de la marca Brillo. Al contemplarlas, Arthur Danto, el filósofo que razonó la continuidad del arte después de la muerte del arte, se preguntó: «¿Por qué soy arte yo, la caja Brillo de Warhol, cuando mi gemelo indiscernible de los supermercados no lo es?». Danto se responde que no es la apariencia lo que distingue a una de la otra sino el significado: la caja Brillo de Warhol forma parte del «mundo del arte»; las cajas de esponjas jabonosas, del mundo del consumo.

La caja de fósforos Ohio Blue Tip de Padgett, que desplaza una inclinación anterior («antes preferíamos las Diamond», dice, y es en ese sencillo plural donde se hace consistente todo el «amor» del título del poema), se sustrae, en su doble afirmación, a la insignificancia de la caja de fósforos sobre la góndola del supermercado. En realidad, «Poema de amor» es la celebración de una caja de fósforos o, mejor dicho, de su logotipo. Las «palabras grabadas en forma de megáfono» no anuncian consignas políticas ni la inminencia de una revolución: proclaman la propia marca de los fósforos, así como las cajas Brillo de Warhol celebraban el diseño hecho en 1959 por un creativo publicitario llamado James Harvey. La publicidad, heraldo indestructible del capitalismo, tiene, desde su nacimiento, un estrecho vínculo con la poesía. Vínculo, sin embargo, no siempre bien avenido, por un doble motivo. En primer lugar, ambas parten de una forma semejante de la inventiva. Roman Jakobson —gran humanista ruso que hizo la etapa final de su carrera en Estados Unidos— puso como ejemplo de la función poética del lenguaje el eslogan de una campaña presidencial, la de Ike Eisenhower. ¿Por qué un erudito que podía citar poemas en siete lenguas distintas prefirió el lema «I like Ike»? ¿Es que Jakobson, en el umbral de los años sesenta, se había vuelto pop como Andy Warhol? Quien, por otra parte, también intervendría en política con su serigrafía *Vote McGovern* (1972), un cartel apoyando la campaña del candidato demócrata a las elecciones, oponente de Nixon. En otro poema, «El verso», Padgett recuerda una canción que cantaba su abuelo, pero solo retiene una única línea de toda la letra, «como si el resto de la canción / no hiciera falta»; como en el anuncio publicitario, en el que solo es imprescindible lo sustancial: quedarse con la marca.

En segundo lugar, el poeta de raíz simbolista —el que más sufre el avance del capitalismo y la igualación de las categorías, el que se considera a sí mismo un aristócrata del espíritu y último guardián de la belleza en retirada— no podía no detestar esa forma pervertida de la repetición ritual que la publicidad ponía en circulación. La invención de la radio y de la televisión llevarían al paroxismo el carácter iterativo del *jingle*, que se imprime en el oído como una letanía. En la segunda mitad del siglo XIX, en el momento en que la poesía renuncia a sus instrumentos mnemotécnicos (el metro regular, la rima consonante), la publicidad asalta ese espacio liberado en la memoria colectiva.

Pero la poesía americana surge, en buena medida, de otra fuente: no de la línea elegíaca que domina la Europa moderna, y que se volverá más radical como consecuencia de las atrocidades del siglo xx, sino de un impulso celebratorio. Ese impulso está en casi todos los grandes poetas estadounidenses: en Wallace Stevens, en Marianne Moore, en A. R. Ammons. Está en el modo en que John Ashbery, en 1957, reseñaba *Stanzas in Meditation* de Gertrude Stein: «El poema es un himno a la posibilidad, una celebración de la existencia del mundo, de que las cosas puedan ocurrir»; palabras que valen para la propia poesía de Ashbery. También en la veta sencillista de William Carlos Williams es clara la intención celebratoria: se refleja en una carretilla roja húmeda de rocío (de la que «dependen tantas cosas») y hasta en el dulce pecado de haberse comido unas ciruelas frescas que su mujer guardaba para otro uso. Whitman, en el «Canto a mí mismo», afirmó: «El pasado y el presente se borran, los he colmado, los he agotado, / Ahora me dispongo a colmar mi parte del futuro».

En una entrevista, Padgett declara: «En mi adolescencia me volví melancólico, introspectivo y angustiado, en parte por leer a Sartre, Camus, Rimbaud, Baudelaire y Samuel Beckett»; nótese que la lista solo contiene autores europeos. Sin embargo, agrega, se divertía con los gags de Jerry Lewis y con las revistas de historietas. Durante sus años de estudiante en la Universidad de Columbia (Nueva York), el también poeta Kenneth Koch le enseñó «que el lado cómico de las cosas puede estar presente en la poesía». En otro poema, Padgett aconseja: «No deambules por las estaciones murmurando: "¡Vamos a morir! ¡Todos!"»; aquí parece vengarse de aquellas amargas lecturas de adolescencia, y recuerda a uno de esos neuróticos obsesivos de Woody Allen en grotesca búsqueda de la fe verdadera. El título de esa serie de consignas, «Cómo ser perfecto» (libro publicado en 2007), es una parodia del género de la autoayuda, inaugurado en los años treinta por un empresario llamado Dale Carnegie, quien vendió unos treinta millones de ejemplares de su infalible tratado sobre *Cómo ganar amigos*; título simpático acompañado de un subtítulo revelador: ... *e influir sobre las personas*. Padgett podría haber subtitulado su *Cómo ser perfecto* con la apostilla *sin esforzarse demasiado*.

Cómico es, estrictamente, en tanto opuesto a lo trágico, aquello que termina mejor que como empieza. En el caso de la línea de poesía estadounidense a la que Padgett pertenece esta regla se cumple en el hecho de que el lector está invitado a terminar en una disposición de ánimo mejor de la que tenía antes de abrir el libro. Cómico no es sencillamente lo que da risa, del mismo modo en que no todo el *comic* busca la hilaridad. Lo cómico tiene que ver, en este caso, con lo que podríamos denominar frescura o ingenuidad. Ahora bien, una ingenuidad programada, ¿no es algo así como una contradicción en los términos? Quizá sí; pero si funciona es porque algo produce el efecto de lo genuino. Puede que haya incluso una retórica de la frescura, en la que solo son admitidos los adjetivos cercanos al pleonasmo, como epítetos creados por el propio idioma; en los poemas de Padgett, si hay zapatos deben ser «cómodos»; si haces actividad, procura que sea «variada»; si tienes ventanas, intenta «mantenerlas limpias».

Edmund Wilson, uno de los críticos estadounidenses más perspicaces, escribió —ya en 1924— acerca de e. e. cummings: «Es irónico [...] pero no cae en el patetismo, la suya no es una ironía trágica». Estaba comparando la obra de cummings con *La tierra baldía*, aparecida dos años antes. «Su estilo es el de un eterno adolescente, tan fresco y a menudo encantador como inexperto e inmaduro». Sin embargo, Wilson no ocultó su impaciencia ante el uso caprichoso de la puntuación y de las normas de ortografía del poeta, quien escribía, por ejemplo, el pronombre de primera persona *I* y las iniciales de su nombre en minúscula. Ninguno de esos gestos vanguardistas está en Padgett; sí, en cambio, cierta «adolescencia eterna». Padgett evita cualquier elemento que perturbe la sensación de que se trata de un apunte del natural, incluso cuando lo natural es un pensamiento. Hasta cierto punto, se persigue un ideal de transparencia del lenguaje del todo opuesto a la guerra sin cuartel contra las palabras que mantuvo una buena parte de la vanguardia.

Quienes hayan visto *Paterson* (2016), la película de Jim Jarmusch —el título es, desde ya, un homenaje a William Carlos Williams, cuya obra más importante se titula igual, pero los poemas son de Ron Padgett—, recordarán la secuencia, pues es el principio de la historia: el protagonista, un conductor de autobuses (¿será casualidad que Jarmusch haya elegido para ese papel a un actor llamado Driver?), se levanta sin que suene ningún despertador. Este detalle no carece de relevancia: el día empieza con una fluidez que la estridencia de una alarma hubiera roto, pues habría agregado a la escena unas gotas de amargo heroísmo de trabajador esforzado que en *Paterson* están (deben estar) del todo ausentes. Sin embargo, apenas son poco más de las seis de la mañana; mientras desayuna cereales en forma de aro, agarra lo primero que encuentra encima de la mesa: la caja de fósforos Ohio Blue Tip, «con las palabras grabadas en forma de megáfono».

Después, al tiempo que camina hacia la central de autobuses y ve cómo el sol empieza a lustrar la parte alta de las fachadas, emprende la redacción mental del poema: «We have plenty of matches in our house…». Más tarde, durante el almuerzo, lo escribe. Es importante notar que, aunque el personaje se encuentra con el poema apenas se levanta (el *objet trouvé* no es la caja de fósforos, es el poema que cierta forma de mirarla extrae de ella), nada hay en él de resto onírico: la vida psíquica es tan ajena a esta tesitura poética como los logotipos de las cajas de fósforos lo fueron para André Breton y sus afines; ¿acaso hay que recordar que, al principio del *Primer manifiesto surrealista*, Breton escribe que «el hombre examina con dolor los objetos que le han enseñado a utilizar»? Para los surrealistas, el capitalismo sometía a la humanidad a la tiranía del consumo, que adormece la sensibilidad y hace que nos comportemos como autómatas. Pero ¿qué pasa si, atravesando ese «dolor», el poeta se deja encantar por un logotipo, como el artista por una caja de esponjas jabonosas? ¿Debe el poeta, para ser tal, estar siempre en contra, o en actitud de sospecha, frente al ámbito en el que habita?

Los surrealistas, como sus buenos abuelos románticos y sus padres simbolistas, reaccionaban ante un mundo que se había vuelto crecientemente racionalista, científico y desencantado. El orbe del inconsciente y su reciente sistematización freudiana fue su preferido. Padgett, en cambio, deriva de Emerson y de Whitman: del primero le viene la fe en sí mismo y en sus propias posibilidades como artista, cualquiera sea la cantidad de generaciones de escritores que lo hayan precedido. Del segundo, la idea del poeta americano como «hijo de Adán»: aquel que debe nombrar las cosas para que los demás puedan reconocerlas, porque el mundo es tan fresco como la mañana, y vuelve a serlo cada mañana. El hombre, aquí, examina con regocijo los objetos que le han enseñado a utilizar, y les encuentra funciones nuevas, como la de poner en marcha el proceso por el cual un poema llega a ser concebido.

La propuesta supone una renovación de la consigna horaciana *ut pictura poesis*: como la pintura, así el poema. Pero ya no se trata de una proporcionalidad con lo natural o de la verosimilitud en la representación de las emociones. Imitación de una imitación: las palabras en forma de megáfono inspiran un poema en el que el amor se manifiesta como el efímero estallido de un fósforo. El poeta conductor de autobús de la película de Jarmusch es un hombre razonablemente feliz y hasta indolente: lo contrario de la figura típica del artista atormentado, siempre a un paso de la autoflagelación y a dos de la locura o el suicidio. La poesía de Padgett no niega que la angustia y la inadecuación del poeta en el mundo sean la fuente de grandes obras; pero propone que la vida más o menos adecuada de un hombre de clase media puede también destilar algunos buenos poemas. Incluso algunos grandes poemas. Wallace Stevens, recordémoslo, quizá nunca se subió a un autobús ni mucho menos para conducirlo; ahora bien, fue directivo de una compañía de seguros y jamás —según los testimonios con los que contamos—

abandonó una sola de sus responsabilidades para asistir a un festival de poesía o firmar ejemplares en una feria de libros. Fue un gran aficionado a la literatura francesa, pero nunca visitó Francia; a decir verdad, no viajó a Europa en toda su vida. Se dice que una vez, en 1936, se pasó un poco con los cócteles en una fiesta e intentó golpear a Ernest Hemingway, a quien sin embargo admiraba; lo único que consiguió fue caer al suelo por el impulso de su propia torpeza. Por lo visto —como escribe Andreu Jaume— fue «su única salida de tono conocida». Qué patetismo tan escaso en la vida de uno de los poetas mayores del siglo xx. Por cierto, Padgett rinde homenaje a Stevens en «Trece maneras de mirar un haiku», evidente parodia de «Trece maneras de mirar un mirlo», una de las páginas más celebradas de *Harmonium*, en la que cada fragmento es una breve captura del paisaje, la estación del año y la emoción predominante del momento.

Buena parte de la apuesta de Padgett se juega en la resonancia de esa carencia de patetismo, que es otro modo de nombrar el costado cómico de las cosas. Además de los fósforos Blue Tip está el martillo Estwing con su mango irrompible, un martillo magnífico, «¡uno de los objetos más hermosos del mundo, / por 24,95!». También el Chevy '75 rojo, con asientos de cuero y espejos retrovisores negros, en un poema donde se asume el riesgo de acercarse lo máximo posible a un anuncio clasificado. Hay una celebración de una marca muy popular de detergente, «Rinso», que termina con la constatación de que «Los platos / están relucientes». La cocina es el corazón de la casa, de esas casitas con jardín tan característicamente estadounidenses, en el interior de cuyo vallado residen buena parte de los poemas de Padgett. En otro de los homenajes de este libro, el dedicado al *I Remember* de su amigo Joe Brainard (antecedente del *Je me souviens* de Georges Perec), se rememora una escena de infancia, cuando aún no había «oído hablar de la televisión»: un niño juega con un camión de madera sobre la alfombra junto a su perro mientras escucha de fondo —el niño no lo sabe pero el poeta adulto sí— un rumor que es el emblema del estar a salvo de todas las cosas malas que pasan en el mundo: «el sonido de los platos desde la cocina». Al principio de *Trilce* de César Vallejo, el niño (o, mejor dicho, el adulto que, arrojado al desamparo y a la orfandad, recupera en la memoria la casa de la infancia) se pregunta, angustiado: «las personas mayores, ¿a qué hora volverán?». En los poemas de infancia de Padgett, al contrario, las personas mayores nunca se fueron, y se dejan sentir en su trajín doméstico, tan intrascendente como imprescindible.

La casa ofrece, en efecto, un sólido amparo a cambio de exigencias no muy onerosas: con tal de que uno sepa manejarse con los clavos, las pinzas de la ropa, las pequeñas pero decisivas chapuzas que todo hogar requiere. Por ejemplo, «Solidus» se abre con una pregunta ética y, otra vez, cercana a la autoayuda: «¿Por qué me obligo / a hacer cosas que en verdad no quiero?». Y se cierra con el no demasiado grave sentimiento de culpa por una procrastinación menor: «tengo / un vago deseo de arreglar la puerta del ropero». La *féconde paresse* que Baudelaire encontraba en la voluptuosa melena de su amada («La chevelure») reaparece aquí en la indolencia de una siesta americana. ¿Cómo puede ser «fecunda» la pereza? Porque el poema es el producto del momento improductivo, del latido suspendido del capital.

El yo que habla en los poemas de Padgett no parece amigo de riesgos ni aventuras; proclama que la vida cotidiana y las librerías ofrecen suficiente materia prima para los versos y los fragmentos en prosa. Usa la prosa con cierto espíritu automático, no con la intención de los surrealistas, la de registrar las asociaciones inesperadas e irracionales, sino con la de encadenar las cosas que llaman la atención: una noticia del diario («Al menos 60.000 personas asistieron a una misa católica al aire libre el lunes para llorar el robo de las manos del expresidente Juan Perón»); pasajes subrayados en libros sin darles más hilván que el regocijo de haberlos leído, aunque jugando con el efecto singular que implica leer un fragmento aislado de su contexto; las dificultades para dar con una etimología; una nueva postergación perezosa («Tengo que llamar a Ted Greenwald»); incluso la enigmática constatación de que una libreta comprada en Kiev tiene un nombre en finés. Todo forma parte de esa predisposición a encontrar el germen del poema en lo menos memorable que, gracias al poema, se vuelve presente puro. Ashbery, como vimos, celebraba a los poetas menores que le sirven de disparadores para su propia escritura; Padgett encuentra ese estímulo en el azar de lo que salta a la vista, desde una caja de fósforos hasta un martillo.

13

ALEJANDRA PIZARNIK:
TRES PERFILES DE UNA POSTERIDAD

I
PIZARNIK Y LAUTRÉAMONT (AUSTRAL)

Desde su muerte, hace más de cincuenta años, la figura y la obra de Alejandra Pizarnik no han dejado de cambiar. Tendemos a pensar que la obra de un escritor queda cerrada el día de su muerte, el día en que, parafraseando el célebre verso de Mallarmé a la tumba de Edgar Poe, la eternidad lo cambia en sí mismo; en este caso la eternidad está poblada de inconclusiones. La poesía de Pizarnik se cerraba, provisionalmente, con unas líneas encontradas en la pizarra de su estudio, encabezadas por «criatura en plegaria» y terminaban con una invocación a Isidore Ducasse, más conocido como Conde de Lautréamont: «oh Isidoro». El breve poema de tiza fue recogido diez años más tarde (los tiempos de la posteridad de Pizarnik son siempre exagerados, siempre exigidos de grandes esfuerzos para profanarlos de su blindaje) en *Textos de sombra y últimos poemas*: «Escrito con tiza en el pizarrón en su cuarto de trabajo» aclara la nota, debajo de «septiembre de 1972». Pizarnik murió el 25 de ese mes; debieron pasar casi veinte años hasta la edición de la *Poesía completa*, donde este breve poema ocupa la página final. La nota al pie ha aumentado: «Hallado tal cual se reproduce, escrito con tiza en el pizarrón en su cuarto de trabajo».

La fórmula «criatura en plegaria» parece inspirada en un pasaje de la traducción de *Los cantos de Maldoror* de Lautréamont que Aldo Pellegrini, amigo de Pizarnik, publicó en Buenos Aires en 1964: «Niños, soy yo quien os lo dice. Entonces, rebosando misericordia, hincaos de rodillas; y que los hombres, más numerosos que los piojos, hagan largas plegarias». Pellegrini había publicado, además, una *Antología de la poesía surrealista de lengua francesa* (1961), que encabezó con una cita de Lautréamont («La poesía debe ser hecha por todos»). El nuevo auge del surrealismo y de la obra precursora de este movimiento, los *Cantos de Maldoror*, en el Río de la Plata, del que Pizarnik participa, fue en buena medida consecuencia de esas publicaciones. Por otra parte, la presencia de Lautréamont —implícita en este caso— en las letras argentinas se vio reforzada por otra figura cercana a Pizarnik: Cortázar, quien, en «El otro cielo», incluido en *Todos los fuegos el fuego* (1966), juega con «la vaga silueta» de aquel a quien llamaban «el sudamericano», un joven bebedor de ajenjo que vive (y muere) en los altos de una galería cercana a la Bolsa de París. Una galería que, fantásticamente, conecta con otra de Buenos Aires.

Unos diez años más tarde de la muerte de Pizarnik, Leyla Perrone-Moisés (brasileña) y Emir Rodríguez Monegal (uruguayo) emprendieron la escritura conjunta de *Lautréamont austral*, cuya primera concreción fue el artículo «Lautréamont et la rhétorique espagnole», publicado en la revista *Poétique* (n.º 55, 1983). El libro, escrito en castellano a partir de ese germen en francés, fue el último trabajo de Monegal, quien murió en 1985; se publicaría póstumo, en 1995. El volumen se abre con esta rotunda afirmación, a la vez obvia y radical: «Isidore Ducasse era uruguayo». Obvia, porque nadie ignora que Ducasse nació en Montevideo, en abril de 1846; radical, porque supone la introducción de la obra de Lautréamont en el canon de la literatura uruguaya y rioplatense, sin por ello discutir su pertenencia a la poesía francesa, de la que es pieza imprescindible, en buena medida gracias a Breton, quien, en *Los vasos comunicantes*, ensalzó «la fuerza extraordinaria que puede adquirir en el espíritu del lector la célebre frase de Lautréamont: "Bello… como el encuentro fortuito sobre una mesa de disección de una máquina de coser y un paraguas"». Un paraguas que reaparece en algunos cuadros metafísicos de Dalí y también en el parque Montsouris, al principio de *Rayuela* de Cortázar. La declaración de la índole rioplatense de Lautréamont, en el libro de Monegal y Perrone, debe ser pensada en convergencia con el hecho de que Pizarnik no haya escrito en su pizarra «Isidore» sino «Isidoro»: diferencia casi insignificante y sin embargo muy significativa.

La tesis de *Lautréamont austral* es que, habiendo pasado «más de la mitad de su vida» en Uruguay, no debe menospreciarse el bilingüismo de Ducasse. Los autores se apoyan en el hallazgo de un libro que perteneció al poeta: un ejemplar de la *Ilíada* traducido por José Gómez Hermosilla, el principal preceptista del neoclasicismo español, que contiene una anotación manuscrita del propio Lautréamont. La anotación dice, literalmente: «Propriedad del señor Isidoro Ducasse nacido en Montevideo (Uruguay). Tengo tambiem *Arte de hablar*, del mismo autor, 14 de avril 1863». Las tres faltas de ortografía (propriedad, tambiem, avril) se deben seguramente a que Ducasse vivía en Francia desde los trece años (fue enviado a un internado en Tarbes en 1859). En el poema de Pizarnik, la castellanización del nombre puede entenderse, a la luz de esta revelación, como algo más que un gesto afectuoso: «Isidoro», «le Montévidéen» —así se presenta el propio poeta en un pasaje de *Les Chants de Maldoror*—, se incorpora a la propia «familia» poética. A la de una poeta que siempre se mantuvo atenta a las faltas, deslices, bordes y zonas rebeldes de la propia lengua, como preocupación y como posibilidad expresiva y lúdica.

Es, además, una interesante reconfiguración del lugar de Hermosilla en la historia literaria, tradicionalmente considerado como el padre de la vetusta retórica española de los siglos XVIII y XIX. Como traductor de Homero, Hermosilla se redime de su lugar emblemático como preceptor de lo castizo. Rubén Darío confesaba en 1913: «Yo hacía todo el daño que me era posible al dogmatismo hispano, al anquilosamiento académico, a la tradición hermosillesca, a lo pseudoclásico, a lo pseudorromántico, a lo pseudorrealista y naturalista y ponía a más raros de Francia, de Italia, de Inglaterra, de Rusia, de Escandinavia, de Bélgica y aun de Portugal, sobre mi cabeza». De pronto, Hermosilla emerge como lectura predilecta de Lautréamont. Quien, para cerrar el círculo, es uno de los que conforman el panteón de *Los raros* de Darío.

II

PIZARNIK NEOBARROCA

La obra de Pizarnik es indisociable de las paráfrasis, parodias y saqueos de las bibliotecas clásicas y modernas. Las citas, en ocasiones, están fundidas en la corriente del poema y exigen minuciosa atención para aislarlas y reconocerlas. Doy un ejemplo: «Poema para el padre», publicado en la revista caraqueña *Árbol de fuego* en 1972 y recogido luego en *Textos de sombra y últimos poemas*, empieza: «Y fue entonces / que con la lengua muerta y fría en la boca / cantó la canción que no le dejaron cantar...». Dado que el sustrato evidente es el judaísmo del padre —su expulsión del mundo yidis centroeuropeo y el auge del antisemitismo criminal que deriva en espantosa masacre—, tendemos a leer «la lengua muerta y fría» como evocación del Salmo 137 (en traducción de Casiodoro de Reina): «Mi lengua se apegue a mi paladar si no me acordare de ti, si no hiciere subir a Jerusalén en el principio de mi alegría». La conjunción de una acción y su contraria («cantó» lo que «no le dejaron cantar») es característica de Pizarnik. Sin embargo, sin negar necesariamente esa filiación, se trata de una cita literal de la «Égloga III» de Garcilaso: «Y aun no se me figura que me toca / aqueste oficio solamente en vida, / mas con la lengua muerta y fría en la boca / pienso mover la voz a ti debida». Además, este último verso dio título (*La voz a ti debida*, 1933) a uno de los libros principales de Pedro Salinas, por quien Pizarnik mostró predilección, como testimonian varios pasajes de sus *Diarios*; una predilección compartida con Julio Cortázar, quien en 1971 seleccionó y prologó una antología de Salinas. En octubre de 1962, en un pasaje de los *Diarios*, Pizarnik escribe: «Salinas ha comprendido como casi nadie que el esto no siempre es lo contrario del aquello. *Je suis un autre*, dijo Rimbaud» (citando mal de memoria; lo que Rimbaud dice es «je est un autre»). «La lengua muerta y fría» puede ser la de Garcilaso, sin dejar de ser la del salmo bíblico y la del «otro» rimbaudiano.

Esta resignificación y casi desarticulación de la cita se acerca a los procedimientos que Severo Sarduy estudiaba en su ensayo «Barroco y neobarroco», publicado en el mismo año en que Pizarnik escribía el poema dedicado a su padre, y que es el germen de la extensa reflexión del cubano sobre esos conceptos. Pizarnik tuvo trato con Sarduy en París y en Buenos Aires; en una carta de agosto de 1969, la escritora le dice a Ivonne Bordelois: «Por aquí estuvo Severo Sarduy... Está lleno de maestros y, a diferencia de mí, tiene definiciones de literatura y la delimita y la mide y calcula». Pizarnik, que nunca tuvo algo así como una poética articulada y razonada, no practicó esa denostada agrimensura, pero coleccionaba en sus cuadernos citas y referencias que le servían de materia prima para sus composiciones. En otra carta del mismo año le pide al poeta español Antonio Fernández Molina el envío de un ejemplar de *Agudeza y arte de ingenio* de Gracián «en una edición bien legible». La proximidad entre Pizarnik y los procedimientos neobarrocos fue apreciada por Mariana di Ció, quien señala la importancia del escamoteo de la fuente, la cita escondida, «lo "velado" y lo "vedado" de los manuscritos y papeles de trabajo», cerca de lo propugnado por Sarduy para el barroco latinoamericano: «La desfiguración de una obra anterior que haya que leer en filigrana para gustar totalmente de ella». Más recientemente y desde otro ámbito, el de la estética de estirpe adorniana, Silvia Schwarzböck contrapone al asesino en serie clásico, cuyo emblema es Gilles de Rais, con su variación barroca, Erzsébet Báthory, que, en *La condesa sangrienta* de Pizarnik, «experimenta, prueba técnicas, hace que le fabriquen máquinas y le diseñen dispositivos, solo para variar la forma del desangramiento».

«El centro / de un poema / es otro poema», se lee en *Los pequeños cantos*, escrito hacia 1971: sería difícil encontrar una definición más económica del vector barroco y de su característica *mise en abyme*, que recuerda al Foucault de *Las palabras y las cosas*, en las palabras finales del capítulo sobre *Las meninas* de Velázquez: «representación de la representación clásica».

Pizarnik no pertenece al neobarroco en tanto movimiento que atravesó la poesía latinoamericana en las décadas del setenta y ochenta; pero cuando leemos, en *La bucanera de Pernambuco*,* pasajes como: «Dueña de Pericles. Présbita. Nadie garantiza la veracidad de sus amores con Ramón del Valle Inclán, el supérstito manco a quien Manco Capac de Mantegna y Pancho Villa obsequiaron con calaveras», estamos cerca de, por ejemplo, Gerardo Deniz en *Amor y Oxidente*: «—Sisebuto XIX— cuando la reina Beila, sin dejar de lamer la cucharilla, gimoteó: / —Ha estallado un incendio en el barrio donde vive Swedenborg, allá en Estocolmo ¡Qué pena! / —¿Cómo lo vas a saber, mamá? —replicó la princesa Maripús, con esa agresividad de las adolescentes…». O, en *Mansalva*, «El alifrit está frito, nadie frota»; y en el mismo libro: «Suelta desde aquí los autillos, las milocas, los juancagados, los tinges y los kakapúes que la soportan, preside algunos anuncios luminosos». Todo lo cual, por otra parte, está prefigurado en *La hora de todos* de Quevedo, en pasajes como: «Estaba un potentado, después de comer, arrullando su desvanecimiento con lisonjas arpadas en los picos de sus criados. Oíase el rugir de las tripas galopines, que en la cocina de su barriga no se podían averiguar con la carnicería que había devorado. Estaba espumando en salivas, por la boca, los hervores de las azumbres, todo el coramvobis iluminado de panarras, con arreboles de brindis».

Ninguno de estos libros, ni los otros de la abundante verba neobarroca, ricos en paronomasias, juegos de palabras y parodias

---

* En su artículo «Alejandra Pizarnik: melancolía y cadáver textual» (2000), y desde otra perspectiva, María Negroni vio, en *La bucanera*…, una «pulsión neobarroca» que la vincularía con *El fiord*, de Osvaldo Lamborghini.

de términos o nombres de la alta cultura, se publicó bajo el epígrafe de «Humor», como reza la sección de las *Prosas* de Pizarnik que contiene «Hilda la polígrafa». Parece un prurito por preservar la gravedad de su obra «seria» de las distracciones y los juegos. Por eso también permanecen inéditos los escritos donde predomina esa tendencia, sobre todo en los años finales; lo que Nora Catelli denominó su «segundo estilo»: «el arrebato dionisíaco de los *calembours* y los clichés y el retorcimiento obsceno de refranes y frases hechas muestra que en ellos las palabras se desvincularon de cualquier posibilidad de ligarlas al control de una figura autorial».

El procedimiento de las citas implícitas y los nombres con alusiones literarias y artísticas se vuelve frenético en la etapa final de Pizarnik. La ambientación de *Los perturbados entre lilas* parece sacada de una obra de Samuel Beckett: unos inodoros que son a la vez féretros y después armarios; un personaje se llama Segismunda, evidente referencia a Calderón; otro, Carol, que remite a *Alicia en el país de las maravillas*; y solo en las dos primeras páginas se menciona a Mondrian, Goya, Lord Byron, George Sand, Keats, Shelley, Rimbaud y Maiakovski. Segismunda dice: «No obstante vivo. ¿Por qué? No lo sé. Pero es así y sufro», evidente parodia del conocido epigrama de Catulo: «Odio y amo. / Quizás te preguntes por qué hago esto. / No lo sé, pero siento que así ocurre y me torturo». A continuación vienen numerosísimas referencias a letras de tango.

Sarduy escribió en la conclusión a «El barroco y el neobarroco»: «El espacio barroco es el de la superabundancia y el desperdicio. Contrariamente al lenguaje comunicativo, económico, austero, reducido a su funcionalidad…, el lenguaje barroco se complace en el suplemento, en la demasía y la pérdida parcial de su objeto. O, mejor, en la búsqueda, por definición frustrada, del objeto parcial». Sería difícil encontrar una obra que ilustre mejor este «erotismo» del «objeto perdido» o «parcial» que *Los perturbados entre lilas*.

III
PIZARNIK PÓSTUMA

La obra publicada de Pizarnik no ha parado de crecer a lo largo de más de medio siglo de posteridad desde *Textos de sombra* (1982), donde se incluyeron los excesivos (y neobarrocos) *La bucanera de Pernambuco* y *Los poseídos entre lilas*. Los inéditos pugnaban, volcánicos, por salir a la luz, incluso después de ese volumen. La mojigatería y la presumible conveniencia de que esa obra no agregara más perfiles a los acomodados a una imagen consolidada contuvieron durante treinta años la publicación de una parte sustancial de los inéditos. La conjunción era paradójica: por un lado, se favorecía la siempre seductora imagen de la poeta maldita; por otro, se censuraban los episodios escabrosos, como el aborto al que Pizarnik se sometió en París en octubre de 1963, un secreto a voces hasta que salió a la luz pública, cuarenta años después de la muerte de la poeta, en la segunda edición de los *Diarios*: «Pero no sé qué me obliga a incluir un aborto entre las grandes experiencias del dolor. Fue un dolor físico espantoso…»; «desde que me dijo todo eso, el aborto no posee más su adulta calidad de "experiencia del dolor" sino más bien fue una simple caída». Algo semejante puede decirse de las referencias a la bisexualidad. Por ejemplo, en la primera edición de los *Diarios*, la entrada del 31 de diciembre de 1959 termina de este modo: «Me gustaría estar con Olga y con Elenita. Me gustaría que vinieran algunas personas y beber vino y alegrarme. […] No soy adolescente, soy una niña. A mi edad soy una niña. Una niña que tiene miedo de jugar».

La edición de 2016 pone de manifiesto que, en medio de esos dos párrafos, había varios más, uno de los cuales empieza así: «De todos mis encuentros con elementos lesbianos he llegado a ciertas conclusiones. Y no deben ser muy erradas pues conozco a las lesbianas más notables de la homosexualidad porteña: las insoportables son las viriloides, las que han luchado durante años por aceptarse definitivamente como homosexuales…». Otro ejemplo: la entrada del 4 de junio de 1960 termina con «… pero no dejé de sufrir y decir yo». En la segunda edición, la misma entrada se prolonga en cinco párrafos más, entre los que se lee: «Dejé de pintarme. Ahora parezco una lesbiana típica. Bienvenida sea. Para qué mentirme. A mí me gustan las mujeres, sólo las mujeres. Pero no sexualmente. He aquí el problema».

Las ediciones de la *Poesía completa* y de los *Diarios* pusieron en circulación una parte muy importante de la obra de Pizarnik, pero queda todavía una considerable cantidad de material inédito. Con ella, la eternidad debe tener paciencia. Porque en «Le tombeau d'Edgar Poe» de Mallarmé la metamorfosis es inmediata, sucede *enfin* («Tel qu'en Lui-même enfin l'éternité le change»), en tanto que, en este caso, es una transformación progresiva, conforme a una posteridad que no permanecerá igual a sí misma hasta que lo inédito y lo expurgado estén, *enfin*, al alcance de los lectores. Los diarios y cartas deberían publicarse completos para que no sea necesario peregrinar (uso deliberadamente este término, caro a Pizarnik) hasta los archivos de la Universidad de Princeton, reservados a los investigadores. Están, además, los *Récits-Proses* o el *Palais du vocabulaire*, escritos durante los años parisinos y que solo conocemos por las citas de los especialistas que los han copiado del archivo y citado en sus trabajos. Y que, por lo que se deja ver, son del mayor interés.

Una parte de ese material progresivamente develado y revelado muestra el revés de la contención y del carácter germinal de los poemas más conocidos que, al volverse legibles, obligan a revisar algunas ideas consolidadas: «Sala de psicopatología», por ejemplo, rico en procacidad y lenguaje vulgar, que sin embargo no deja de lado los procedimientos de paráfrasis y parodia. Esta Pizarnik póstuma no solo aumenta a la editada hasta 1972: la modifica y la vuelve más compleja. Se encuentra allí, sobre todo en «Sala de psicopatología» y en algunas prosas de los últimos años (como *La bucanera de Pernambuco*), la materialización, o una posible materialización, de esa aspiración a la prosa «sin imágenes poéticas», esa ansiedad de «escribir sin miedo, sin necesidad de corregir, de inmovilizar», como anotó en sus diarios.

Tamara Kamenszain y Valentina Litvan han escrito lúcidas páginas sobre esa significativa promesa de la prosa narrativa, que Pizarnik identificaba con el dominio completo de la lengua al que parecía aspirar, y que se le escapaba o quería dar la impresión de que se le escapaba. Sus numerosas listas de nombres, títulos y palabras, las heroicas búsquedas en el diccionario (anotación en los *Diarios*, el 11 de febrero de 1959: «Muero de cansancio. He buscado 5.000 palabras en el diccionario»), los cuadernos de citas, los subrayados y anotaciones al margen: todo apunta a la ambición por poseer un saber sobre la lengua y sobre la literatura que se le aparece como incompleto, lacunar, falible. En eso también hay una «pérdida parcial del objeto», para recuperar las palabras de Sarduy.

IV

EL MALDITO MITO

En 2021 se publicó una biografía que se postula canónica, si tenemos en cuenta que una de las coautoras, Cristina Piña, ya había publicado, treinta años antes, una primera *Alejandra Pizarnik*. Canónica o, al menos, refrendada por el aparato editorial que controla la difusión del legado, dado que el libro se publicó en el mismo sello en que, desde principios de siglo, han ido apareciendo la *Poesía completa*, las dos ediciones de los *Diarios*, la correspondencia y la *Prosa completa* de Pizarnik. El nuevo libro tiene el curioso subtítulo de «Biografía de un mito», a la vez pleonasmo y oxímoron. Pleonasmo porque un mito no es nada fuera del relato de su peripecia. Oxímoron porque el mito sucede fuera del tiempo o, si atendemos a uno de los aforismos de Kafka, sucede todo el tiempo: «La expulsión del paraíso es eterna en su parte sustancial». Kafka escribió esos aforismos en 1918, en casa de su hermana, en Zürau, cuando ya se sabía mortalmente enfermo. Pizarnik los conocía bien y los parafraseó, como en «Antes», de *Los trabajos y las noches* (1965): «los pájaros dibujaban en mis ojos / pequeñas jaulas», que remite al muy

conocido aforismo 16, «Una jaula salió en busca de un pájaro».
Pero no hay que olvidar que los aforismos reunidos en *Voces*
(1956) de Antonio Porchia (a quien Pizarnik escribe desde Pa-
rís, en 1963: «¿Cómo hablar de lo indecible? Sólo por medio
de las *Voces*») están llenas de esas sugestivas inversiones del sen-
tido lógico y gramático, tan utilizadas por Pizarnik que podría
afirmarse que son su principal rasgo de estilo. En Porchia leemos,
por ejemplo: «En mi silencio sólo falta mi voz»; en Pizarnik:
«atesoraba palabras muy puras / para crear nuevos silencios». El
procedimiento es muy semejante: lo que debería ser mutuamen-
te excluyente —la voz o las palabras, de un lado; el silencio, del
otro— se vuelve, en cambio, unidad indisoluble, causa y efecto:
para crear el silencio hacen faltas palabras, para que la voz sea
completa hace falta el silencio. Para negar se necesita una afir-
mación previa, y viceversa. No hay una sin la otra.

La biografía de Piña y Venti acopia y ordena información de
gran valor; aunque sus autoras —probablemente conscientes
de la dificultad de fijar un mito en el tiempo— dicen, en la
p. 31, que Alejandra Pizarnik nació el 29 de abril de 1936; pero
en la p. 37 afirman que nació el 29 de mayo. En la p. 201, la
escritora pasa el verano de 1962 en Saint-Tropez, pero cuatro
páginas más adelante este verano se convierte en «las vacaciones
de 1963». La peripecia del mito suele terminar con una meta-
morfosis o transformación; así, podríamos cruzar el concepto
de eternidad en el verso de Mallarmé («tal como en sí mismo
la eternidad lo cambia») y en el aforismo de Kafka («la expulsión
del Paraíso es eterna...») y sugerir que la posteridad de una
poeta es su obra sin su vida, o que su obra empieza a ser tal
cuando pierde el apoyo en una vida, el cuerpo vivo del autor.
Pizarnik, que tituló *Árbol de Diana* uno de los libros escritos y
editados durante los años parisinos, no fue ajena a este concep-
to: la diosa Diana solo aparece en el título y después huye, como
la cazadora esquiva de la mitología griega.

Pero en una parte considerable de la posteridad de Pizarnik
la vida no ha quedado atrás. Hay una Pizarnik con multitud de
lectores que es indisociable de la imagen de la mujer frágil,

incomprendida, solitaria, provocadora, homo o bisexual, adicta a los barbitúricos, borracha, inadecuada, más judía que argentina o más argentina que judía (incompleta y angustiada por la incompletud en ambos casos), insegura de su talento y su saber y, en fin, suicida: maldita, en resumen. Hay numerosos artículos académicos accesibles en la red, y hasta libros o cómics publicados por editoriales de gran distribución que prolongan la facilidad y el carácter consolador de estas interpretaciones para jóvenes y menos jóvenes que se sienten, ellos y ellas mismas, inadecuados en los ambientes en que les ha tocado vivir.

Ahora bien, ¿cuál es el significado de «mito» que las autoras de la biografía le atribuyen a la poeta? Dicen: «la Pizarnik biográfica se convierte en personaje y a la postre, en mito de sí misma». Como cualquier autor que haya escrito un diario, podría agregarse; y especialmente un diario como el de Pizarnik, compuesto con plena intención de formar parte de su obra. La transformación de Pizarnik queda definida desde las primeras páginas de la biografía por pasajes como: «Buma, Flora, Blímele, Alejandra, Sasha: cinco nombres para un mismo desamparo»; «máscara de fuego con la cual enfrentar la fiesta y el horror de la poesía»; «traspasada de dolor»; «imagen perturbadora e inquietante»; «continuos desengaños la condujeron al abismo»; «la incertidumbre la acompaña a todas partes»; «tuvo varios escarceos con hombres y mujeres que no le dieron la estabilidad emocional que buscaba». Es inevitable preguntarse mediante qué método científico o esotérico saben Piña y Venti lo que Pizarnik buscaba, y desde cuándo la «estabilidad emocional» es lo que un poeta busca. Y, también, varias veces, las «cincuenta pastillas de seconal sódico», porque la hermenéutica del suicidio como destino inapelable pocas veces fue tan usada y abusada como con Buma, Flora, Blímele y Alejandra.

Hay una importante corriente de la crítica pizarnikiana que abunda en estas facilidades retóricas; empieza en vida de la poeta e incluso dentro de sus propios libros. Octavio Paz, en su candente prólogo a *Árbol de Diana*, fechado en París en abril de 1962, habla de «amalgama de insomnio pasional y lucidez meridiana en una disolución de realidad sometida a las más altas temperaturas», «líneas de escritura fosforescente» y «un foco central llamado poema, que produce un calor luminoso capaz de quemar, fundir y hasta volatilizar a los incrédulos». Probablemente, Paz pensaba que cada ejemplar del libro debía venderse acompañado de un par de guantes de amianto y anteojos de soldador. Esta pseudomística rodea la obra de Pizarnik como un parásito asfixiante desde hace al menos sesenta años. La adscripción a la estirpe de los poetas malditos, galvanizada definitivamente desde 1972, es central en esa construcción. Alfonsina Storni se suicidó, Delmira Agustini fue asesinada por su marido, Rosario Castellanos murió electrocutada, Blanca Varela sufrió la muerte de su hijo; con ninguna de ellas se ha explotado el estereotipo del destino trágico de la poeta con la intensidad y persistencia con que se aplica a Pizarnik.

En agosto de 1962, Alejandra está en Saint-Tropez junto a la psicoanalista Claire Lauret; frecuenta a Marguerite Duras (a quien entrevistó para la revista caraqueña *La República*) y a Italo Calvino, va en moto a la playa, se baña en el mar. En esa escena irrumpe esta digresión de las biógrafas: «La fragilidad psíquica [...] formaba parte del proyecto literario. El sufrimiento de Artaud, el silencio de Rimbaud, la locura de Nerval, le confirman que el verdadero creador no puede separar vida y poesía. [...] Porque aquello que une a sus poetas admirados es lo que Verlaine llamó "malditismo" y que si bien en el poeta francés tenía una connotación más vinculada con el dandismo y con ciertos recursos poéticos, en la versión de los malditos que se fue elaborando a lo largo del siglo xx —y de la que es deudora Alejandra, a quien cabe considerar la primera mujer no europea entre los malditos— el acento está puesto, por un lado, en la ontologización de la palabra poética [...] y por el otro en la ruptura con todos los presupuestos burgueses, desde la sexualidad hasta el trabajo productivo».

La confusa sintaxis del pasaje equivale al no menos equívoco argumento: es la tónica de una biografía hecha a favor de una idea previa, la de ese «mito» indefinido aunque necesariamente inquietante. ¿Por qué Nerval, Rimbaud, Artaud habrían unido más que cualquier otro escritor la vida y la poesía? Por el contrario, pocos como Rimbaud la desunieron de manera tan radical, precisamente con su silencio africano, que no fue solo un abandono de la poesía sino de toda actividad intelectual, hasta la más elemental. Cosa que no sucedió nunca en Pizarnik, a pesar de que, eso sí, ambos murieron casi a la misma edad (Rimbaud murió veinte días después de cumplir los treinta y siete). Se trata de la persistencia en una posición que viene de lejos; en 2008, Patricia Venti escribía: «En Pizarnik, la alteridad judía/argentina la hizo *outsider*, un personaje sin un sitio en la sociedad, con pocas posibilidades de disolverse en la masa amorfa y atomizada de una comunidad». Todo en esa afirmación está en el lugar equivocado: Pizarnik estuvo siempre convencida de su firme ciudadanía argentina, y si no quiso disolverse en la «masa amorfa» fue por poeta y no por judía.* Toda la tradición de la modernidad la avalaba en esa actitud. A pesar del sufrimiento, de la «fragilidad psíquica», Pizarnik desarrolló una estrategia sostenida y exitosa para su reconocimiento, para su inserción en una red que, en los años parisinos, pasó del ámbito argentino, donde ya era una poeta reconocida, al latinoamericano, mediante su amistad con, entre otros, Octavio Paz, Julio Cortázar, Héctor Murena y Jorge Gaitán Durán. Respaldada por Paz, Pezzoni y Barrenechea (véase la entrada en sus *Diarios* del 15 de junio de 1968), consiguió la beca Guggenheim, y por mediación de Gaitán Durán publicó en la revista colombiana *Mito*, una de las más prestigiosas del momento, además de otras ya mencionadas. Por aquellos años publicó también en *Lettres Nouvelles* y en *Nouvelle Revue Française* e intercambió numerosas cartas con André Pieyre de Mandiargues, recopiladas en 2018 por Mariana di Ció. *Árbol de Diana* se publicó en la editorial Sur, de Buenos Aires, que era cualquier cosa menos un sello de poetas

---

* Acerca de la cuestión del judaísmo en Pizarnik véase «¿Hay hijos rebeldes en el Río de la Plata?», en mi libro *Celebración. A través de la poesía americana*, Barcelona, Trampa, 2022.

marginales o malditos. Las autoras de la biografía terminan por adjudicar a su objeto de estudio una limitación que, en verdad, no es sino de ellas mismas: «Pizarnik seguía sin darse cuenta de que el modelo de poeta maldito había caído en desuso».

V

CODA

En su estudio sobre el fondo Pizarnik de Princeton, Mariana di Ció demostró que el «proceso de composición [...], en el caso de Pizarnik, resulta indisociable de la corrección frenética y de la reescritura», y que la perspectiva genética «permite un acercamiento a la obra sin la trampa de la interpretación en clave autobiográfica». Las posteridades de Pizarnik se dirimirán en estas dos vías visiblemente opuestas: la del «biografismo mítico» y la de la poeta a la que, con varias décadas de atraso, la eternidad empieza a convertir, al fin, en sí misma.

14

JOSÉ KOZER, EL MAGMA AMERICANO

El artista verdadero no limita con las dificultades, las quema en el ensanchamiento y la profundización de su campo. Hay, para empezar, dos expedientes de la poesía moderna que José Kozer (La Habana, 1940) afronta en el mapa de la lengua castellana. El primero remite al registro léxico: ¿cómo hacer para que el poema no se restrinja al lenguaje coloquial sin dar en un cultismo extemporáneo, incrustado de *bijouterie* verbal? Kozer no resuelve este difícil escollo, lo desarrolla: el idioma de su poema es el de una larga conversación en la intimidad de sus lecturas y paisajes, recordados o soñados. En ese soliloquio de voces superpuestas, están «la Euménide y yo», el «saco bíblico de yute o estameña», «los dioses (trizando)» y un pájaro que «no es la curruca, trino no del verderón», y la palabra «bijira», que no se encuentra en el diccionario. Incide en eso lo que podría denominarse la concentración del poema de Kozer: no solo como materia condensada, de textura simbólica densa, sino además en el sentido en que se dice de alguien que está concentrada en su materia de estudio o pensamiento.

En Kozer, el poema no es un reflejo de la experiencia, es la experiencia misma. Es la conversación de un yo —de cada uno de los estados de un yo— con su filiación, como la sorpresa insistente de un habanero hijo de judíos centroeuropeos; es la deriva irrisoria y dramática —en el sentido teatral, dialogado, del término— del sastre de Odesa en el Caribe: «Te acuerdas, Sylvia, cómo trabajaban las mujeres en casa. / Parecía que papá no hacía nada. / Llevaba las manos a la espalda inclinándose como un rabino fumando una cachimba corta de abedul, las volutas de humo le daban un aire misterioso».

Cuando habla de (con) su padre y de (con) su madre no recurre a los recuerdos de infancia, cuyo interés sería limitado y testimonial: elabora la memoria para actualizar, con la vivencia individual, una cifra universal. Cada interlocutor tiene su propia «gramática»; por ejemplo, la de «papá»: «Había que ver a ese emigrante balbucir verbos en yiddish a español, / había que verlo entre esquelas y planas y bolcheviques historias naufragar frente a sus hijos». Es la escena primaria del poeta americano: la repentina aparición de un origen lejano y fantasmagórico, presente sin embargo. El padre que piensa en una lengua extraña para hablar en la lengua —¿materna?— del hijo. La poesía como continente de una memoria transubjetiva: en ella se recogen las leyes, siempre renovadas pero solo a través de una lenta y difícil metamorfosis, de aquello que podríamos denominar lo humano; que, como es obvio, incluye lo inhumano, que solo existe en tanto pertenece al hombre.

Los fundadores del fenómeno poético moderno —Lautréamont, Rimbaud, Mallarmé, Apollinaire— pasaron del soneto al verso libre o el poema en prosa. Pero el poeta de hoy, que ya no puede repetir esa ruptura, se ve abocado a nuevas aventuras formales. Kozer, en quien la tradición francesa moderna está atravesada por los *Cantos* de Pound, una de las concreciones sublimes de lo magmático americano, nos vuelve a enseñar el porqué de ese proceso de disolución de las formas. Artista es aquel que hace cada vez lo que todavía no sabe hacer: su justificación consiste en la renuncia al pulimento progresivo de un oficio. En la índole magmática de su poesía (ha publicado un centenar de libros desde 1972) la latencia continua busca, siempre hacia delante, la proporción rítmica entre la idea y su materia gramática. A veces el poema empieza con un verso largo que se va diluyendo en líneas breves, o en prosas que se deshilachan en estrofas ceñidas, o en letanías torrenciales («Parlamento del nonagenario»), o en palabras-verso que dan al diapasón del período un ritmo espaciado, un *pizzicato* psíquico. Las comas, las comillas y los paréntesis modulan la cadencia y la polifonía de la frase: apuran o contienen su recorrido, superponen voces y pensamientos, aclaraciones y datos, rápidas referencias a lecturas o a hechos históricos. El versículo de Kozer es desplegable: se levanta del papel como un troquelado de contornos momentáneamente coloreados.

Las retahílas tensan el hilván de la identidad dispersa, del destino quebrado en el paso al destierro, de la lectura como consuelo evanescente. Un poema dedicado a Guadalupe, encabezado por una cita de Pound, se despliega en una serie de párrafos/estrofa: «Canta, canta Guadalupe, la luz torciendo en tu ovillo pelirrojo, y canta escala tras escala para que el pentagrama / ascienda a su nimbo, corola sosteniéndose / encima de la figura repantigada de un / arcángel».

El período sintáctico que es capaz de sostener mide la fuerza: aquí aparece el contrapunto del paréntesis como retumbo de una segunda voz, como primer eco en la fabulación de la escena verbal. El paréntesis no es apositivo o dilucidador, es un recurso tonal, es la manera Kozer de sacarle a la gramática un instrumento nuevo o, mejor, un registro grave con el que su cadencia golpea, reduplicada, el diapasón: «Escucha, Guadalupe; escribo para ti de soslayo esta imitación tomada de Pound de Li Po tomada, venerando al imitar, dado que mis fuerzas (gracias a lo cual, ahora, todo se sostiene) flaquean: ya estamos viejos [...] Qué te digo (ven a esperarme) ellos lo deponen y continúan, ya coronan: coronaron...». Pliegue sobre pliegue, imitación de imitación, poética del neobarroco americano, donde detrás de cada poema hay un código anterior que se reordena y reformula.

José Kozer fue, en efecto, durante los años ochenta y noventa, uno de los nombres centrales de lo que se denominó el neobarroco, intensa corriente poética panamericana que, a través del cuerpo doctrinal armado desde París por el cubano Severo Sarduy, recogía las líneas arrojadas por uno de los padres de la poesía latinoamericana de la segunda mitad del siglo xx, José Lezama Lima. En *Medusario. Muestra de poesía latinoamericana*, antología de 1996 y canon tardío del neobarroco, se destaca precisamente este aspecto de su obra: «En Kozer [...] los paréntesis irrumpen, agregan un suplemento específico, contextualizan, contrapuntean, pasan de un nivel a otro, refractan el momentáneo, tentativo aire de un conjunto». Como un *syntaxier* de la estirpe mallarmeana, un simbolista cuyo gabinete de alquimia es la casa marital. La extensa conversación consigo mismo es la de un hombre que salió de Cuba en 1960, cuando apenas tenía veinte años, y que desde entonces ha vivido en Nueva York, Vermont, Málaga y Florida. Destino inverso, en cierto modo, del de Lezama, quien casi no salió de La Habana y escribió que no necesitaba abandonar su cuarto para «revivir la corte de Luis XIV y situarse al lado del Rey Sol, oír misa de domingo en la catedral de Zamora junto a Colón, ver a Catalina la Grande paseando por las márgenes del Volga congelado...». En un diálogo implícito con su mujer convertida en personaje central de sus poemas, esa Guadalupe carnal que se busca en los rostros de Laura o de Beatrice, Kozer extiende la conversación lezamesca, la del americano que saquea a placer todas las tradiciones, todas las bibliotecas, para apropiarse de lo que le conviene (y, porque le conviene, le pertenece), la hace llegar hasta Li Po, pasando por Ezra Pound. Una forma de fidelidad a aquella afirmación del propio Lezama Lima: «Lo desconocido es casi nuestra única tradición. Apenas una situación o palabras, se nos convierten en desconocido, nos punza y arrebata».

15

TULIO MORA: MAPA VACÍO, CEMENTERIO LLENO

La primera edición de *Cementerio general* salió en 1989 y fue el cuarto libro de Tulio Mora (Huancayo, 1948-Lima, 2019). Se compone de 77 poemas a modo de monólogos de ultratumba, inscripciones lapidarias que cuentan una vida, la de cada uno de los muertos de ese cementerio imaginario, y la del Perú desde su origen preincaico hasta el siglo xx. Mora escribió en la revista *Hora Zero* y fue miembro del movimiento homónimo que tuvo en ella su núcleo. Fue fundado en Lima, en 1970, por Jorge Pimentel y Juan Ramírez Ruiz; en los años siguientes, además de Mora se sumaron Enrique Verástegui, Carmen Ollé y Jorge Nájar, nacidos entre mediados de los cuarenta y principios de los cincuenta. Difícil contar la historia de la poesía latinoamericana del siglo xx sin hablar de revistas: *Proa, Martín Fierro, Contemporáneos, Orígenes, Noigandres, Mito, Hora Zero, Diario de Poesía...* La revista es el órgano político de un grupo poético, su manifestación pública: para decirlo con un neologismo del propio Mora: el paso del *yo* al *yosotros*. Palabra que el autor de *Cementerio general* usó en varias ocasiones para significar esa zona común a lo individual y lo colectivo que es, asimismo, el ejercicio decisivo de una parte importante de la poesía del siglo xx. Contra la muy asentada tradición que identifica el poema como el género de la intransferible subjetividad, Wallace Stevens escribió (en *Adagia*): «Poetry is not personal».

La negativa a la ingenua identificación entre el yo del poeta y el del poema se manifiesta en el movimiento antirromántico que recorre la segunda mitad del siglo XIX. En 1858, Baudelaire declara en una carta la «impersonalidad voluntaria de mis poemas». Unos quince años más tarde, Nietzsche, en *El nacimiento de la tragedia*, escribía, contra la interpretación de los líricos griegos arcaicos como representantes de la intransferible experiencia de un *yo*: «al artista subjetivo nosotros lo conocemos solo como mal artista, y en toda especie y nivel del arte exigimos ante todo y sobre todo victoria sobre lo subjetivo, redención del *yo* y silenciamiento de toda voluntad y capricho individuales». Un siglo después, en Lima, un grupo de poetas escribía uno de los capítulos tardíos del largo impulso vanguardista que, desde la década de 1920, había predominado en la lira americana. Declaraban: «Hemos nacido en el Perú, país latinoamericano, subdesarrollado, hemos encontrado ágiles ruinas, valores enclenques...»; y también: «compartimos plenamente los postulados del marxismo-leninismo, celebramos la revolución cubana. Estamos atentos a lo que se está haciendo en el país». Eso que se estaba haciendo en el Perú era el régimen *de facto* de Juan Velasco Alvarado, que fue, en cierto modo, una forma política de la vanguardia poética: una dictadura militar con ideas de izquierda.

En los años setenta, cuando Mora se incorpora a *Hora Zero*, predominaba en Occidente una tendencia a la consigna unificadora, a la redefinición de lo subjetivo como función de lo colectivo. Mora había viajado por Europa y había decidido que, a diferencia de muchos poetas y escritores latinoamericanos, su lugar no estaba en París ni en las universidades estadounidenses sino en el Perú: «Desde que salí al exterior [...] supe que mi poesía estaba vinculada a mi país», le dirá a Roland Forgues treinta años más tarde. Esa toma de conciencia abre el camino hacia el *yosotros* y hacia *Cementerio general*: una única voz sucesiva que va pasando de uno a otro personaje a través de los estratos de tiempo que solidifican el rostro del Perú. El objetivo declarado de los horazerianos era la escritura de un «poema integral», que Mora concibió no solo como unidad estructural de la obra —cuyo modelo podrían ser los *Cantos* de Pound— sino también en su relación con el entorno social, espacial, histórico. Para un limeño, parece decirnos, es más fácil aclimatarse a París que al interior del país, cosa que vale para casi todas las grandes capitales americanas: asumir ese viaje hacia dentro se volvía, paradójicamente, una actitud de avanzada. Era la determinación de lo que estaba por hacer: el gran poema sobre Perú, incluida la pregunta misma acerca de cómo escribir el gran poema sobre el Perú sin exhortaciones a lo declamatorio.

Hora Zero empezó con aquellas «Palabras urgentes» que, además de declarar las «ágiles ruinas» y los «valores enclenques», decretaban la nulidad de todo lo escrito hasta entonces en el país, con excepción de César Vallejo. Convergían ahí la arrogancia y la candidez que suele ser divisa de los jóvenes cuya obra es, aún, solo proyecto, junto con la pretensión de hacerlo todo de nuevo; y la férrea inclinación del poeta americano al adanismo, a borrar los nombres mal puestos para corregir el error. Pero en 1970 habían pasado casi cincuenta años desde la publicación de *Trilce* o de *5 metros de poemas* de Oquendo de Amat; la vanguardia solo podía existir como algo tardío, a destiempo, como una urgencia que volvía, cíclicamente, a pedir respuestas.

No es difícil entender el encuentro de *Hora Zero* con los impertinentes mexicanos (y chilenos en México) que impulsaron el infrarrealismo, cuyo manifiesto, escrito por Roberto Bolaño, se abría con una exhortación: «Déjenlo todo, nuevamente». La palabra decisiva aquí es la última: no solo porque manifiesta la consciencia de que la consigna no es original (nada podía ser original en 1976) sino porque agrega un matiz de duda e ironía a su propia ansiedad. Ya se sabe: lo que se repite trae un acento farsesco. Y, de hecho, una cierta cuota de bufonería está presente en varios de los poetas de esas últimas vanguardias: en Mario Santiago, en sus patéticos aspavientos a lo Rimbaud; en algunas composiciones de Manuel Morales, con su giro neopopular. Este es uno de los favoritos de Tulio Mora, quien ha repetido en varias ocasiones su admiración por esa coplilla que empieza «Si tienes un amigo que toca tambor / cuídalo, es más que un consejo, cuídalo. / Porque ahora ya nadie toca tambor, / más aún, ya nadie tiene un amigo».

El prólogo que Mora escribió años más tarde para *Trapos líricos* (2018) de Manuel Morales aporta, precisamente, un inesperado horizonte para la lectura de su propia obra. Con el fin de contar la historia de su amistad con Morales, Mora inserta un breve excurso autobiográfico donde cuenta su conocimiento del interior de Perú, el país ajeno y alejado de la capital: tan alejado que no parece solo otro país sino otro mundo, o un estrato de tiempo incongruente con la idea que nos hacemos acerca del mundo occidental a finales del siglo xx. El régimen de Velasco Alvarado (1968-1975), un experimento singular incluso dentro de ese laboratorio de extravagancias políticas que es América Latina, está en el trasfondo de ese trayecto: «De todos los trabajos que he tenido en mi vida, ninguno ha sido más reconfortante que el que me tocó desempeñar en la oficina de Apoyo a las Comunidades Nativas de la Selva, SINAMOS, entre 1972 y 1975», escribe Mora. Y agrega: «Teníamos que viajar por todas las comunidades con un mapa vacío, como en la época heroica de los grandes viajes al fabuloso El Dorado, para anotar la ubicación de los poblados, el número de habitantes y otros detalles socioeconómicos que hicieran la diferencia (o las coincidencias) entre 42 grupos etnolingüísticos». Tenía por entonces veinticinco años y, a tenor de su relato, pasa sin estaciones intermedias de las juergas alcohólico-poéticas de las tabernas limeñas a buscar en la Amazonia a grupos nativos de los que apenas se tenían noticias, pues el régimen se proponía, a través del SINAMOS, censarlos para darles la ciudadanía y legalizar la posesión de sus tierras. Sin el encuentro con ese «mapa vacío», con la escala que ese desfase implica, es imposible calibrar con justeza el proyecto de Mora. Es el tipo de cosas que, treinta años antes, habían llevado a algunos escritores americanos —Carpentier, Asturias, Uslar Pietri— a razonar lo «real maravilloso americano» en sus diversas modulaciones. Pero a Mora no le interesaba la renovada exaltación del color local como acontecimiento estético, la proclama de quien ha descubierto que la lógica occidental es inoperante para comprender a América Latina, que aquello que es esfuerzo de la imaginación en Europa es realidad al otro lado del Atlántico: «Abre [el latinoamericano] la gran crónica de Bernal Díaz del Castillo y se encuentra con el único libro de caballería real y fidedigno que se haya escrito», escribió Carpentier. La aproximación de Mora es distinta: «Este es el hecho que me llena de orgullo, como ninguna otra cosa [...], porque formé parte de una pequeña legión de funcionarios públicos que se adentró en las profundidades de los bosques atravesados por cientos de ríos (cito entre los más grandes al Utcubamba, Marañón, Santiago, Napo, Tigre, Amazonas, Putumayo, Purús, Pastaza, Yavarí, Ucayali, Pachitea, Huallaga) para contactar con todos los grupos etnolingüísticos y cumplir con la decisión que había tomado el gobierno. El descubrimiento de un mundo absolutamente desconocido para la sociedad criolla llenó mis cuadernos de apuntes —de mitos, costumbres, paisajes—, que luego complementé con la consulta de libros, entrevistas a cientos de nativos, todo lo cual me sirvió para escribir mi primer libro, *Mitología*, en 1974, que se publicaría tres años después».

Mitología es el registro sincrónico del poeta etnólogo, acaso la respuesta americana al gran antropólogo-poeta del siglo xx, Lévi-Strauss y sus *Tristes trópicos* (1955). *Cementerio general*, en cambio, es el orden diacrónico. Por eso *Cementerio...* parece un libro ajeno a la división entre historia y poesía si es verdad que, según la *Poética* de Aristóteles, «la historia trata de lo particular y la poesía de lo universal» y «la distinción entre el historiador y el poeta no consiste en que uno escriba en prosa y el otro en verso [...] sino en que uno relata lo que ha sucedido y el otro lo que podría haber sucedido». Mora declaró, en la mencionada entrevista con Forgues, haberse documentado en la ingente bibliografía sobre los personajes que hablan en su libro, y hasta dice haber contratado a un bibliotecario para que lo ayudara en esa labor. Es un poema documental o, al menos, documentado. ¿Es un poema único o es una suma de lápidas imaginarias? ¿Es una *antología*, como la de Spoon River de Edgar Lee Masters, o un *Mausoleo*, como el de Enzensberger?

La primera lápida de *Cementerio general* corresponde a la cueva de Pikimachay, ubicada en el departamento de Ayacucho, que, a tenor de lo que señala el encabezamiento, *vivió* durante seis mil años, desde el 20000 al 14000 a.C. Se trata de la cueva donde el arqueólogo estadounidense Richard MacNeish encontró, en la década de 1960, los rastros de los primeros pobladores de Perú, además de huesos de mastodonte. Es el lugar del origen. La primera lápida correspondiente a un humano es para la ñusta Curi Ocllo, nacida en la segunda mitad del siglo xv, hija de Pachacútec Inca Yupanqui, a quien se le atribuye esta canción en quechua: «Como el lirio en el jardín nací, / y así criado fui, / y como llegó mi edad, / envejecí, / y como había de morir, / así me sequé y morí». La canción fue recogida por el humanista y científico Pedro Sarmiento de Gamboa, y Mora la incorpora como estrofa de su poema. En 1953, María Rostworowski, una de las grandes historiadoras de la civilización inca, dedicó a Pachacútec un ensayo clásico, que se menciona en las notas finales de *Cementerio general*.

Según la *Crónica del Perú* de Cieza de León, escrita a mediados del siglo xvi, Curi Ocllo fue arrebatada a su hermano por Gonzalo Pizarro, violada y hecha prisionera, y después asaeteada y arrojada al río como venganza por la matanza de unos emisarios que Francisco Pizarro había enviado a los incas. Curi Ocllo *podría* haber cantado, en algún momento de su martirio, la canción de su padre: entonces, sí, estamos en el ámbito de la poesía. Como en los *Cantos* de Pound, la investigación histórica es la materia, el poema es la forma. Pero, a diferencia de Pound, el archivo de *Cementerio general* es estrictamente peruano. Así empieza el lamento de Curi Ocllo:

> *En una hornacina, construida en la más alta*
> *montaña, de pie y desnuda me expusieron.*
> *El viento laceró mi vientre fofo,*
> *un ave rapiñó mis tetas arrugadas.*
> *Abajo, en la orilla de un lago,*
> *me insultaron los soldados*
> *llamándome estéril y traidora...*

Recortado, montado, construido con materiales heterogéneos como un collage, el poema es una superposición de tiempos, de voces, de entonaciones, de lenguas. Ese es el espesor, el volumen, de *Cementerio general*. ¿Es lo «general» de este título una referencia al *Canto general* de Neruda? Pareciera que sí, en el sentido político del giro que Neruda da a su obra desde la *Tercera residencia* y que adquiere su forma más contundente en el *Canto...* Seguramente no, en el tipo de entonación: Neruda es el poeta profeta que promete, por el poder de su voz, redimir a su paso no solo el presente sino también el pasado: «Yo te interrogo, sal de los caminos, / muéstrame la cuchara, déjame, arquitectura, / roer con un palito los estambres de piedra, / subir todos los escalones del aire hasta el vacío, / rascar la entraña hasta tocar el hombre». Mora no tiene palitos ni cuchara: se diría que confía más en la solidez del archivo que en la de los escalones de aire. No sube tan alto como para perder de vista el suelo, no pretende abarcar el continente entero, ni siquiera la columna andina, la de la vieja América nativa. Con Perú le basta y sobra: a lo largo de su historia y a lo ancho de su grandiosa angustia, ahí donde —en otro libro, *Oración frente a un plato de col*— decía: «El deber más criminal de un peruano es ser poeta». Y sentenciaba: «Contra esa maldición inevitable de haber nacido en el Perú / César Vallejo se quedaría a vivir entre nosotros». Los 77 poemas que componen *Cementerio general* parecen un homenaje implícito a Vallejo: *Trilce* se compone de ese mismo número de fragmentos.

No se debe invocar a la ligera el nombre de Vallejo, para quien el espesor estaba en la falta, en el no saber acerca de los «golpes en la vida...», como en el primer verso de *Los heraldos negros*. El libro de Mora sería, desde este punto de vista, el *Cementerio* al que repatriar el cuerpo vallejiano, hecho de ofertorios facundos y de aceite fúnereo, que sin embargo no tiene su lápida aquí, acaso porque sobrevuela el entero catálogo, como un murciélago el camposanto al atardecer, como un estruendo mudo. Mora lo dijo en la «Introducción» a *Los broches mayores del sonido*, la antología de los horazerianos (que es vallejiana desde ese título, una cita tomada de *Trilce*): «Su palabra te deja sin aliento (sin voz)». Y también: «Este es el país de las grandes oportunidades perdidas y a sus mejores hombres los asalta la muerte prematura». Sin olvidar que en aquellas «Palabras urgentes» escritas por Ramírez Ruiz y Pimentel se declaraba: «La poesía en el Perú después de Vallejo sólo ha sido un hábil remedo, trasplante de otras literaturas». Era clara la inflexión nacional de ese último estertor del impulso vanguardista latinoamericano. Existió, al mismo tiempo, una red que Mora historia y resume en *Hora Zero/Infrarrealismo: la última vanguardia* (2016). Hasta llegó a haber, mediante los miembros del grupo que emigraron a Europa, un Hora Zero Internacional. Esto sucedía hacia mediados de los años setenta; casi al mismo tiempo, empezaba a gestarse otra red, la última que abarcó todo el subcontinente entero: la del neobarroco, muy activa por lo menos hasta la década de 1990.

Doble movimiento del poeta latinoamericano. De un lado, considerar su nacionalidad como una maldición: el «horroroso Chile» de Enrique Lihn, el «y bueno soy argentino» de César Fernández Moreno, la «maldita circunstancia del agua por todas partes» de Virgilio Piñera, el «Lima la horrible» y «dormida en su arcadia colonial» de Sebastián Salazar Bondy, el Perú en que «lo atípico quiso volverse norma» de Mora. Del otro, encarnar la nacionalidad, darle la palabra, hacerla explícita. Mora extiende la prosopopeya al monólogo de cada tumba de su *Cementerio*. Túpac Amaru, por ejemplo:

> *Qué decir de sus sospechas,*
> *siempre irreprochables, al implicar*
> *en la forma torturada*
> *una metáfora de culpas nacionales*
> *(el equilibrio entre mi cuerpo indivisible*
> *y el verdugo que quiere fragmentarlo,*
> *¿no evoca el equilibrio suicida del Perú,*
> *su imposible armonía?).*

La imposible armonía, también, de esa Lima que (en boca de Ernesto Sánchez Silva, alias Poncho Negro, un precursor de la ocupación de terreno en los suburbios de la capital por parte de la población andina emigrada) «creció, pero no como previó el alcalde, / con inmigrantes europeos, sino como previeron los hambrientos». Son los que «llegaban de los desiertos de la puna / para invadir los desiertos de la luna / en pleistocénicas olas migratorias, / perseverantes en las mismas perseverancias: / tener un sitio y picar las migajas del festín». En el *Cementerio general* no solo están las tumbas de la alta historia peruana, la que se estudia en las aulas y se representa en los retratos de los edificios públicos, sino también las de personajes populares, incluidas sus hablas, incómodas para la normativa: las palabras en quechua, que se incorporan como un apunte del natural, como parte de la lengua hablada en Perú. Nuevamente, destino del poeta latinoamericano: apartarse de lo canónico para ser verosímil, asumir la diglosia del habla en el proyecto del gran poema de las voces vivas y muertas. Un canto a lo sublime que les fue dado a nuestras patrias: la altura de las ambiciones, la grandilocuencia del pundonor y el dolor de la dura caída. Un *genio* del narcotráfico, que obró el pasaje «de la polvera ejecutiva / al consumo horizontal / sin bad-landing ni agregados bamba»: tales nuestros héroes, que hoy en día las series de las plataformas audiovisuales convierten en prohombres de la vileza.

Hora Zero aparece como una emergencia estética en que la ambición formal se encuentra con la palabra viva, no necesariamente literaria, no previamente investida de prestigio poético; una poética en que la obra personal fuera a la vez la cristalización de una política. No como proclama o invitación al levantamiento, sino como reflejo de un cuadro dinámico, del que el poema emergía como fenómeno denso, como símbolo. Con modulaciones diversas, voces semejantes se dieron en otras latitudes: en el *Manifiesto* de Nicanor Parra y en la «situación irregular» de Enrique Lihn; en los coloquialistas argentinos, con sus distintos registros, como en la apelación a la música popular en *Gotán* de Juan Gelman o en la *Insurrección solitaria* de Carlos Martínez

Rivas, o en la arriesgada operación de Leónidas Lamborghini con *La razón de mi vida* de Eva Perón. Por eso *Hora Zero* no tuvo —solamente— la fulgurante velocidad de los *ismos* juveniles. Abrió una senda que, en los prólogos a las antologías (*Los broches mayores del sonido* y *Hora Zero-Infrarrealismo: la última vanguardia*), Mora razona y proyecta, a treinta años de distancia de su eclosión. Al referirse a la voluntad del «poema integral» propia de los horazerianos, anota: «Era la cuarta vez en el curso del siglo que se exhortaba desde la literatura al reconocimiento de la pluralidad desgarrada del cuerpo social». Antes lo habían reclamado, entre otros, Mariátegui en los *Siete ensayos de interpretación del alma peruana* y Arguedas en *Todas las sangres* y en su novela póstuma e inconclusa, *El zorro de arriba y el zorro de abajo*, contemporánea de la eclosión de *Hora Zero*.

A diferencia de los novelistas que, desde los años cincuenta, rechazaron el indigenismo para buscar formas universales y no rústicas de reflejar la esencia del fracaso latinoamericano, los poetas de los setenta parecen recoger el valor de aquella indagación: en algún momento, Mora habla de «el gran Ciro Alegría» (más el de *La serpiente de oro* que el de *El mundo es ancho y ajeno*). Lo cierto es que la aspiración al «poema integral», a la composición que aúne y agote su materia, es en sí misma una tradición americana: la funda Whitman en *Leaves of Grass*, la intenta Lugones en las *Odas seculares*, Neruda en el *Canto general*, Juan L. Ortiz en *El Gualeguay*, William Carlos Williams en *Paterson*, Zurita en su libro homónimo. Son grandiosas modulaciones de la imposibilidad histórica de América de escribir su gran poema épico definitorio de una nacionalidad y de una lengua nacional; porque la modernidad —conseguida o fallida— es ya incompatible con las epopeyas medievales según el modelo europeo.

Cementerio general es un ambicioso ordenamiento paratáctico —simultáneo, coordinado— de la historia como presente, del origen como algo que, lejos de yacer en un remoto pasado, reaparece ante la vista en forma de interrogación actual. A la vez monumental y fantasmagórico como un camposanto, pero con

la visible voluntad de lo demostrativo: desde el prócer al bandi-
do. Como un coro en que cantara una voz por vez: frente a la
presencia muda de los otros, para mostrar su pertenencia y su
diferencia, potencialidad y fracaso; y sin embargo, y por qué no,
también la esperanza.

16

ARTURO CARRERA, EL POEMA *POTLATCH*

Potlatch (2004) es una espira en la figura con que Carrera hace lírica su novela familiar, casi desde el principio de su obra, al menos desde *Arturo y yo*, publicada veinte años antes. En *Potlatch*, el tiempo de la infancia en Pringles —el pueblo natal de Carrera, en el sur de la provincia de Buenos Aires— se recupera a través de las monedas y de su valor atesorado en la memoria: una nueva numismática de la memoria. Lo familiar es, agrandando solo un poco la escala, también lo nacional, puesto que los emblemas del recuerdo denominan una comunidad de signos: las nanas cantadas por las abuelas; el libro escolar («*chuño moñito pañal* / pañuelo *araña* ñandú»); la revista *Billiken*, muy popular entre los niños argentinos de los años cincuenta y sesenta; las figuritas compradas por un centavo, humilde y voluptuoso malgasto del niño provinciano; el chocolate Jack; la libreta de la Caja Nacional de Ahorro Postal; el ratoncito Pérez que amoneda el diente caído; las efigies en la cara de las monedas que son, al mismo tiempo, los próceres y lugares de la gloria patriótica (San Martín, Belgrano, la Casita de Tucumán), cuyas gestas se aprendían en el aula.

Las partes del libro, que se hilvanan como «datas», son *collages* de voces, de testimonios fragmentarios, de anécdotas oídas al azar que se convierten, así yuxtapuestas, en un trabajo de campo centrífugo sobre la percepción infantil del dinero. Con la inquietud que pulsa detrás de los diversos cambios de denominación de la moneda y que son trasunto de una idiosincrasia de la inflación: peso, peso ley, australes, peso convertible, peso de nuevo. El cuento «El Zahir», incluido en *El Aleph*, es una paradoja acerca de una moneda única, sustraída a su función de signo en beneficio de su valor material; ahí se lee: «Aún, siquiera parcialmente, soy Borges». Carrera parece responder que él ya era, en su Pringles de la infancia, completamente Arturo.

Nada de ingenuo hay en este regreso a las escenas de la infancia. En la contraportada de la edición original, decía el autor: «Escribo este libro como continuación de los anteriores, donde la serie de tíos, primos, abuelos, padres, abuelas, tías, primas, pequeñas parcas… parecía carecer todavía de esa amalgama de representaciones que une, liga los órdenes que simulan la gran indiferencia de la infancia. Y ese *pega-pega* es el dinero». En esta declaración, Carrera manifiesta un movimiento central en su estrategia: el poema, pleno de momentos intensamente líricos (problemáticamente líricos, por el runrún de ambigüedad que siempre late en ellos), no es una cadena azarosa de emociones recuperadas por la memoria. Sigue, en el arco de su complejo revés narrativo, un programa trazado a lo largo de muchos títulos (*El vespertillo de las parcas* [1997], *Children's Corner* [1999], *Tratado de las sensaciones* [2002], *Carpe diem* [2003], *Noche y día* [2005]) y que, lejos de ocultarlas, anuncia sus claves. En este caso, solapada con la referencia freudiana (lo excrementicio unido, en la neurosis infantil, a lo crematístico, que Freud puso de manifiesto en una famosa carta a Wilhelm Fliess), evidente en «Segunda moneda»: «Mientras yo pensaba: son monedas / tengo en el culo un monedero / lleno de monedas. Podré tomar / mil helados…») está la elocuencia del título, que refiere a dos trabajos de Georges Bataille: *La notion de dépense* (1939) y, sobre todo, *La part maudite* (1949). Siguiendo, a su vez, el trabajo del etnólogo Marcel Mauss sobre los ritos de pueblos indígenas del Pacífico norteamericano, Bataille propuso el consumo como gasto que se agota en sí mismo, improductivo, dilapidado; una negación de la economía, en el que no hay intercambio sino don, y donde rige esa «parte maldita» que no puede cuantificarse ni anularse. En ese derroche, la economía de los bienes se calca de la libidinal: es el lugar del goce infantil y también del poema, si la poesía forma parte, asimismo, del gasto improductivo, de la pura pérdida del *potlatch*. Un lujo imprescindible. Pero no como contenido «ilustrado» en la escritura sino como operación en que el poema alcanza su posición propia, en la fijeza de su siempre estimulante problematización artística. El oído de Carrera busca, entre los murmullos, el verdadero hilo por donde remonta la espiral de la voz.

17

TAMARA KAMENSZAIN:
EL NOMBRE, EL ECO, LA SUSPENSIÓN

Desde el principio la poesía está unida a la muerte, a los muertos. A unos pocos héroes y a algunos poetas —Orfeo, Dante— se les consiente ir y volver del lugar del que nadie más regresa. Hay una convergencia entre el lugar del poema y el de la muerte. Puesto que, como contracara de la idea musical de la poesía, es decir, la del poeta que presta su voz al canto imperativo de la musa, está, desde el origen, el poema como aquello que debe ir a buscarse y que solo se conquista superando pruebas muy difíciles. Lo que iba a llamarse «trovar», según Agamben, no es sino ese «encuentro» de la palabra poética al otro lado de los peligros que su consecución supone. Petrarca codificó para la modernidad la fusión definitiva de poesía lírica y muerte: ese verso en el primer soneto del *Canzoniere* —*Quand'era in parte altr'uom da quel ch'i' sono*— anuncia la división de la vida, y del libro, en un antes y un después de la pérdida, de la experiencia de la muerte del ser amado como «madre» de la vida adulta. La muerte de la amada no es para Petrarca el final de su cancionero sino, al contrario, el eje, lo que divide y ordena la trayectoria. La muerte no es el tema: es el acontecimiento fundante, que da forma al libro de una vida.

En *El eco de mi madre* (2010), Kamenszain suelda ese antes y después en un durante, la duración del continuo hacia lo que se disuelve y cristaliza en la memoria. El libro es el registro de la agonía en el doble sentido de congoja para la poeta y tránsito hacia la muerte del ser amado. La muerte no es, como para las

doncellas Beatrice y Laura, y para sus cantores sublimes ni si-
quiera como para el Manrique que nos invita a glorificar la fama
de su padre en la *Coplas*, una garra súbita y metafísica que arranca
la flor de la vida o de la gloria: es la decrepitud, el alzhéimer, la
pendiente tangible, física, hacia el abismo. Es la transición del
sentido hacia el vacío, la escisión que se abre entre el presente
y lo presente: entre lo que está y, a la vez, va dejando de ser.
Alzhéimer que contiene el hogar, la casa familiar: el *heym*, en
yidis (*heim*, en alemán).* Pero también el sanatorio, el asilo: el
unheimlich, lo que proviene de fuera de la casa. El lugar al que
siempre se vuelve: el de los «pañales y mortaja» de Quevedo, el
de las «presentes sucesiones de difunto». De ahí el primer verso:
«No puedo narrar». Porque el poema está, nace para hacerse
cargo de lo inenarrable, del balbuceo, del quedarse sin palabras, de
lo que funda sentido a condición de quedar fuera de él, incluso
del silencio: «ella no habla yo dejo de decir lo que decía / la
dejo que no diga para no avergonzarla». Lo que ella, la madre,
no dice, no puede ser dicho por la hija: solo puede rodearse de
un silencio que tiene la modulación de lo no dicho.

Solo el poema aparece en la estela de una lengua escondida
hasta (casi) el olvido, algo parecido a un origen que se recupera,
como momentáneo destello, hacia el futuro: «la neurona del
idisch se posa dulce sobre tus labios / y todo lo que nunca enten-
dí en ese idioma / lo repito con vos viejita, y me queda claro». Lo
no entendido se presenta («se posa», «lo repito») en la inminen-
cia de la muerte. Destino de los argentinos hijos de inmigrantes:
no entender la lengua materna sino como afecto. Lo inefable se
cifra en el verso de César Vallejo que Kamenszain elige como
acápite: «Hay golpes en la vida tan fuertes… yo no sé». El gol-
pe que interrumpe el discurso, rompe la sintaxis, colapsa el saber.
Eso que no se sabe o que se sabe en la medida en que no puede
decirse, el dolor de la pérdida, la muerte que avanza sobre la
vida borrando las palabras, «y ella, analfabeta reciente, se pro-
tege bien / poniéndonos a nosotras a cubrir su revés». La narra-

---

*   Debo esta observación a José Kozer.

ción imposible sucedería en el pasado («¿Qué pretérito me serviría / si mi madre ya no me teje más?») mientras que el poema se enuncia en el presente. Roman Jakobson, retomando a los románticos alemanes (Jean Paul, Schelling), afirmó que el poema lírico es el género del presente, en oposición al épico, que sucede siempre en el pasado. El «eco» que el título del libro anuncia viene de su misma esencia transicional, agónica, presente, entre la vida y la muerte; y de la imposibilidad, ahí, de no romper la fluidez del discurso con la repetición de su propia negatividad: «yo no sé… yo no sé… yo no sé…». El eco de ese yo, doble negatividad: Narciso, figura tutelar de la poesía lírica, es amado hasta la locura por la ninfa Eco, condenada a repetir siempre la última palabra de su interlocutor.

El golpe que recorre *El eco de mi madre* es ajeno a lo trágico: nada más natural que cuidar de la madre enferma, que velar a la madre muerta. Sobre todo para una persona adulta, que traza, en torno a esa agonía, un eje de filiación compuesto por tres mujeres: la que escribe, la dedicataria, que es la hermana (el vínculo horizontal), y la madre (el vertical). También, las otras poetas —todas mujeres— que acompañaron hasta la muerte a madres o compañeras y dieron testimonio de ello, y a quienes van dedicadas las piezas que componen el libro: Lucía Laragione, Coral Bracho, Sylvia Molloy, Diamela Eltit. Al final, empero, como en un tiempo invertido, aparece el capítulo trágico: el hermano muerto en la infancia, a los tres años, y la primera complicidad con la madre: «Ya la acompañé a morir una vez / pero hay otra». Aquella momentánea bajada al infierno es recuperada ahora por la definitiva. Como el yidis, el hermano muerto es un secreto casi del todo olvidado que vuelve, convocado por el eco de la muerte de la madre. Difícil no evocar, a lo largo de este cancionero de Kamenszain, a los supervivientes muertos en vida, los fantasmas que recorren los cuentos de Isaac B. Singer; y el sutil sentido del humor con que Singer los muestra, casi dulces en su dolor insoportable.

Esta intensidad de la experiencia de la pérdida se asocia a la negatividad de la enunciación del poema en su indeterminado «yo» que no sabe; un «yo» que es, en varios pasajes del libro, la madre y la hija a la vez. Cosa que se acentúa en la notable tensión clásica del verso de Kamenszain. Los signos de puntuación son casi inexistentes porque el propio ritmo los vuelve superfluos; pero no al modo torrencial de los surrealistas sino con la respiración del período como unidad de pensamiento, de ese saber acerca del «yo no sé». Tendido entre dos mundos: uno en el que se habita, otro del que no se vuelve, pero del que se debe escribir como intento de diferir la muerte y de retener la memoria de los muertos. Sin dejar nunca el tono conversacional, el poema es la decantación de un decir meditado. De ese preciso trabajo depende que el eco quede resonando y que no se apague.

El libro de Tamar (2018) es, a despecho de su brevedad, un compendio de varios libros superpuestos. Empecemos por el más evidente: un relato autobiográfico que parte de una inesperada vuelta de tuerca al recurso tradicional del manuscrito encontrado. En julio de 2000, Héctor Libertella —recién separado de Tamara Kamenszain tras más de veinte años de matrimonio y dos hijos— le hace llegar un poema escrito a máquina, construido como un juego de anagramas a partir del nombre de ella reducido a su versión bíblica: Tamar. En la nota manuscrita que lo encabezaba, y que el libro reproduce, Libertella se muestra sorprendido por «la cantidad de bolsones semánticos» que pueden esconder esas cinco letras. Ese documento no llega por correo sino que es misteriosamente (novelescamente) deslizado por debajo de la puerta del apartamento de Kamenszain. La poeta cuenta que, en aquel momento, no pudo entender el juego: «Yo esperaba de mi exmarido algún mensaje contundente del tipo "te extraño", "volvamos", "estoy dispuesto a cambiar", etc.». El hecho es que Kamenszain, según cuenta, se olvidó del papel. Hicieron falta quince años hasta que lo encontró en un cajón y se dispuso a descifrar su sentido.

El libro es la bitácora de esa exégesis, a la vez privada —porque para entender hay que desarrollar, como quien resuelve un teorema— y pública: un tardío y póstumo ajuste de cuentas, homenaje, reconstrucción de una memoria generacional. Libertella (1945-2006) fue novelista, ensayista y editor; impulsor, en los años setenta, de *Literal*, revista mediante la cual Jacques Lacan se imbricó en la cultura y el léxico de una generación neobarroca de escritores argentinos, con consignas como «la literatura es posible porque la realidad es imposible». Pero Libertella nunca había escrito poesía; la poeta era Tamara.

El libro de Tamar puede leerse además como un ensayo de interpretación acerca de qué es y cómo funciona un matrimonio de escritores. Kamenszain y Libertella aparecen, en este aspecto, en una serie contemporánea, de la que formaron parte parejas cercanas, como Ricardo Piglia y Josefina Ludmer, y otras conocidas a través de los libros, como Julia Kristeva y Philippe Sollers, o Sylvia Plath y Ted Hughes. Kamenszain, como ya se ha visto en las dedicatorias de *El eco de mi madre*, siempre fue proclive a hacer series, alianzas, interlocuciones, a meter el poema en un diálogo que lo antecede y lo prolonga. Y otra serie más: la que forma con *Mi libro enterrado* (2013), el testimonio sobre los últimos años del padre alcoholizado con que se dio a conocer como escritor Mauro Libertella, hijo de Tamara y Héctor. Y aún otra: la que afirma la renovada presencia de Héctor Libertella, que ya se dejaba ver en el volumen colectivo *El efecto Libertella* (2010), donde le rindieron tributo varios escritores argentinos como César Aira, Martín Kohan y Alan Pauls.

Después de haber reunido su obra bajo el título de *La novela de la poesía* (2012) y de una relación de su psicoanálisis (*El libro de los divanes*, 2014), Tamara Kamenszain fundió, en *El libro de Tamar*, los dos géneros que ha practicado: la poesía y el ensayo (*La edad de la poesía* y *La boca del testimonio*). Poeta es aquella que prefiere, a las variaciones sobre lo que ya sabe hacer, la salida a la intemperie y el asomo al riesgo.

Pocas semanas antes de su muerte, en julio de 2021, apareció *Chicas en tiempos suspendidos*, que Kamenszain fechó en «marzo-diciembre de 2020», es decir, durante el larguísimo confinamiento que rigió en Buenos Aires. No es un diario de la pandemia, aunque está presente «esta cuarentena sin bares»; no es un ensayo, aunque se citan poetas y pensadores; no es poesía lírica, aunque está escrito en verso; no es una narración, aunque uno de sus *leitmotivs* dice: «lo que empezó como poesía / puede terminar como novela». Una insistencia en la línea del título elegido para su poesía reunida. *Chicas en tiempos suspendidos* es, en efecto, una meditación sobre su propia obra, sobre los y las poetas de distintas generaciones que le fueron cercanos (Amelia Biagioni, Cecilia Pavón), sobre las lecturas que vuelven (Emily Dickinson, Neruda, Nicanor Parra, Anne Carson), una reflexión sobre el lenguaje del poema. Cómo denominarse, ¿poetisa, poeta? ¿Antivata, es decir, lo que se opone a la figura masculina del vate?: «Poetisa era noble / hasta que se usó para despreciar / a nuestras propias abuelas». ¿Cómo nombrarse? Para una poeta, ser llamada por el nombre de pila (Delmira, Alfonsina) es un rebajamiento paternalista, por eso ahora ella se recuerda «en mi tonta pretensión de ser Kamenszain y no Tamara». En algunos pasajes parece clara la intuición del final, que sin embargo fue repentino, mediante la evocación de poetas amigos que registraron el ocaso de la vida, como el *Diario de muerte*, de Enrique Lihn, o la producción última de Juana Bignozzi, de quien cita: «llamo soledad a cenar sola en mi ciudad». La añoranza de los bares, cerrados por la pandemia, como lugar de encuentro con los amigos; la cena sola: emblemas de la intensa sociabilidad porteña, a veces deprecada por el dispendio de tiempo, pero cuyo estruendoso silencio aturde cuando falta.

En *Chicas...* convergen también las dos vocaciones de Kamenszain: el poema y el pensamiento del poema. La obra de creación que incluye la reflexión sobre lo que escriben los otros, las otras, sobre todo: las «chicas», en la inflexión rioplatense que incluye todas las edades, desde las que ya no están, como Delmira Agustini o Amelia Biagioni, a las jóvenes que se encuentran en plena producción. Kamenszain se relee y se repiensa: sobre Biagioni y Enrique Lihn ya había escrito en *La edad de la poesía* (1996); sobre Delmira Agustini, en *Historias de amor* (2000). Aunque perteneció a la generación de poetas como Néstor

Perlongher y Arturo Carrera, ambos muy cercanos a ella, y aunque leyó y se impregnó de los pensadores del posestructuralismo (Barthes, Deleuze, Lacan), Kamenszain fue la única que desarrolló una actividad sistemática como ensayista. De Lacan tomó el concepto de «extimidad», con el que analizó, en *Una intimidad inofensiva* (2016), algunas obras destacadas de los poetas que se dieron a conocer en el siglo XXI, «los que escriben con lo que hay».

La idea de tiempo suspendido la toma de los ensayos de Jacques Rancière acerca de la inmovilidad impuesta por la pandemia. Pero suspensión no es supresión, y la meditación de Kamenszain opera por resonancias: las Abuelas de Plaza de Mayo, el activismo político de su juventud en favor de una ley de aborto en Argentina, promulgada en 2020 después de una extensa lucha en la calle y en las instituciones. Las distintas formas del lamento (el «tanguero», el «judío» o aquel «con que suelo tapizar / el diván de mi analista») colorean, con mucho más humor que lágrimas, una cavilación que no parte de respuestas («las mujeres, ya lo dije, / no escribimos para convencer a nadie») sino de preguntas renovadas. Pasados de largo los setenta años, Kamenszain elaboró, en su último libro, un tono meditativo, pero no para despedirse, sino para seguir presente en la conversación de la poesía.

18

TAMARA KAMENSZAIN ESCALA EL MONTE
DE LOS OLIVOS

Tamara Kamenzsain escribe al principio de «Los alcances de la palabra "judío"»:* «Después de 50 años —toda una vida— volví a Jerusalem invitada por la Universidad Hebrea para participar, en marzo de 2017, de un coloquio sobre Alejandra Pizarnik». El artículo es la crónica de esa estadía en Israel, en la que la llegada es el episodio cómico de la aventura. Tras aterrizar en el aeropuerto Ben Gurion, Kamenszain es recogida por un familiar radicado desde hace años en Israel y juntos emprenden el viaje en auto hacia Tel Aviv, donde la poeta iba a quedarse unos días antes del inicio del congreso. El viaje se vio de inmediato detenido en plena autopista porque un piquete impedía el tráfico: «Lo más asombroso —escribe Kamenszain— es que no respondía a una huelga sindical, a alguna protesta estudiantil ni a nada que se les pareciera. Los piqueteros en este caso no eran otros que un grupo de alrededor de 100 judíos ortodoxos de todas las edades que, desde sus pesados atuendos del siglo XIX en Europa del Este, gesticulaban y saltaban portando carteles. Pedían algo que yo no entendía pero que claramente no parecía dirigido a Dios».

Los religiosos protestaban porque el Gobierno israelí amenazaba con quitarles parte del privilegio que los exime de hacer el duro servicio militar a que están obligados todos los demás ciudadanos de ambos sexos. En Israel, los judíos ortodoxos suelen

---

* En la revista *Cuadernos LIRICO*, n.º 19, 2018, <https://journals.openedition.org/lirico/6666>.

apoyar al ala más beligerante de la política estatal en cuanto al expansionismo en Cisjordania; al mismo tiempo, se benefician de su condición de religiosos para eludir la obligación de empuñar las armas. «En vez de pedir trabajo, estos insurgentes pedían no trabajar», dice Tamara; «tanto mi primo como otros conductores de la inmensa fila de autos que se formó atrás nuestro espetaban todo tipo de improperios que no entendí pero que imagino podrían resumirse en el argentinísimo "andá a laburar"». Esos «alcances» aludidos en el título de su artículo empiezan a definirse aquí: una poeta judía argentina que ha olvidado su hebreo —a pesar de que en ese momento está preparando su obra más «bíblica», *El libro de Tamar*— y que vuelve jocosa la situación mirándola desde la índole argentina y «piquetera».

Yo conocía la anécdota porque coincidimos en esas jornadas pizarnikianas, organizadas por Florinda Goldberg en la Universidad Hebrea de Jerusalén. Kamenszain me la contó mientras paseábamos por la ciudad, donde es imposible no encontrarse cada pocos pasos con grupos de ortodoxos en sus trajes de pingüinos jasídicos. Tamara era particularmente intolerante con ellos; se le torcía el gesto con solo verlos. No le gustaba su idea de Israel como Estado confesional; no le gustaba el modo en que se arrogan la propiedad de lo judío y juzgan las otras posibilidades con superioridad y desprecio. No le gustaba la idea de un judaísmo encerrado en la *yeshivá* y en la sinagoga, sino exactamente la contraria: como elemento partícipe de una fórmula integradora, como tradición amistosa de otras y ya inextricablemente enredada con otras. Por encima de la vieja dicotomía colectividad/asimilación, por fuera del mandato de la *aliá*. Por eso le complacía ir a Israel bajo la invocación de Pizarnik, de «esa outsider que me aseguraba que el coloquio no estaría centrado en una temática judía excluyente». Volver «después de toda una vida» era imprescindible y, a la vez, solo era posible de este modo.

El título de su crónica expresa por sí solo una posición muy extendida dentro de la comunidad judía, tanto en Israel como en la diáspora: que existen formas diversas de ser judío, incluso de ser una escritora judía, que no se limitan a la vida religiosa ni a las instituciones comunitarias. En «Los alcances de la palabra "judío"» resuena *Los judíos y las palabras*, el libro que Amos Oz escribió junto a su hija historiadora, donde se lee: «Entre los judíos ortodoxos hoy […] el judaísmo es considerado a menudo como una versión de la *Yiddishkeit*, en el sentido de que uno no puede divorciar la religión de la nacionalidad, ni ambas de las tradiciones y costumbres, ni a estas de las vestimentas, ni la vestimenta de los hábitos, ni los hábitos de la ciega obediencia a los rabinos. De los judíos se espera que sean originales y que no sigan el camino de los gentiles […]. Mientras tanto, ellos van por el mundo con el atuendo de la nobleza polaca del siglo XVII, cantan bellas canciones jasídicas basadas en típicas melodías polacas y bailan extáticas danzas ucranianas». Kamenszain simpatizaba con esta posición, que era la suya, y a la que, creo, solo hubiera agregado: «y organizan piquetes al estilo argentino para no hacer el servicio militar».

Ella prefería el judaísmo como pregunta y no como afirmación agresiva; una buena parte de su obra puede leerse como la formulación y reformulación de esa incertidumbre insistente: ¿qué significa ser judío? ¿Qué significa ser una poeta argentina judía? La respuesta, que nunca se llega a formular por completo, había empezado a vislumbrarla al final de aquel primer viaje adolescente, cuando, de regreso a Buenos Aires, «iba intuyendo que era otro modo de volverse ya no israelí pero sí judía». Un modo que marcó su destino.

Tamara me había dicho varias veces: «Algún día nos encontraremos en Jerusalem». El aserto tenía sentido, porque la nuestra era una amistad itinerante. Cuando la conocí yo ya vivía fuera de Argentina. Mi primer libro de poemas salió en los años noventa, y alguien (creo que el propio editor, Víctor Redondo) me dio su dirección postal y se lo mandé. Al tiempo recibí una carta de respuesta, muy generosa. Es dudoso que ese libro inmaduro le hubiera despertado algún entusiasmo. Creo que la carta se debió sobre todo a que Kamenszain tenía una inclinación particular por las y los poetas más jóvenes que ella: le interesaba lo que hacían, como queda patente en su obra ensayística. Particularmente en su última etapa, cuando exploró el concepto lacaniano de «extimidad» para pensar la posición de algunos escritores veinte o treinta años más jóvenes que ella, a los que denominó «los de la intimidad inofensiva».

No era solo un interés social sino que se dedicaba seriamente a leerlos y pensarlos, al contrario del apotegma de que, llegados a la edad madura, los poetas tienden a mostrar desinterés de sus contemporáneos, a quienes prefieren no deberles nada. También parecía sentir una inclinación maternal que la impulsaba a arroparlos, a acompañarlos. Aprendía de ellos y a la vez quería ayudarlos a no cometer errores. Algo juvenil alienta siempre en su poesía: cada uno de sus libros es distinto del anterior, porque prefería la exploración a la consolidación, el perfil de la aprendiz de lo todavía no adquirido al de la profesional de un tono propio. Su tono, como el de las cuerdas de una viola, se tensa o afloja según la clave de cada proyecto.

Si no me equivoco, la amistad que la unió a Juana Bignozzi tras su regreso a Argentina tenía uno de sus nudos en esta alianza con los poetas jóvenes. En lo que a mí respecta, había pasado mucho tiempo desde aquella carta y para entonces nuestra complicidad había crecido, sobre todo en los últimos años, a través de encuentros en Buenos Aires y en Barcelona, y en algunas otras ciudades donde fuimos convocados a representar el papel de poetas o ensayistas argentinos.

Llegué a Jerusalén dos días antes del comienzo del coloquio Pizarnik, con la intención de pasear por la ciudad. Había estado en Israel en mi primera juventud y, aunque varias veces estuve a punto de volver, no lo había hecho desde entonces. Me alojé en un monasterio de Rehavia, un dato que me había dado una colega de la Universidad de Barcelona, mucho más asequible —e interesante— que los caros hoteles de cadenas internacionales. En Rehavia vivieron, en los años treinta, Else Lasker-Schüler, Gershom Scholem y Martin Buber. Pero en mis primeros paseos por las inmediaciones no pude percibir, a pesar de mi excelente disposición, las fantasmagorías de esos escritores venerados sino el barrido del frío viento del desierto colándose por debajo de mi demasiado breve gabán de viajero mediterráneo desprevenido.

Nunca me gustó pasear solo por ciudades que desconozco, así que esperaba ansioso el encuentro con Tamara. Sabía que ella estaba en Tel Aviv, en casa de su primo, y que me llamaría en cuanto llegara a Jerusalén. Y eso hizo a primera hora de la mañana de mi tercer día en la ciudad; le dije que estaba a punto de salir para Yad Vashem y que nos viéramos una hora más tarde en la puerta del complejo. Le pareció buena idea porque el museo, en su monumental configuración actual, no existía la primera vez que ella había estado, y quedó fijada la cita. La vi bajar de un taxi y esquivar autobuses de turistas norteamericanos, mientras yo ya estaba en la cola de la boletería. Hacía más de un año que no nos veíamos; de inmediato empezamos una de esas conversaciones entusiastas que saltan rápidamente de lo trascendente a lo banal, ida y vuelta. Apenas nos dimos cuenta de que, unos minutos más tarde, estábamos en medio del memorial a las víctimas de la Shoá, la más grande empresa de asesinato y exterminio de la historia, en un recorrido de espanto creciente. De pronto nos callamos, no por el prurito de silencio que los museos imponen, sino porque lo que se ve en Yad Vashem, lo que abruma y oprime a través de todos los sentidos, hace olvidar por un buen rato la existencia misma de las palabras. Solo unas horas más tarde, almorzando en un bar árabe del centro de la ciudad, pudimos recuperar la charla.

Recuerdo esos días como atravesados por una energía especial y un poco desenfadada. Creo que Tamara sabía que, con mucha probabilidad, no iba a volver a Israel o al menos no antes de que pasaran otra vez muchos años, y estaba dispuesta a disfrutar de su estancia allí. El programa del coloquio incluía la lectura de un poeta que, años atrás, había sido profesor invitado de la Universidad Hebrea: «Escapémonos a dar una vuelta por el barrio», me dijo. Objeté que nuestra ausencia sería muy notoria; me contestó: «Me da igual, ya lo conozco y es un poeta malo; no tengo ganas de perder el tiempo jugando a las visitas». Salimos a dar ese paseo y, lógicamente, nos perdimos. La Universidad está en el Monte Scopus y, como todo en Jerusalén, contiene y está rodeada por varios estratos de lugares santísimos: el Monte de los Olivos se ve desde las aulas. Pero llegar hasta allá no era sencillo y requería habilidades casi de montañista. Volvimos agotados, atravesando túneles y esquivando colectivos urbanos en el borde de una ruta sin vereda, con una sensación de travesura cumplida. Una situación semejante se dio en varias de las sesiones, donde enseguida chocaron los partidos políticos pizarnikianos: el patético y lacrimógeno frente al que, por el contrario, pretende arrancar a Pizarnik del malditismo y la hermenéutica del suicidio. Tamara era capaz de discutir con encarnizamiento y, a la vez, se lo tomaba un poco a risa.

Volví a verla en Buenos Aires unos meses más tarde, volvimos a intercambiar libros y a hablar de proyectos, a comer empanadas en su casa con Arturo Carrera, Florencia Garramuño, Álvaro Fernández Bravo. Después me escribió para contarme de la pronta aparición de *Chicas en tiempos suspendidos*. Como casi todos sus amigos, particularmente los que vivimos fuera de Argentina, la noticia de su muerte fue repentina y desoladora: no pude decirle cuánto me gustó ese libro, que reformulaba, una vez más, el tono de su escritura. En julio de 2022, a un año de su pérdida, pasó por Barcelona su hijo Mauro Libertella para asistir a un homenaje en Lata Peinada, la librería latinoamericana de la ciudad. Mauro empezó diciendo que no quería hablar de su madre, que su muerte era demasiado reciente, que se limitaría a leer unos versos, y eligió precisamente unos de *Chicas…* que se refieren a los hijos. Pero no pudo terminar, por contener el llanto. Al final, sin embargo, volvieron los recuerdos sentidos y cómicos: nos sobrevolaba el espíritu de Tamara Kamenszain y las modulaciones de su risa, que podía ser dulce y después maligna y las dos cosas a la vez. «… con el fin de decirlo todo / aunque no se entienda nada», escribió en *Eco de mi madre*. Y sin embargo entendemos, seguimos entendiendo.

19

RAÚL ZURITA, EL POEMA ENCARNADO

I

ALTA ABYECCIÓN

En 1975, Zurita se quemó la mejilla con un hierro candente. La foto ampliada de esa cicatriz fue la portada de su primer libro, *Purgatorio* (1979). Después escribió en el segundo, *Anteparaíso* (1982): «Mi mejilla es el cielo estrellado y los lupanares de Chile». Estas pocas palabras daban a esa lesión autoinfligida la entidad de una obra y al poema derivado, la de una écfrasis: el cuerpo del poeta encarna al territorio del país y a todo lo que contiene, desde lo alto e intangible hasta lo abyecto y carnal. En junio de 1982, Zurita hizo reproducir los quince versos de *La vida nueva* en el cielo de Nueva York con cinco aviones;* las fotos, que son a la vez el testimonio y la «escritura» de esa performance aparatosa y efímera, aparecen en varios libros del poeta chileno: quince frases de vapor blanco sobre cielo azul que medían entre siete y nueve kilómetros cada una y con las que inauguraba una veta que su obra sucesiva acrecentó: la desmesura (véanse, si no, las más de setecientas páginas de *Zurita*, 2012). Las anáforas de esos versos, que quieren alcanzar a Dios en su ámbito celeste («Mi Dios es hambre / Mi Dios es nieve / Mi Dios es pampa…»), formulan *in nuce* otra de sus características

---

* La performance puede verse en <https://www.youtube.com/watch?v=l9Wv E9aeJ4o>.

permanentes: la salmodia, el canto paratáctico que anuda sueño y vigilia en una sucesión de gritos murmurados y en una espiral sin fin. ¿Quién es el que define, en lo alto del cielo, a qué equivale su Dios? ¿El Zurita que firma el libro o el personaje Zurita que, en esos libros, es materialización impersonal de un destino chileno, latinoamericano? También hizo escribir en el desierto de Atacama la frase o verso o consigna «Ni pena ni miedo»; la inscripción mide más de tres kilómetros y solo es legible desde el aire. En *Anteparaíso*, Zurita incluyó además los gráficos de unos electroencefalogramas dispuestos como si fueran versos.

Cicatrices como tachaduras de una página rugosa (la piel), falsos silogismos, el desierto como invitación a la caligrafía megalómana, la escritura celeste con procedimientos que ya había usado la publicidad (los aviones a chorro), gramática dislocada: desde finales de los cincuenta, la escritura era concepto central de la semiótica, la filosofía, el psicoanálisis: Barthes (*El grado cero de la escritura*), Lacan (*La instancia de la letra*), Derrida (*La escritura y la diferencia*) habían participado de un debate que, en los setenta, estaba todavía en pleno auge. Zurita incide de una forma inesperada y contundente: mostrando con sangre, con gasolina o con topadoras la materialidad de la letra y su carácter carnal, opaco. Formas de extrañar la textura del discurso: susurros, heridas, gráficos en lugar de palabras argumentativas en libros publicados bajo una dictadura criminal y vengativa. Leemos en *Purgatorio*, «A las inmaculadas llanuras»:

> *i. Dejemos pasar el infinito del Desierto de Atacama*
> *ii. Dejemos pasar la esterilidad de estos desiertos [...]*
> *iii. Yo mismo seré entonces una Plegaria encontrada en el camino*
> *iv. Yo mismo seré las piernas abiertas de mi madre.*

Esta disposición en forma de silogismo, cuyo contenido niega toda ilación deductiva, es una deriva evidente de *La nueva novela* de Juan Luis Martínez (1977), un libro tan raro como determinante: «a. A través de su canto los pájaros / comunican una comunicación / en la que dicen que no dicen nada». Momento en que la exposición discursiva se disloca y cierra sobre sí misma, en que la única inscripción verdadera parece realizarse sobre el cuerpo, como en «La colonia penitenciaria» de Kafka. Formas de negatividad que coinciden, en el tiempo, con el auge del neobarroco latinoamericano: varios poemas de Zurita aparecen, en efecto, en una de las antologías tardías (y canónicas) de ese movimiento, *Medusario* (1996), preparada por Roberto Echavarren, Jacobo Sefamí y José Kozer.

La mayor proximidad de este primer Zurita, visto desde hoy, se corresponde con el neobarroco rioplatense, que Néstor Perlongher (nacido tan solo quince días antes que el chileno) llamó «neobarroso»: un encuentro o encontronazo entre la alta tradición y las materias deleznables, entre el oro y el barro. Una mezcla de instrumento lírico y circunstancia política: donde Perlongher vio, por todas partes, los cadáveres que la dictadura argentina había querido esconder (desaparecer), Zurita ve, en su propia cicatriz, los lupanares y el desierto de Chile. Con una peculiaridad: en Zurita, destino e historia conforman la unidad esencial. Al personaje de sus poemas, a ese Zurita que escucha las admoniciones cuasi bíblicas («sácate de la cabeza esos malos pensamientos», «toma a tu mujer y a tu hijo y te largas de inmediato»), se le podrían aplicar, adaptadas a lo latinoamericano, las palabras que Auerbach escribió sobre la *Divina comedia*: con Dante, «también el mito y la leyenda pasaron a formar parte de la historia».

Vale la pena recordar lo que Zurita contestó en una de las ocasiones en que fue interrogado acerca de la presencia de la *Comedia* en su obra: dijo que siempre quiso mantenerse al margen de «la legión de los Pedante Alighieri» y agregó: «Todo texto literario es siempre el resultado de la colisión de esas dos voluntades: la voluntad del poeta y de lo que este desea expresar por medio de la lengua, y la voluntad de lo que la lengua quiere expresar a través de quienes la escriben. Son dos fuerzas opuestas y la lucha es a muerte. Los malos poemas son casi invariablemente aquellos en que se impone la voluntad de quien los escribe, sus emociones privadas, su sentimentalismo, su angustia.

Los grandes poemas, también casi sin excepción, son el resultado de la victoria de la voluntad de la lengua, por eso son impredecibles».

II

EL CUERPO PATRIO

En *Zurita* hay una sección escrita en grandes letras blancas sobre fotos en blanco y negro de los acantilados del Pacífico chileno. ¿Son intentos de conquistar para la poesía el ámbito performativo del arte contemporáneo? ¿Son parte de la manifestación de la poesía y del arte contemporáneos, cuya esencia de poesía y de arte consiste esencialmente en su manifestarse como tales? ¿O se trata más bien de cierta idea de inscripción del cuerpo y sobre el cuerpo? El cuerpo propio y el del planeta, sobre el cielo y sobre el suelo de la «patria», problemática palabra a la que Zurita recurre con una asiduidad que no puede no ser deliberada.

Varios de los títulos más importantes de la obra de Zurita refieren a Dante: *Purgatorio*, el primer libro, de 1979; *Anteparaíso*, que en varios aspectos notorios es el antecedente del monumental *Zurita*, y *La vida nueva* (cuya versión definitiva se publicó en 2018). ¿En qué sentido un poeta chileno de finales del siglo xx y principios del xxi puede remitir al más grande de los poetas europeos, que escribió unos setecientos años antes? Se sabe que Zurita es hijo de italiana emigrada a Chile, y que el italiano es, por lo tanto, una lengua conocida para él desde la infancia. Escisión del poeta americano, una vez más, entre lengua materna y lengua nacional. Pero ¿por qué Dante? ¿Es el poeta latinoamericano a la búsqueda de linaje prestigioso, saqueando la poesía universal sin respetar jerarquías ni orden cronológico? ¿O será que la referencia a la *Comedia* es sobre todo política? El contenido político de la *Comedia* es evidente en la inserción histórica de los personajes condenados en el *Inferno*: nosotros los vemos allí, sufriendo tormentos horribles, aunque curiosamente resulten algo amortiguados por la eternidad en la que habitan. Porque la eternidad inalterable es inasumible para una mente humana, tiene la textura y el carácter deformador de un sueño, como buena parte de la poesía de Zurita, sobre todo la que tiene su eje en la noche del golpe de Estado de Pinochet, en la madrugada del 11 de septiembre de 1973. Los personajes están allí porque el poeta los pone para encontrárselos en su camino. El Dios de la *Comedia* es el propio Dante, así como el demiurgo de *Zurita* es Zurita; a la vez, el poeta es una creación del poema, de modo que no podía existir antes de escribir el libro y, una vez escrito, ya es otro.

Hacia 1920, T. S. Eliot (que también trabajó denodadamente durante años para hacerse digno del influjo dantesco) sostuvo que el poeta de hoy debe mostrar en su obra la actualidad de sus padres literarios, no como cita o alusión sino como resonancia; debe hacer que esas obras del pasado se vuelvan contemporáneas de su tiempo. Casi un siglo más tarde, Agamben sostuvo que contemporáneo es aquel capaz de mirar de frente a su tiempo, de ver sobre todo las sombras, las zonas oscuras. En *Zurita*, el acontecimiento decisivo es el golpe de Estado contra Salvador Allende. Zurita recibe ese golpe en su propio cuerpo: es arrestado y queda detenido en la bodega de un barco, el *Maipo*, atracado en el puerto de Valparaíso. Ya *La vida nueva* contenía un catálogo, una letanía, de las prisiones ilegales en que el gobierno *de facto* hacinó a los presos políticos. Pero *Zurita* convierte lo vivido en símbolo, lo transfigura en una experiencia que ya no es personal, es una pesadilla de la historia, es un infierno que se representa como la alucinación de la «patria» entera en una travesía por la locura, la infamia, la muerte y, hasta cierto punto, el renacimiento.

La ensoñación de *Zurita* no se limita al horror, incluye vastas extensiones en que la fusión con el cuerpo de la patria alcanza una intensidad sublime: por ejemplo, en la sección del libro abarcada por los cantos a los ríos de Chile cada uno de ellos está identificado con un profeta bíblico. O los poemas-sueños dedicados a Akira Kurosawa, interlocutor de un diálogo fantasmagórico sobre la hecatombe y la posibilidad de lo lírico en nuestro tiempo.

III
GENEALOGÍA AMERICANA

«El pasado y el presente se borran, los he colmado, los he agotado, / ahora me dispongo a colmar mi parte de futuro» escribió Whitman en el «Canto a mí mismo». La idea de redención no se reconoce en la reconquista de algo perdido sino en la invención de lo nuevo. La fundación de la poética americana hace explícito el mandato de no prolongar la tradición anterior: no se debe imprimir artificiosamente lo ya hecho sobre un mundo distinto a aquel de donde lo ya hecho había surgido. Una configuración geográfica, lingüística, cultural da lugar a una expresión artística original, no al revés. El primero que lo pensó así fue R. W. Emerson, en un ensayo o programa que tituló, no casualmente, *Naturaleza*: «Las generaciones anteriores miraban cara a cara a Dios y a la naturaleza; nosotros lo hacemos a través de sus ojos. ¿Por qué no habríamos de entablar también nosotros una relación original con el universo? ¿Por qué no habríamos de tener una poesía y una filosofía que sean el fruto de nuestra propia visión y no de la tradición, y una realidad que nos sea revelada a nosotros, en lugar de ser la historia de la revelada a ellos?». Allí «generaciones anteriores» significa Europa; a la vez, aquellos que, en la historia europea, miraron «cara a cara a Dios» forman parte de un pasado que a América le pertenece también por el idioma, pero como fase de la historia cuyo intento de reedición sería filología o manierismo, no poesía viva. Whitman, en importantes pasajes de *Hojas de hierba*, plasma el pensamiento emersoniano incluso mejor que en esa formulación original:

Ha llegado la hora de explicarme, pongámonos de pie.
Me despojo de lo conocido.
Lanzo conmigo a todos los hombres y a todas las mujeres a lo desconocido.
El reloj indica el momento —pero ¿qué indica la eternidad?

Pongámonos de pie, entonces. El poema es la ceremonia posible. Mirar «cara a cara a Dios» —es decir a la naturaleza, pero con nuestros propios ojos— significa, hasta cierto punto, un rechazo de la biblioteca en favor de la experiencia adánica del paisaje: «¡Palabras! ¡Libros de palabras! ¿qué son?» Y, como respuesta, en el «Canto de la tierra que gira» dice Whitman: «No. Esas no son las palabras. / Las palabras sustanciales están en el suelo y en el mar; / están en el aire, están en ti». ¿Quién que haya leído a Zurita no encuentra resonancias de esta proclama en la memoria de su escritura, que recorre los libros, pero no se deja abarcar por ellos? ¿Quién no recuerda el modo en que le habla «cara a cara a Dios» desde el mismo cielo, con la ayuda de varios aviones a reacción? No se trata, claro, de eximir al poeta del saber literario, sino de la emergencia de un tono: el que asume la literatura universal y sale de ella como si se escribiera un poema por primera vez. Esta forma temeraria de la ingenuidad no es una coartada sino una actitud.

Whitman amplió y pulió sus *Hojas de hierba* durante cuarenta años, hasta el lecho de muerte. A nadie como a él parecen convenirle los versos de Yeats en «La maldición de Adán»: «Horas llega un verso a costarnos, / pero si no parece pensado en un instante, / coser y descoser para nada nos vale» (en traducción de Daniel Aguirre).* Quizás el Adán whitmaniano hubiera cambiado «pensado» por «vivido». En el prólogo al primer puñado de *Hojas de hierba* —apenas el germen de lo que el libro llegaría a ser—, de 1855 (solo dos años antes de *Les Fleurs du mal*, lo que llevaría a Eliot a preguntarse si habrá existido alguna otra época que haya producido a la vez hojas y flores tan heterogéneas), Whitman lo dijo con esta claridad: «El poeta americano es encarnación de su geografía, de su naturaleza, de sus ríos y lagos. El Misisipi con sus crecidas anuales y sus cambiantes cascadas, el Misuri y el Columbia y el Ohio y el San Lorenzo, con las suyas, y el hermoso y viril Hudson, no desembocan en el mar más de lo que desembocan en él mismo». Palabra decisiva: «encarnación»; no en el sentido mesiánico sino en cuanto

---

*   *A line will take us hours maybe; / Yet if it does not seem a moment's thought, / Our stitching and unstitching has been naught.*

al destino del poeta americano: encarnar a su país, darle la palabra, unirse con su presente y su destino, ser uno con sus ríos y montañas, acantilados y desiertos, cielos y bosques.

El Misisipi y el Misuri de Whitman valen como el Orinoco, el Amazonas y el Tequendama del *Canto general* de Neruda o «los ríos arrojados» de Zurita. Pero también su historia: sobre lo que hace la naturaleza sin asistencia de la mano humana se imprime lo que el hombre construye (*Hojas de hierba* está lleno de trabajadores de todos los oficios, y también las *Odas elementales* de Neruda) y, después, lo que destruye. En sus grandes derivas latinoamericanas, aquella fundación, creación y disgregación forman parte de un mismo movimiento, como en los estadios de fútbol y las bodegas de los barcos usados como campos ilegales de detención y desaparición por la dictadura de Pinochet. En la noche previa al golpe de Estado la utopía caduca abrupta y definitivamente, se diría que no solo para Chile sino para América Latina entera. Lo que viene es la pesadilla sin vigilia. En *Anteparaíso* hay toda una sección de «Utopías», ese género que América aporta al mundo desde el descubrimiento: utopía como sueño de regeneración y recomienzo. Pero el náufrago de Zurita que llega a las playas de Chile está fulminado por una luz reveladora y desesperada: «Nunca nadie escuchó ruego más ardiente que el de sus labios estrujándose contra sus brazos».

Todos los «Cielos en fuga» pueden leerse como una salmodia en torno de esa noche: una salmodia febril y sin embargo lúcida y a escala de la historia. «Todo eso está en ti», se dice a sí mismo la voz de *La vida nueva*, después de haber pasado por varios de los centros de detención de la dictadura: «Prisión estadio Chile», «Prisión estadio Playa Ancha», «Prisión carguero *Maipo*». Después de haber encarnado a varias de las víctimas de esos centros de represión y asesinato, y también a varios de los antepasados del poeta: «Todo eso está en ti»; y no solo eso, también: «Las salvajes emigraciones de los pájaros y el celeste de la flor abriéndose en su capullo, el instantáneo silencio de la araña en su red, el aleteo rojo de los peces y ese ponto tumultuoso que cruzamos juntos. O somos todo eso o nada; el copo helado sobre la hierba y las hojas movidas por el viento (países, marchas forzadas, ejércitos destruidos, ciudades que ya no existen, son los que pasan silbando entre las hojas)».

Sobre las hojas de hierba pesa ahora el copo helado del mal: la trompeta apocalíptica de estos versos documenta la caída de las promesas de Utopía que sembraron el aire en América Latina en los años sesenta. Hay esa aspiración vertical, andina, de lo chileno. Frente a ese «Sube a nacer conmigo, hermano», que proclama el *Canto general* en el surgimiento de la esperanza revolucionaria, el descenso al infierno de la bodega del Maipo.

En Europa lo que fue naturaleza ya es jardín; en América, la anchura de los bosques, la potencia de los ríos, la extensión de las playas hacen de la naturaleza una fuerza todavía no domada. El poeta la afronta con la sofisticación de un salvaje, en el sentido de Lévi-Strauss, aunque sin sus instrumentos: aquel para quien la naturaleza no es una abstracción, pues cada matiz y cada tono significan algo distinto, y tienen un nombre distinto. Estar pegado al paisaje: acotarlo en su manifestación concreta, como el río Gualeguay o el Paraná en Juan L. Ortiz, para captarla en el desconocimiento, en los intentos fracasados de ceñirla: «Yo no sé nada de ti…», dice al principio de «Al Paraná», el río frente al cual vivía y que veía y miraba todos los días. Zurita prefiere los acantilados del Pacífico, cuya imagen alcanza una entidad icónica. Los acantilados, cuya enormidad los vuelve objeto obsesivo. Victor Hugo le escribe a Louise Colet, desde el exilio en Guernesey: «Si he aquí una hoja en blanco, ¿por qué no escribir una palabra?». Un siglo y medio más tarde, Zurita parece contestarle: para inscribir el poema, mejor los acantilados de Chile.

IV

PALABRA MATERIAL

En la deriva whitmaniana del siglo xx, dice William Carlos Williams en el también sucesivo y acumulativo *Paterson*:

La provincia del poema es el mundo.
cuando el sol sale, sale en el poema
y al ponerse, la oscuridad desciende
y el poema es oscuro.*

No nos hemos apartado mucho de la idea emersoniana de naturaleza. Paterson es la localidad de New Jersey que inspira el poema, al pie de las cataratas que forman el río Passaic. Como las *Odas seculares*, los *Cantos*, el *Canto general*, *El Gualeguay* o *Zurita*, *Paterson* es uno de los variados intentos americanos de agotar poéticamente una materia, de inventariar un paisaje en la extensión del tiempo y del espacio, de lo visible y de aquello que lo visible oculta. Pero Williams, además de ponerse de pie, avanza un paso: ahora «la provincia» que el poema abarca es el mundo donde el sol sale y se pone. La naturaleza y su reflejo en el poema son dos cuerpos completos y vinculados. Emerson, ahora en «El poeta»: «Palabras y hechos son casi modos indiferentes de la energía divina. Palabras son también acciones, y las acciones son una especie de palabras». *Words are also actions*: parece que Emerson hubiera intuido la inflexión performativa del término «acción», si pensamos en palabras escritas en el cielo, en desiertos, en acantilados, incluso en el Zurita lector de sus poemas: ceremonias habituales y anodinas que, con Zurita, se vuelven ocasiones iniciáticas, experiencias modificadoras. Reproduzco aquí parte de su respuesta a una pregunta mía en una conversación que se publicó en la revista *Guaraguao* (n.º 45, 2014):

La poesía es la esperanza de lo que no tiene esperanza, es la posibilidad de lo que no tiene absolutamente ninguna posibilidad, es el amor de lo que no tiene amor, y leer para mí en voz alta es mostrar aquello que contra todo, sin tener ninguna esperanza de ser, fue. Para mí leer y escribir es exactamente lo mismo, quizá la única diferencia es que escribir es una lectura sin público y leer en

---

*   *The province of the poem is the world. / When de sun rises, it rises in the poem / and when it sets darkness comes down / and the poem is dark.*

público es un acto íntimo, es la soledad de tu escritura [...]. La experiencia me destroza, casi no puedo soportarla. Qué diablos, nunca seré un profesional. Una lectura de poesía no tiene una segunda oportunidad, la única diferencia con la escritura es que no tiene corrección.

El lector de Zurita también está solo ante esa forma de lo sublime que es el despliegue de sus cielos en fuga. El lector de Zurita es Zurita si sabe encontrar la sintonía, el tono, una vez más, por el que acceder a tal aventura.

20

NÉSTOR PERLONGHER, DE PARÍS AL AMAZONAS

Desde que rige el régimen que, en 1863, Baudelaire denominó «la modernité», los poetas tienen un abordaje complejo de la prosa. Los críticos que organizaron el sistema de la poesía moderna —Hugo Friedrich en Alemania, Marcel Raymond en Francia, Octavio Paz en América Latina— argumentaron acerca de cómo y por qué surgió y se consolidó el *vers-librisme*. Paz sostiene que «el verso libre es una unidad rítmica» y que su advenimiento supone el triunfo del ritmo sobre el metro: «La irrupción de expresiones prosaicas en el verso —que se inicia con Victor Hugo y Baudelaire— y la adopción del verso libre y el poema en prosa fueron recursos contra la versificación silábica y contra la poesía concebida como discurso rimado»; y «los ensayos de Aloysius Bertrand y de Baudelaire desembocan en la vertiginosa sucesión de visiones de *Las iluminaciones*». Rimbaud es, desde esa perspectiva, una etapa ineludible en la rápida transición del poema en prosa al verso libre: «La prosa deja de ser la servidora de la razón y se vuelve el confidente de la sensibilidad», sentencia Paz.

¿Cómo hablan los poetas cuando hablan de poesía y de lo que rodea a la poesía? ¿Desde qué disciplinas o géneros? Intentaré mostrar, en algunas intervenciones de Néstor Perlongher, el modo en que su posición se ve determinada por el género o la disciplina en que se enmarca cada intervención.

El neobarroco, activo en varios países desde mediados de la década de 1970 hasta bien entrada la década de 1990, fue el último movimiento con una articulación visible y consistente que actuó en la poesía latinoamericana. Comparado con el modernismo por algunos de sus rasgos formales (como «el gusto por lo frívolo, exótico, recargado, la ornamentación, las descripciones exuberantes o de la exuberancia, el cromatismo, las transcripciones pictóricas, las citas y alusiones culteranas», en palabras de Daniel García Helder), el neobarroco constituyó también, como el modernismo, una red transnacional de poetas que se adherían a sus postulados. En este caso, habría que hablar también de principios teóricos, ya que la doctrina neobarroca, formulada desde París por Severo Sarduy («Barroco y neobarroco», 1972) y glosada, con diversos matices, por varios de los poetas que formaron parte del movimiento, como Roberto Echavarren y Néstor Perlongher, tiene notorios cruces con algunos desarrollos del posestructuralismo francés, a los que luego me referiré. Una de las características de la red neobarroca es la posición desplazada de casi todos sus actores principales: Sarduy, cubano en París; Roberto Echavarren, uruguayo en Nueva York; Eduardo Milán, uruguayo en Ciudad de México; Eduardo Espina, uruguayo en Texas; José Kozer, cubano en Nueva York, Málaga y Miami; Reynaldo Jiménez, peruano en Buenos Aires; Gerardo Deniz, nacido en Madrid y radicado en México desde la infancia; curiosamente, el libro neobarroco de la porteña Tamara Kamenszain, *La casa grande* (1986), fue escrito durante su breve exilio en México. La excepción fue Arturo Carrera, que vivió continuamente en Buenos Aires desde finales de los sesenta. Néstor Perlongher, nacido en Avellaneda en 1949, vivió en São Paulo desde 1981 hasta su muerte, en 1992, a los cuarenta y dos años.

Estos desplazamientos tienen, en parte, relación directa con la ola de dictaduras militares que asoló a América Latina desde los golpes de Estado en Uruguay y Chile, en 1973, y en Argentina en 1976. La decisión de Perlongher de abandonar Argentina fue consecuencia de su arresto y procesamiento en 1976, por su militancia en favor de los derechos de los homosexuales, movimiento incipiente por entonces en el Río de la Plata, del que Perlongher fue uno de los pioneros. Los desplazamientos de los poetas del neobarroco respecto de su país de origen abarcaron también al exilio cubano, que empieza poco después de la revolución: Sarduy se marchó a París en 1960 para hacer estudios de posgrado y nunca regresó a Cuba; ese mismo año, José Kozer abandonó La Habana y se radicó en Nueva York, y después en Florida. Otro heredero peculiar de los origenistas y de Lezama Lima, Lorenzo García Vega, vivió en Miami (que aparece en sus libros como «Playa Albina») desde finales de los sesenta. De aquí se deduce otro de los rasgos particulares del neobarroco: fue el único movimiento literario en que los exiliados de las dictaduras militares confluyeron —sin grandes desavenencias visibles— con los disidentes de la revolución cubana.

La complejidad de ese sistema fue, seguramente, el motivo por el cual las antologías oficiales del movimiento se realizaron *a posteriori* o bien obraron como cierre de su auge más que como manifiesto de su eclosión: *Transplatinos. Muestra de poesía rioplatense*, selección y prólogo de Roberto Echavarren, se publicó en México, en 1991; *Medusario. Muestra de poesía latinoamericana*, editada por Roberto Echavarren, José Kozer y Jacobo Sefamí (mexicano radicado en Estados Unidos), con un epílogo de Tamara Kamenszain, apareció, también en México, en 1996. Esta última antología tiene dos prólogos, uno de Echavarren y otro de Perlongher; en este último, mostrando las lecturas francesas que impregnaron al movimiento (lecturas teóricas, filosóficas y psicoanalíticas más que estrictamente poéticas), se razona la acuñación del término «neobarroso» y se lanzan consignas como «a la sedición por la seducción», se habla de una «polifonía polisémica», de una «manera rizomática» y de un «*potlatch* sensual del desperdicio» (donde está implícito el Georges Bataille de *La noción de gasto*, 1967), pero en «el desperdicio de las naderías argentinas», y en el que el pliegue con que Gilles Deleuze había identificado la operación barroca por excelencia (*Le Pli*, 1988) se vuelve un «drapeado».

Pero ¿por qué «neobarroso»? Responde Perlongher: «Estas torsiones de jade en el jadeo sonarían rebuscadas y fútiles [...] en los salones de letras rioplatenses, desconfiados por principio de toda tropicalidad e inclinados a dopar con la ilusión de profundidad la melancolía de las grandes distancias del desarraigo». Rebajamiento o mezcla, deriva del oro al lodo, que, por otra parte, ya había sido enunciada por Quevedo: «Al asiento del alma suba el oro, / No al sepulcro del oro el alma baje, / Ni le compita a Dios su precio el lodo». Y de lo universal a lo doméstico, en el doble sentido de nacional y casero.

Es significativo, en *Medusario*, la apertura hacia el ámbito brasileño y, por tanto, el paso de lo hispano a lo latinoamericano: entre los poetas antologados están Paulo Leminski y Haroldo de Campos. Este, traducido, en parte, por Perlongher, fue el agente fundamental de la convergencia entre neobarroco y poesía concreta brasileña. Por otra parte, Sarduy, en París, hibrida sus doctrinas con las producciones de algunos de los pensadores centrales del posestructuralismo. Entre mediados de la década de 1960 y principios de la siguiente, las especulaciones sobre el Barroco están en el corazón del fundamental *Las palabras y las cosas* de Foucault (1966), y sobrevuelan los seminarios de Lacan (*Encore*, 1972, contiene el capítulo sobre «Du baroque») y los estudios sobre semiología y retórica de Barthes: «Frente a la pobre ironía volteriana, producto narcisista de una lengua demasiado confiada en sí misma, puede imaginarse otra ironía que, a falta de un nombre mejor, llamaríamos barroca, porque juega con las formas y no con los seres, porque amplía el lenguaje en vez de reducirlo». Más tarde, Deleuze publica *Le pli*, estudio sobre el Barroco centrado en Leibniz pero con una importante deriva hacia Mallarmé; poeta que, por otra parte, Lezama Lima y, antes, Alfonso Reyes, habían ubicado como el eslabón entre Góngora y la modernidad en América Latina.

Si volvemos al mapa de los desplazamientos vemos a Sarduy como excepción: es el único de los neobarrocos que se instala en Europa. En esto se diferencian de los novelistas coetáneos, varios de los cuales vivieron en Francia, España o Inglaterra. El caso más explícito de renuncia a Europa fue el de Néstor Perlongher. La crónica sobre el fracaso de su proyecto de hacer un posgrado en la Sorbonne, «Nueve meses en París», publicada póstumamente, se abre de este modo: «En la segunda mitad de 1989, cometí el error (la imprudencia, fascinado cual niña proletaria por las luces benjaminianas de los pasajes de Lutecia) de aceptar, tras arduo trámite, una beca en París». La crónica está dominada por una evidente tesitura burlesca, cómicamente coloquial; doy algunos ejemplos: «[Las francesas llevan] los pescuezos doblados por el peso de los collares. Y se pintan como puertas. Simulan, estoicas, ser muñecas de cera». «Van con unos atuendos inverosímiles. ¡Unos tulcitos! Engominadas hasta la coronilla, andá a saber cuánto laqué se encajan en las castigadas mechas hasta entumecer los lóbulos del cerebelo». «Sabido es que los franceses raramente se bañan. En los museos se atiborran soperas [...], fuentes, esculturas y muros robados en los más exóticos lugares del mundo [...]. Hay, en el Louvre, un cacho enorme de muro afanado prebabilónico. De todo, en fin. Pero bañeras, jamás». «En París se practica un terrorismo de mostrador. Te acercás a la ventanilla [del banco] y ¡zas! ¡te muerden! [...]. En comparación, los argentinos somos corderitos». «Intelectualmente tampoco pasa mucho [...]. El extremo más escandaloso es Baudrillard, suerte de payaso de masas que, por dos o tres veces que la pega, se manda cuarenta mamarrachadas [...] Deleuze, de lejos lo mejor, es absolutamente inabordable [...] Eso es lo que nos pasa, nuestro error: nos fascinamos con personajes que en Francia son absolutamente marginales [...] Los que a nosotros nos gustan, en Francia, son los reventados...». «El gran error de Hitler fue no haber destruido París. Lo único que la humanidad le iba a agradecer, el único buen recuerdo que podría haber dejado no lo dejó [...] ¿Por qué? Porque los soldados alemanes se perdieron en el Metro. [...] ¿Por qué no haber incendiado el Louvre, ese lugar roñoso?»; «... los franceses lo primero que aman es el francés. Es diferente que aquí, en la Argentina a nadie se le ocurriría amar el español». «Y los franceses, para joderle la vida a todo el mundo, han mantenido una lengua arcaica. La ortografía es un arcaísmo histórico. La mayor parte de las letras no se pronuncian [...]. Con las letras que se desechan van amontonando infinitas letanías. De ahí que escriban tanto. En cambio, el español es un idioma infinitamente más moderno, donde la correspondencia entre lo que se dice y lo que se escribe es relativamente alta. Y uno lo simplifica cada vez más. Ellos no: al contrario, lo complican. Cada tres años cambian todo, para que el que no se entere se quede haciendo de boludo».

Al ir a París para comprobar que lo interesante no está allí sino en el país propio, Perlongher retoma una línea moderna (y antimoderna) en la literatura latinoamericana del siglo XX, inaugurada por Miguel Ángel Asturias (que descubre en París el *Popol Vuh* y escribe a continuación las *Leyendas de Guatemala*) y Alejo Carpentier (quien piensa en lo «real maravilloso americano» después de convivir con la vanguardia parisina de los años veinte). Una línea que, sin embargo, no tenía antecedentes en el Río de la Plata, precisamente por lo «barroso», es decir por el escaso espesor histórico de la región. Perlongher va a París para descubrirse resistente al tradicional papanatismo rioplatense respecto de Europa, y habla a la vez desde sus dos nacionalidades, la argentina nativa y la brasileña de adopción: «Ir a un banco brasileño —sábese que los brasileños fingen (imperturbablemente falsos) ser amables a toda costa— es un placer, al lado de ir a un banco francés»; o bien: «Si Brasil es un lugar donde uno no precisa vestirse, ya que el abismo social es tan marcado que con cualquier trapito un sujeto de clase media se vuelve automáticamente un dandy, en Francia […] sucede lo contrario». Se dictamina que el escritor latinoamericano ya no necesita ir a París, puesto que lo mejor del pensamiento francés pertenece al pasado, y el autor que, por compulsión mitomaníaca, es objeto de veneración en Buenos Aires, en París no es más que «un reventado». Todo esto sucede a finales de los ochenta, cuando quedaba ya poco del París efervescente de las dos décadas anteriores, en las que Sarduy se había insertado. Si es verdad que el neobarroco tiene algunos rasgos que pueden recordar al modernismo, podría decirse que Perlongher cierra definitivamente la fascinación tradicional por lo parisino que todavía obraba con fuerza reivindicativa y provocadora en Rubén Darío.

Perlongher tenía cuarenta años cuando escribió esa crónica de tardío estudiante frustrado y ufano de su frustración. Un poco más tarde, en 1992, el mismo año de su muerte, escribió en un tono muy distinto un artículo «La religión de la ayahuasca», sobre el culto conocido como Santo Daime, que se practica con la ingesta del mencionado narcótico. Aunque es evidente que se basa en sus propias experiencias, que marcaron la última etapa de su producción (notoriamente, los poemas de su último libro, *Aguas aéreas*, de 1990), Perlongher escribe ahora como antropólogo y cita a numerosas autoridades: Schultes y Hofmann, Marion Aubrée, Jean-Pierre Chaumeil, Marlene Dobkin, Félix Guattari, Timothy Leary, Vittorio Lanternari, Vera Froes… Perlongher se inserta en la larga serie de poetas y escritores de la modernidad que experimentaron con narcóticos, la que va desde De Quincey y Baudelaire a Henry Michaux, Artaud, Walter Benjamin y William Burroughs. Pero aquí adopta la prosa propia del científico. El asunto ya lo había abordado en otro texto, «Poesía y éxtasis»: «El poeta hace versos que no se entienden. Ello porque instalan el recurso mágico de su resonancia en otro estado de conciencia, en un estado de conciencia cercano al trance en el que se envuelve el que escribe, en el que él escribe y aspira a envolver al que lee, en el que se envuelve (de últimas) el que lee». Esta poética del hermetismo es de raíz mallarmeana y, según William Rowe, puede relacionarse con la idea deleuziana de «representación orgiástica» y con la «experiencia visual producida por la ayahuasca».

Pero en el breve ensayo «La religión de la ayahuasca» habla el antropólogo, no el poeta: «Considerado sagrado y venerado como tal, el potente brebaje, capaz de producir visiones celestes y desplazamientos cósmicos, es de uso inmemorial entre los pueblos de Amazonia Occidental, en territorios hoy pertenecientes a Brasil, Perú, Colombia, Ecuador y Bolivia. Llama la atención la expansión del consumo ritual de ayahuasca primero a las áreas rurales y suburbanas de población mestiza (proceso verificado sobre todo en el Perú) y actualmente al corazón de las grandes ciudades brasileñas. Este pasaje de uso tribal a un uso urbano se realiza, en el Brasil, a través de dos nuevas (aun cuando no incipientes) formaciones religiosas: la União do Vegetal y el Santo Daime».

El mapa de la zona donde se practica la ingesta de ayahuasca y las religiones sincréticas vinculadas a ella es, como se ve, el de la amplia región amazónica, y Perlongher la asocia a una tendencia señalada por Guattari: frente a la «droga solitaria del capitalismo», se distingue «el modo colectivo» del «chamanismo». Sobre esta base, Perlongher agrega: «Lo interesante del Santo Daime es que se trata de una ritualización religiosa moderna de un uso de plantas de poder tenido por primitivo y tradicional. Al irrumpir en las modernas sociedades urbanas, el Santo Daime rasgaría, con la amenaza de la fe divina, el sórdido circuito de la droga. Al mismo tiempo, esta experiencia contemporánea parece iluminar un elemento extático presente, aunque borrado, en la cultura de la droga».

Esta «Iglesia Nativa Americana», que se constituye a finales del siglo XIX, surge del encuentro de «masas desterritorializadas de migrantes provenientes del miserable nordeste brasileño [...] y chamanes (hechiceros) indígenas [...]. Según el relato fundante, Raimundo Irineu Serra, negro del Maranhão —región de fuerte incidencia espiritual afrobrasileña—, tomando la bebida con el peruano Crescencio Pizango, quien la había heredado de los incas, recibe la anunciación de Nuestra Señora de la Concepción, Reina de la Floresta, pero que es también Iemanjá y Oxum, divinidades acuáticas africanas, y todas las formas de la Divina Madre [...]. En la cima de un complejo, rico y proliferante Olimpo nativo —que se permite incluir, al lado de la Virgen María, a Buda, Krishna y hasta Mahoma— se alza el Maestro Juramidam, suprema divinidad forestal; el sincretismo tiene más de simultaneidad que de jerarquía rígida».

La diferencia de tono y de asunto entre la crónica parisina y el breve ensayo sobre la religión de la ayahuasca es significativa: tras la crónica de la caída del fetiche europeo, el poeta argentino efectúa una enérgica reivindicación de un culto popular latinoamericano, practicado en una zona de la que el Río de la Plata *no* forma parte. Perlongher no teoriza acerca de la necesidad de pensar en términos continentales o subcontinentales por encima de las adscripciones nacionales pero practica, en sus últimos años, la escritura de una nueva forma del humanismo en la que el científico no se ubica fuera del objeto de estudio sino que se integra en él, como individuo y como poeta: siguiendo el movimiento que se proclama, forma comunidad con los demás practicantes y con el propio objeto de estudio.

La religiosidad popular latinoamericana suma, en la enumeración de Rubén Darío, la índole nativa, la española y el catolicismo:

> *la América del grande Moctezuma, del Inca,*
> *la América fragante de Cristóbal Colón,*
> *la América católica, la América española,*
> *la América en que dijo el noble Guatemoc:*
> *«Yo no estoy en un lecho de rosas».*

Perlongher aborda otro sincretismo, en el que se amalgaman el ámbito brasileño, el componente afroamericano y la ingesta del narcótico. El gesto es, sin embargo, comparable: la búsqueda de una índole latinoamericana en la que el poeta se agrega a una identidad colectiva; en el caso de Perlongher, en desmedro de la propia posición como poeta, si esta tiene que pasar necesariamente por la experiencia europea. Perlongher, ya cerca de su muerte prematura, parece decir: lo interesante está aquí y es lo nuestro. Todo el resto es literatura.

21

LOS DOS ENEAS PORTEÑOS
DE DANIEL SAMOILOVICH

Frank O'Hara se preguntaba en uno de sus versos más conocidos: «Why I am not a Painter?»: ¿por qué no soy pintor? O'Hara, muerto en un accidente en una playa de Long Island a los cuarenta años, fue el gran amigo de juventud de John Ashbery. Los unía la inclinación por el arte y los separaba la poética de sus respectivas creaciones: la poesía de Ashbery es una gran ola de música mental, un imponente soliloquio de piano verbal; los poemas de O'Hara, en cambio, están vinculados a la vista mucho más que al oído, interno o externo. Se podría establecer un paralelismo entre estas dos poéticas y las de los poetas argentinos nacidos en torno a la mitad del siglo XX que, en los primeros años del siglo XXI, han ido publicando sus obras reunidas: Néstor Perlongher (el primero, ya póstumo), Diana Bellessi, Mirta Rosenberg, Tamara Kamenszain, Arturo Carrera y Daniel Samoilovich. Eso que dio en llamarse «neobarroco» —y luego, «neobarroso»— tiene mucho de música mental o de piano verbal; en tanto que las variadas formas del objetivismo que se opondrían a esa tendencia suelen partir de cosas vistas, de manifestaciones, en todos los sentidos del término.

La poesía neobarroca y la objetivista son derivadas paralelas de las dos poéticas opuestas de la contemporaneidad: la que nace con el simbolismo francés y tiene como emblema el primer verso del «Arte poética» de Verlaine («De la musique avant toute chose»: el poema debe ser música ante todo y estar reñido con la elocuencia) y la que vuelve a la vieja máxima de Horacio (a quien, por cierto, Samoilovich tradujo): «Así la poesía como la pintura»; aunque —el matiz es fundamental— habiendo pasado ya por la ruptura con lo mimético, por la conciencia de esa ruptura. Con *Rusia es el tema. Poemas reunidos 1973-2008* empezamos el recorrido por los primeros libros de Samoilovich; por ejemplo, «La noche antes de embarcar», de *Las encantadas* (2003): «Por la ventana / que da a la calle se ven los mismos árboles / que en el jardín, es fácil confundirse, / adentro, afuera, el mismo color rosa / de los grandes pétalos». En ese viaje alucinatorio, Samoilovich parece acercarse al Girondo de los *Veinte poemas para ser leídos en el tranvía*: el viajero que se apropia del paisaje con admiración —por así decir— pero sin ninguna timidez, con un gesto de gracioso azoramiento. Un viaje que resulta casi sorprendente en un panorama poético (y crítico, dentro y fuera de la academia) que, en los últimos largos años, parece haberse impuesto la prohibición de salir del barrio natal. Es significativo que la poesía reunida de Samoilovich haya adoptado el título de *Rusia es el tema* y recoja dos libros publicados originalmente en Madrid (*Superficies iluminadas*) y en Barcelona (*Las encantadas*), y que lleve como prólogo un texto de la poeta española Olvido García Valdés, importante interlocutora de Samoilovich y de varios poetas argentinos contemporáneos: fue la editora de la antología *El arte de perder y otros poemas*, de Mirta Rosenberg, asimismo cofundadora e importante animadora de *Diario de poesía*, la revista que Samoilovich dirigió a lo largo de sus veinticinco años de existencia.

La figura del viajero —del extranjero, del extemporáneo— es, en efecto, central en la obra de Samoilovich: *Las encantadas* tiene como trasfondo una excursión a las Galápagos, las islas para siempre asociadas a las teorías de Darwin, que estuvo allí hacia 1835, y a las que, veinte años más tarde, Herman Melville llamó «Encantadas». Si un estadounidense las renombró, ¿por qué un argentino no iba a saquearlas? A decir verdad, los poetas han sido siempre conquistadores fabulosos: mucho antes de que los dorios se establecieran en las costas del sur de la península itálica, Homero las había poblado de titanes, héroes y sirenas de

nombre griego. De un modo inesperado, este volumen de poe-
sía reunida hace evidente la relación entre *Las encantadas* y
otro de los grandes poemas del autor: *El despertar de Samoilo*
(2005), un viaje por el espacio-tiempo, sacudido por una risa
que lo desacomoda todo, incluso la gramática y la ortografía,
por la trágica locura de la historia reciente: «El siglo xx, ¿qué
se fizo?».

Ambos libros empiezan con el despertar en una habitación
de hotel; en esto se acercan a una de las películas más curiosas del
cine reciente: *El arca rusa*, de Alexander Sokurov, un paseo por
la historia —aquí también, literalmente, «Rusia es el tema»—
guiado por un aristócrata francés que se despierta en el museo
del Hermitage sin saber cómo ni por qué llegó allí. El despertar,
en la poesía de Samoilovich, es un estado perdurable: se mira
con los ojos abiertos pero bañados aún por cierta agua onírica.
No porque a Samoilovich le interese lo psíquico al modo de los
surrealistas, en absoluto. Pero sí lo tienta el mecanismo vanguar-
dista del extrañamiento: hay que mirar —parece decir— como
si las cosas se vieran por primera vez o se volvieran a ver después
de mucho tiempo. Todo es tan natural como incomprensible:
una tortuga de las Galápagos reflexiona acerca de su caparazón,
que la hacía invulnerable frente a los depredadores hasta que
llegaron los implumes, es decir, los humanos: «El peso, que fue
nuestro ingenuo remedio / contra la pájarocaptura, transformó-
se / en nuestro problema a la hora de la / implucaptura. Ironía,
etcétera». El extrañamiento, como se aprecia, opera asimismo
respecto de la lengua, incrustada de arcaísmos y neologismos.

Despertar, por otra parte, es un privilegio del todo humano:
los dioses (de todas religiones) también tienen consciencia de
sí pero desconocen el sueño y la transición entre ese casi no ser
y el completo ser de la vigilia. Procedimientos de mirada exper-
ta que rompen la ilusión de captar el mundo directamente: el
poema requiere un desvío, un filtro deformante. Samoilovich lo
muestra en *El carrito de Eneas* (2003), donde la Buenos Aires
depauperada del *corralito* es literalmente mitificada, como la
reedición de una Troya en ruinas en la que, sentados en el cordón

de la vereda, se mezclan Aquiles, Ho Chi Minh, Mao, Lao Tsé, Hernán Cortés y Stalin «sin que siquiera una cerveza los anime». El circo patético que *El carrito…* pone en juego en una Buenos Aires que, en su apocalipsis (es decir, etimológicamente, en el acto de revelarse, de quitarse el velo), parece encontrar su verdadero rostro, se resuelve en una representación ajena al espanto y el lamento, a la consigna y la conmiseración:

> *Mira, los hay de todas las naciones:*
> *esos que juntan hierro, cual tácito*
> *homenaje a su sangre goda; númidas de Chile,*
> *dudosos en sus promesas; obsequiosos*
> *paraguayos, de modales jesuíticos […];*
> *ciudadanos de Roma migrantes a América,*
> *exitosos pequeños industriales, con hijos dentistas,*
> *¡y aquí los tienes ahora, buscando dentaduras*
> *postizas entre medio la basura!*
> *Esotros, taciturnos y taimados,*
> *fueron súbditos no del todo leales*
> *de los Incas del Cuzco…*

De esta fusión de orígenes, clases sociales, tiempos históricos, ilusiones y caídas en desgracia surge una lengua moldeable, un poema que cuenta y a la vez inventa (hace inventario), que crea una nueva imagen del mito a partir del colapso de la historia y de sus ideales. El Olimpo se desplomó sobre el suelo: el humo de las calles es una combustión de grandeza pasada y desgracia presente.

El poema extenso es una de las formas predominantes en la obra de Samoilovich: *Superficies iluminadas* (1999) mostraba ya ese camino, con una apertura operística, la «Balada de Timoteo», entonada por «un vagabundo en una plazoleta de la Avenida 9 de Julio, en Buenos Aires, una noche de invierno». Un linyera que medita sobre los adjetivos de Shakespeare y las relaciones lógicas en los silogismos: finalmente, todo es un peculiar efecto de luz, unas superficies iluminadas.

El despertar de Samoilo, El carrito de Eneas y *Molestando a los demonios* tienen en común el tono humorístico. Algo infrecuente en poesía, el más solemne de los géneros literarios, a pesar de todas las sacudidas de la modernidad. Samoilovich, en cambio, retuerce la lengua y agiganta las figuras, utiliza procedimientos pantagruélicos, se ríe de las vicisitudes neuróticas de sus personajes (cualquiera sea el grado explícito de autorretrato que contengan), del ciclo apocalíptico de la historia nacional, del incomprensible y trágico siglo xx. Aquí el lamento elegíaco se ha agotado; por esta vez, solo queda reír. El lector está invitado a la farsa.

Después de algunos volúmenes de misceláneas, como *El libro de los seres alados* (2000) o *Fábulas y fabulaciones* (2022) (ambos en colaboración con el artista Eduardo Stupía), Samoilovich retomó su inclinación al poema unitario, extenso, en *Berisso 1928*. *La vida futura* (2023), libro ambicioso y fuerte, a pesar de sus modestas sesenta páginas.

No es infrecuente localizar, en los libros que he mencionado, evocaciones de ese gran arte que parece hoy imposible, el de *la Eneida*, el de la *Divina Comedia*, el de Lucrecio, Aristófanes, Cervantes o Shakespeare, obras que sistematizaron nuestra imaginación del mundo y de lo humano. No quiero decir que Samoilovich pretenda medirse con, ni imitar a, esas figuras; sí mostrar su huella, su presencia como pretexto o trasfondo de la escena, porque en todos esos libros hay algo teatral, incluso alguno de ellos se ha llevado al escenario. Se trata, en *Berisso 1928*, del fantasmagórico resurgir o despertar —la escena del despertar es, como vimos, liminar y a la vez nuclear en todos los grandes poemas de Samoilovich— de un pasado perdido: el tiempo de los grandes frigoríficos que funcionaron a lo largo de casi todo el siglo xx en la localidad de Berisso, cerca de la ciudad de La Plata, capital de la provincia de Buenos Aires.

Los acápites del poema deben ser leídos como parte de él, o al menos como una transición entre las declaraciones del autor acerca de sus intenciones y el poema mismo; así que empecemos por eso. Uno de los acápites es de *El buen soldado Švejk*, de

Jaroslav Hašek; otra, del *Infierno* de Dante, de donde salen el subtítulo y las últimas palabras del poema, «la vida futura» (Dante como pretexto y casi postexto, como umbral y salida); la tercera cita, a la que me referiré, reproduce los dos últimos versos de un famoso soneto de Joachim du Bellay: «Ce qui est ferme, est par le temps destruit, / Et ce qui fuit, au temps fait résistance». Samoilovich los anota en su propia traducción, un pareado que dice: «Lo que es firme, el tiempo lo destruye, / sólo le opone resistencia lo que fluye». Esa versión incluye ya, de algún modo, el espesor histórico del soneto de Du Bellay en castellano, porque, con cerca de un siglo de distancia respecto del autor francés, fue imitado por Quevedo en estos términos: «huyó lo que era firme y solamente / lo fugitivo permanece y dura». En ambos casos, el río Tíber le dice al peregrino recién llegado a Roma que su inestable corriente de agua es eterna y eternamente igual a sí misma (en ese momento, nadie podía saber el desastre que el ser humano ocasionaría sobre esa supuesta esencia intemporal de la naturaleza), en tanto que los templos y edificios imperiales, creados con ambición de perdurar para siempre, son ahora ruinas. En términos modernos diríamos que todo lo sólido se desvanece, en tanto que lo fluido no cesa de cambiar para seguir siendo igual. Con disculpas por la autorreferencia, yo había utilizado esa cita de Du Bellay, a principios de siglo, en un poema dedicado a la «Pizza Margarita» (incluido en segunda *Cinética*, 2004), donde la pizza representaba el carácter fluido de la deglución y su renovación permanente frente a la firmeza de los monumentos e himnos dedicados a esa reina, la primera de Italia unificada. Juan José Saer, por su parte, usó los versos de Quevedo, junto a otros de Juan L. Ortiz y unos, curiosamente, también de Dante —aunque no del *Infierno* sino del *Paraíso*—, como encabezamiento de su última novela, *La Grande* (2005). Así que, en veinticinco años, se ha configurado una breve pero firme tradición literaria argentina en torno a lo inasible como única forma probable de lo permanente.

En la estela quevediana, leo también —en la sección de *Berisso 1928* titulada «Viaje a La Plata»— otro pareado, que viene a rematar una reflexión acerca de la evolución de la vida desde su acuática forma primitiva hasta su máxima expresión en el ser humano; dice así: «Ya no hay remedio, querido primate: / te saliste del agua, ahora embromate». Como diría Mariano Picón Salas del propio Quevedo, hay aquí casi un «preciosismo de la grosería», es decir una conjunción del gran arte verbal y del pensamiento científico (Darwin es referencia recurrente en Samoilovich) con la dicción coloquial. Picón Salas, en *De la Conquista a la Independencia*, de donde sale la cita sobre Quevedo, no reproduce ningún pasaje en particular, pero podríamos recordar, por ejemplo, la «Jácara I», en la que un ladronzuelo o rufián llamado Escarramán envía un mensaje a su querida, llamada «la Méndez» (nótese el doble sentido de los «alfileres»):

> *Ya está guardado en la trena*
> *tu querido Escarramán,*
> *que unos alfileres vivos*
> *me prendieron sin pensar.*

La oposición entre lo firme y lo fluido reaparece en forma de oxímoron, también aquí de casi áurea visibilidad, en los primeros versos de *Berisso 1928*, que evocan la imagen del peregrino ya no frente a las ruinas de la Roma imperial sino de los frigoríficos que fueron, hasta la década de 1980, los «más grandes de América del Sur», el Swift y el Armour. La decadencia no ha necesitado de muchos siglos para hacer su trabajo, como en la capital del gran imperio antiguo, sino solo de algunas décadas; ya se sabe que en América cada año puede quemar eras históricas completas.

El verso al que me refiero dice, en referencia al trabajo cumplido por esos frigoríficos ahora en desuso: «ebria, metódica matanza». ¿Cómo puede un determinado procedimiento estar ebrio y ser metódico a la vez? ¿Cómo se pueden combinar en una misma acción el desenfreno dionisíaco y la racionalidad apolínea? La voz del poema parece decirnos que eso es lo único posible allí donde no se fabricaron autos ni refrigeradores sino que se faenan miles de cabezas de ganado. Donde el río no es de agua sino de sangre. Donde seres vivos pasan rápidamente a ser materia divisible, envasable, enlatada, exportable: «viandada y jugo cárnico, / piezas congeladas, charcutería, / y cuanta porquería consumieran / la Europa y América del Norte». Donde «nada se desperdicia, nada / de la vaca o el toro se tira, todo / se transforma». Donde la cuantificación minuciosa del trabajo humano encuentra su cruel emblema en un sello «grabado en Chicago»: «Left out», que se aplica al obrero literalmente dejado de lado, despedido, reemplazado por «el primer desgraciado / llegado de Serbia o Montenegro», es decir por el inmigrante recién bajado del barco. *Berisso 1928* tiene, como se ve, un arraigo en la tradición moderna del poema documental, particularmente intensa en Estados Unidos, en Muriel Rukeyser, C.D. Wright y Lydia Davis.

Para el frigorífico, el obrero no tiene mucha mayor entidad subjetiva que la ternera sacrificada: una sale enlatada, el otro hambriento y con un «olor que no se va más», como dice uno de los estribillos del poema; en el mejor de los casos, con un sueldo de miseria. Acaso por eso el lector encuentra, en el corazón de *Berisso 1928*, una subunidad troquelada, un canto en el que la vaca reprocha, en pie quebrado, la suerte —o mejor dicho la mala suerte— que la azota en el momento decisivo de ser desnucada y faenada. La vaca humanizada, el obrero reducido a mano de obra sustituible.

Una buena parte de la historia económica, política y social de Argentina se resume en los versos de la viandada del párrafo anterior. Pero no se trata ya del elemento demasiado humano de *El matadero* de Esteban Echeverría (1871), casi medieval todavía con sus bofes y achuras cubiertas de barro sanguinoso que vuelan como arma arrojadiza entre una masa indistinta de famélicos desarrapados, si bien es cierto que en el poema de Samoilovich, como en un guiño a ese padre de la letras nacionales, las mujeres de la sección «Tripería» juegan a tirarse riñones a la cara, desafiando la vigilancia del capataz con sus burlas del rosismo y el final que parece decirnos que allí donde se faenan reses se sacrificarán hombres. Se trata, ahora, de la fría hecatombe del frigorífico industrial, ya del todo siglo xx, que el poema describe en la sección titulada «Adiós»: «Otro par de golpes de las hoces veloces, / una maniobra audaz y las pieles son quitadas, / quedan las reses blancas / que la sierra transforma en medias reses…».

En esa matanza capitalista, racional y ebria al mismo tiempo, anida y crece, y ese es el otro núcleo del poema, el sueño de la revolución. La revolución soviética aconteció en un orbe donde nunca penetró la democracia liberal; pero el sueño occidental de la revolución, incluso del trotskismo, de la revolución dentro de la revolución, se produce en el corazón mismo de la cadena de producción industrial, hecha por y para el capital. Porque, y esto también es parte esencial de la historia argentina, esos frigoríficos, a los que una peste decimonónica arrojó desde la gran capital hacia el apartado suburbio portuario, se nutrieron de la fuerza de trabajo de los inmigrantes: españoles, italianos; judíos escapados, mucho antes que del fascismo y del nazismo, de los pogromos en la periferia del Imperio ruso: de Zaporizhia, en este caso, en Ucrania, en las orillas no del prestigioso Tíber, sino del humildoso Dniéper. De allí emigró el Eneas rioplatense que protagoniza el cuento de *Berisso 1928*, llamado David Bronstein, «único trotskista de Berisso». Y aquí Samoilovich retoma una deriva de otro Eneas argentino, explícito aquel, el que empujaba su carrito por las calles de Buenos Aires en plena crisis del corralito, en el umbral de este siglo, el de *El carrito de Eneas*.

Al final, como en aquellos quevedianos «… muros de la patria mía, / si un tiempo fuertes, ya desmoronados», tanto el frigorífico como el sueño de la revolución acaban yendo a parar a la ruina, donde «los tanques de agua están secos, / la proveeduría, desprovista, / la hojalatería se oxidó y la curtiembre / por las ratas invadidas fue» y donde David Bronstein despierta en medio de un porvenir que ya es pasado, el de «la vida futura». «¡David Bronstein: despertate!» dice la voz conativa, cerrando en este Berisso la escena central de la obra de Samoilovich, la del despertar, como en los libros que mencioné al principio. El poema no acontece en el sueño surrealista sino en la resaca despierta, en la cruda transición entre sueño y vigilia, y sobre todo en esa zona de la vigilia en que lo metódico puede juntarse con lo excesivo y lo infernal con lo cómico.

22

AURELIO MAJOR, LA LIRA REINICIADA

En algunas producciones recientes de poesía en castellano se advierte un agotamiento y un recomienzo. El agotamiento se refiere al de las posibilidades ofrecidas por el coloquialismo que predomina desde finales del siglo pasado. Ese giro coloquial fue, a su vez, una forma de manifestar que los diversos pujos de la vanguardia tocaban o debían tocar a su fin. En Europa, el auge de las distintas formas de vanguardia duró aproximadamente treinta años, si contamos desde el manifiesto de Marinetti hasta el principio de la Segunda Guerra Mundial. Pero en América Latina no hubo un acontecimiento de alcance continental que pusiera fin a las diversas oleadas vanguardistas. Hacia 1972, por poner un ejemplo, Emir Rodríguez Monegal podía escribir: «Por tres veces en este siglo, las letras latinoamericanas han asistido a una ruptura violenta, apasionada, de la tradición central que atraviesa —como un hilo de fuego— esa literatura». Se refería a los años veinte (la irrupción de los *ismos*), los cuarenta (cuando surge la «literatura comprometida», como la *Tercera residencia* de Neruda) y los sesenta (la que cuestiona la «estructura poética misma, el lenguaje en tanto que límite», como ocurre en *Paradiso*, *Rayuela* o *Blanco*). Pero, además, a principios de los años sesenta, cuando Nicanor Parra ya había publicado *Poemas y antipoemas* y Carlos Martínez Rivas *La insurrección solitaria*, Aldo Pellegrini saca en Buenos Aires su *Antología de poesía surrealista* y su traducción de *Los cantos de Maldoror* de Lautréamont, cuyo influjo puede apreciarse, por ejemplo, en los libros fundamentales que Pizarnik está escribiendo por entonces, como *Extracción de la piedra de la locura*, cuyo título homenajea a uno de los artistas predilectos de Breton y los suyos: El Bosco. Las dos tendencias —vanguardista y coloquialista—, que suelen verse como sucesivas, fueron simultáneas durante un largo período; así como lo fue, antes, la convivencia de la vanguardia con la prolongación de la herencia rubendariana; por ejemplo, *Tala* (1938), de Gabriela Mistral, ya no es modernista por sus temas pero lo es enteramente en su prosodia. El coloquialismo solo se convertirá en predominante en la década final del siglo, cuando la estela de las vanguardias se apaga definitivamente o se vuelve irrelevante.

¿Y ahora, entonces, qué viene, qué podría ser lo nuevo? Las tentativas son múltiples y dispersas; muchas de ellas, como es visible en la literatura de nuestro tiempo, dominadas por preocupaciones temáticas y con escasa relevancia artística. Pero hay otra búsqueda —más que tendencia— que se presenta como un recomienzo: una nueva espiral hacia el origen, siempre que se tenga presente que el origen latinoamericano es ya un regreso, una reelaboración: barroco, por eso. Es decir, donde «origen» debe entenderse en el sentido de Walter Benjamin: no como algo arcaico que pueda ser recuperado sino como aquello que reaparece ante nuestro ojos, cada vez, a modo de interrogación. «Puedo decir que, para nosotros, el barroco es el no-origen porque es la no-niñez. Nuestras literaturas […] nacieron ya adultas», escribió Haroldo de Campos, señalando el desacomodo o el desencaje de la poesía escrita en América Latina.

Aurelio Major, en *Pródromo* (2019), hace explícita su poética neobarroca en el conjunto del libro y la redobla en algunos guiños particulares. Cuando escribe, por ejemplo, acerca de una picaza que «de techo en techo perlonga» su graznido, está haciendo dos operaciones a la vez (y ese espesor es de índole barroca): usa un verbo ajeno a la lengua coloquial (perlongar) y hace un guiño al principal poeta neobarroco —o, como él mismo se denominó, neobarroso— del Río de la Plata: Néstor Perlongher.

Que el libro de Aurelio Major (mexicano radicado desde hace años en Barcelona) quiere anunciar un advenimiento está claro desde su título: un pródromo es el «malestar que precede a una enfermedad». Lo implícito, aquí, es que «barroco» se denominan también, según Eugenio d'Ors, los síntomas que preceden a la irrupción de una dolencia. Esa enfermedad vuelve sobre lo decadente —elemento esencial al surgimiento de la modernidad, en Baudelaire y los simbolistas—, en cuyo seno, para decirlo en palabras de Paul Bourget, la unidad pierde fuerza y «la página se descompone para dejar paso a la independencia de la frase, y la frase para dejar paso a la independencia de la palabra». A esta enfermedad estética, Major la trata a base de humor: formas de la paronomasia que trastrocan la frase hecha («rompamos lances», «sin diques ni diretes»), aliteraciones o invocaciones, casi siempre en tono menor, a distintas autoridades. Por ejemplo, a Neruda —que aparece como fantasma detrás de la prosodia de varios pasajes de *Pródromo*— se lo evoca mediante el neologismo «vidobra», un término acuñado por el propio Neruda para atacar a Vicente Huidobro durante el episodio conocido como «guerrilla literaria» (según el conocido estudio de Faride Zerán). A T. S. Eliot no se lo cita por sus poemas mayores sino por una obra doméstica sobre el nombre de los gatos. A Oliverio Girondo, por la negatividad de su disolvente «masmédula»: «en un dentro desmayado no». Todo en *Pródromo* es a la vez sofisticado y reticente a la solemnidad, a lo asertivo, a lo unívoco.

El humor no está, aquí, solo en la sombra del doble sentido. Reside, también, en la conciencia de que el poema habla por sí mismo y no como manifestación del sujeto que, aun siendo el autor, se queda afuera de la página: «El poeta superior dice lo que efectivamente siente, / nada de esto tiene que ver con la sinceridad», escribe Major. En estos versos asoman Pessoa y su «Autopsicografía», la del poeta que finge el dolor que de verdad siente (pero ¿hubiera dicho lo mismo uno de sus heterónimos?). Asoma también, en ese sentimiento verdadero, lo que Nietzsche definió, en *El nacimiento de la tragedia*, como el «problema de la objetividad» en el arte: «en toda especie y nivel de arte exigimos ante todo y sobre todo victoria sobre lo subjetivo, redención del "yo" y silenciamiento de toda voluntad y capricho individuales, más aún, si no hay objetividad, si no hay contemplación pura y desinteresada, no podemos creer jamás en la más mínima producción verdaderamente artística». En los poemas de Arquíloco, dice Nietzsche, «a quien vemos es a Dioniso y a las ménades». Apolo: dios clásico; Dioniso: barroco. Major: «Lo que escalda la entraña es el rescoldo». No hay más interioridad que las entrañas.

En el centro de *Pródromo* está «Ilapso», poema extenso —abarca una tercera parte del libro— de aire meditativo o filosófico. Se reaviva allí una alta tradición mexicana: la que funda, a finales del siglo barroco por excelencia, el *Primero sueño* de Sor Juana Inés de la Cruz, que parece evocado en los primeros versos de la segunda sección de «Ilapso»: «Todo duerme para olvidar, que dormir al sol es peor, / dormir a los rayos de la luna / y mayormente cuando entran por angostos agujeros». Aunque aquí no es «la avergonzada Nictímene» (o sea, la lechuza) la que se hace oír «por angostos agujeros», sino las cotorras urbanas escapadas de sus jaulas y el ruido de los coches. Esa tradición del extenso poema meditativo fue continuada en el siglo XX, sobre todo por José Gorostiza en *Muerte sin fin*. Siempre y cuando se acepte el encuentro del austero Gorostiza, observador de un vaso de agua, con el gran neobarroco Gerardo Deniz, cuyos poemas de risa erudita, tejidos de citas y alusiones cultas, resuenan en varias partes de *Pródromo*.

Además de algún soneto y de muchos endecasílabos de goloso paladeo, que pudieran leerse como una suerte de anti-antipoesía, el libro incluye una sección, «Write Wreck», compuesta por fotos (de coches accidentados o abandonados a la intemperie, la mayoría) con epígrafes inesperados: citas entresacadas de Blaise Cendrars o de Mina Loy, sin referenciar, y cuyo sentido cambia a la luz de las imágenes a las que acompañan. Ejercicio que recuerda, entre otras producciones proto y tardovanguardistas, a los *Artefactos* de Nicanor Parra. Señal de que no hay voluntad de impugnaciones completas, y de que el espíritu barroco, como ya dijo Lezama Lima, radica en un americano «no rechazar». De allí la alta capacidad de impregnación de este libro, que pone en funcionamiento su propia galaxia, rica en invocaciones y evocaciones.

23

LÍRICA Y SISTEMA: *LEXIKÓN*
DE SERGIO RAIMONDI

Veinte años después de *Poesía civil* (2001), Raimondi publicó *Lexikón*, más de cuatrocientas páginas grandes, con índice de términos y materias. ¿De qué hablan esos poemas? De todo menos de la persona Sergio Raimondi, nacido en Bahía Blanca, al sur de la provincia de Buenos Aires, en 1968. Hablan de economía, hidráulica, sociología, física, lingüística, antropología, historia argentina y universal, exahashes (criptomonedas), «microbiótica intestinal», «crecimiento estadístico del consumo energético», «galones de turbosina de diésel y de nafta», «teoría del fijismo de las especies», «fluctuaciones de valores en la Bolsa de Londres»… No hay libro que no surja en la intersección de otros libros; lo particular de *Lexikón* es que se intersecan volúmenes del todo ajenos a la literatura. Habría que recorrer el campus entero y entrar en todas las facultades para reunirlos. Parece el fruto de una actitud meditadamente antirromántica, si no fuera porque Novalis dejó gran cantidad de notas sobre toda clase de materias, que hoy conocemos como *La enciclopedia*.

En *Poesía civil*, Raimondi ya había tomado un emblema sublime por excelencia —el irascible, fascinante y mortífero océano— para vaciarlo de lirismo y llenarlo de economía, trabajo, mecánica, hidrocarburos… Por ejemplo, el poema «Qué es el mar»:

El barrido de una red de arrastre a lo largo del lecho,
mallas de apertura máxima, en el tanque setecientos mil

> *litros de gasoil, en la bodega bolsas de papa y cebolla,*
> *jornada de treinta y cinco horas, sueño de cuatro...*

Así era el Atlántico mirado desde Ingeniero White, el gran puerto de Bahía Blanca, cuyo museo dirigió Sergio Raimondi durante varios años. Y eso que el libro se abre con una invocación a Shelley.

Eso fue diez años después de *El guadal*, donde Daniel García Helder (Rosario, 1961) había escrito: «Malezas fúnebres a orillas del Ludueña, / barro engrasado, humo de carne y carbón ensuciando / las banderas del Autódromo, y distante / un horizonte amurallado de monoblocs...». La poesía argentina cumplía el ciclo del objetivismo, de la mirada camarógrafa, de la atención hacia el mundo de las cosas. A mediados de los años ochenta, en la revista *Diario de poesía*, y contra el neobarroco imperante en los años anteriores, Helder pugnaba por una poesía «sin heroísmos de lenguaje», menos opaca, más abierta a los significados inteligibles, incluso a la narratividad.

Han pasado casi cuarenta años y la exuberancia verbal regresa, no como lujo paronomástico ni tropo proliferante sino como sintaxis suntuosa, dúctil, que ordena estrofas y hasta poemas en una única frase y modula un léxico que excede la tesitura coloquial, en la que se basa su dicción, para avanzar abiertamente sobre los lenguajes técnicos. Aquí, por ejemplo, la relación entre la moneda y su respaldo en oro se compara con la palabra y su significado:

> *porque siempre y cuando tengamos en cuenta la relación*
> *íntima entre la acuñación de las monedas y las palabras*
> *habría sido acaso un acto presidencial ¡y performático!*
> > *equivalente a la destrucción mosaica del becerro idolátrico*
> > *la que consiguió cumplir el sueño perfecto de decir*
> > *desvinculando dólar y lingote de oro literalmente nada.*

También son sustanciales las écfrasis de imágenes vistas en la prensa o en los museos, como en la entrada «Museum», seguramente inspirada en el altar de Pérgamo y que parece testimonio de la extensa estadía del autor en Berlín, gracias a una beca alemana para escritores latinoamericanos.

En tanto autor de un diccionario imposible, Raimondi tiene al menos un antecedente argentino: como un caso de exhibición leonina, aparece en la historia nacional la cabeza de Lugones, quien dedicó parte de sus últimos años a componer un monumental *Diccionario etimológico del castellano usual...* Aunque terminó antes con su vida que con esa obra, porque el volumen no agota la letra «A». ¿Sirve como diccionario? No, evidentemente. Sirve, o sirvió, a su autor y a su mesianismo nacionalista, en su cruzada contra los reales académicos de Madrid, a quienes quiso demostrar que el castellano rioplatense era incluso más castizo que el peninsular.

La construcción del diccionario lugoniano no fue menos artificiosa que su *Lunario sentimental*, intento de confiscar a la posteridad la posibilidad de inventar metáforas de la luna. O la «Oda a los ganados y las mieses» (de *Odas seculares*), tratado de geografía humana en endecasílabos asonantados, donde Lugones se propuso alzar «cantos en loor del trigo / Que en la pampeana inmensidad desborda». Esa «pampeana inmensidad» no es una categoría ajena al *Lexikón*, aunque apenas aparezca explícitamente. Como Lugones, Raimondi usa los prosaísmos como despertador de una prosodia, por otra parte, sólidamente sostenida a lo largo del volumen: «propensión persistente a la exaltación», «permitir seguir creando», «a fin de poder recorrer...», «suele implicar descuidar», «dotar de epicidad a la acción». Finalmente, ¿vale la pena recordar que el poeta vive en la misma ciudad —y enseña en la misma universidad— que aquel otro intérprete de esa llanura infinita y casi vacía, el Ezequiel Martínez Estrada de *Radiografía de la Pampa*? La misma universidad a cuya notable tradición de estudios clásicos Raimondi agregó sus deliciosas versiones de Catulo y Lucrecio, y las no pocas entradas con títulos en griego y latín del *Lexikón*. El título del libro, además, puede ser evocación del célebre *Lexikon* de Wilhelm Heinrich Roscher (1884), obra en nueve volúmenes que fue durante décadas de referencia obligada en los estudios clásicos; sin el cual, según Roberto Calasso, es «inútil acercarse a la mitología griega».

En el ámbito de la poesía, el libro sistemático o sinóptico —en forma de catálogo, diccionario, tratado o evangelio— manifiesta, más que resuelve, la tensión, sempiterna en el género, entre fragmento y totalidad, entre inspiración y proyecto. La compleción exige paciencia: Whitman editó y aumentó sus *Hojas de hierba* a lo largo de cuarenta años, y la última versión se denominó del «Lecho de muerte». William Carlos Williams empezó *Paterson* en 1926 y no lo terminó hasta 1958. Neruda empleó veinte años, entre 1925 y 1945, en el triple ciclo de sus *Residencias*, su «sistema sombrío», como él mismo lo denominó. Juan L. Ortiz escribió durante más de cincuenta años los libros casi monotemáticos sobre el río Paraná y algunos de sus afluentes, que reunió después bajo el título de *En el aura del sauce*. César Fernández Moreno compiló su obra en *Sentimientos completos*, donde incluyó *Sentimientos*, libro dividido en diez secciones tituladas por colores. «Al organizarlo —escribe en el "Jundamento"— he reaprendido el sentido de mi vida».

La paciencia significa también ambición o fe en el valor de un trabajo que debe resistir las tentaciones del cierre precipitado. Actitud cada vez más inusual que, sin embargo, le cae bien a la poesía. Julio Premat definió *Lexikón* como «libro imposible», y en eso radica parte de su valor. El acercamiento a lo imposible requiere de una especial perseverancia, que es la parte heroica del talento artístico. Premat recuerda también que Raimondi se refería a su libro, cuando publicaba fragmentos en revistas o hacía lecturas públicas, con el título de *Para un diccionario crítico de la lengua*. Título insostenible, al cabo, porque las entradas que encabezan los poemas son términos en francés, alemán, inglés, ruso, sánscrito, griego, latín, chino, tailandés, árabe, aimara, o siglas técnicas del tipo «HTTP», y nombres propios, como «Foucault, Michel»:

> *Filósofo e historiador a ver ¿a que no adivinan?*
> *francés cuyas obras en torno a los dispositivos*

e instituciones de normalización fueron leídas
de este lado del orbe con los regímenes militares
en mente o acaso inscriptos en las coyunturas
óseas y las terminales deterioradas y nerviosas...

O nombres científicos, como «Larus Dominicanus», la gaviota característica de «esta zona portuaria», es decir, de Bahía Blanca; o «Laurus Nobilis» y no «Laurel». El propio título prefiere *Lexikón* al normativo «lexicón», para subrayar el origen griego (y alemán) del término; además está «Hysteresis» en lugar de «Histéresis»; «Imolaçao» y no «Inmolación», porque el poema surge, según todos los indicios, de la noticia de un gran incendio urbano en Brasil; «Irdisch» y no «Terrenal». La brújula de *Lexikón* señala, como un origen latente, en la dirección de los diccionarios enciclopédicos, que el advenimiento del régimen digital convirtió en volúmenes apilados al lado de los contenedores de basura o, con alguna suerte, en materia prima para artistas del collage. Juan Cárdenas sugirió que la relación entre las entradas del *Lexikón* y su definición (que es cada poema) remite a un tercer elemento, que no se nombra y cuyo modelo podría ser el de las asociaciones formales de Aby Warburg.

A propósito de *Mobile*, otro libro que presenta su material en orden alfabético —«el más insípido de los órdenes»— y en el que Michel Butor recopiló una serie heterogénea de fragmentos sobre Estados Unidos, desde guías de viaje a señales de tráfico, Roland Barthes se preguntaba: «¿Existe una forma más pura que una clasificación?». Y agregaba: «Se trata de una composición deliberada: en primer lugar en su amplitud, que la emparentaría con aquellos grandes poemas de los que ya no tenemos idea, y que eran la epopeya o el poema didáctico». Es decir, las obras de Homero y Hesíodo, y su descendencia europea medieval. Esos «grandes poemas» que América no llegó a tiempo de engendrar, y cuya carencia, todavía hoy, quieren remunerar a su manera los proyectos casi extemporáneamente ambiciosos, por su extensión y por su voluntad de agotar el sistema que construyen. Raimondi renueva con *Lexikón* esa estirpe americana, que parecía haberse extinguido con el siglo xx.

Acaso por eso sugiere que, superados los límites tradicionales de los géneros literarios, se encuentra una zona conveniente de lo americano: «… por qué en este lado del mundo las ideas a pensar / suelen ser pensadas desde la escansión del ritmo del verso / y desde una escritura renegada de su prosa administrativa».* Así, por ejemplo, la entrada «Moral Economy», escandida en tercetos, desarrolla respuestas (en forma de pregunta) a este interrogante:

> *¿En qué momento exacto, bajo qué presiones*
> *y según qué pautas de comportamiento*
> *tramadas por la experiencia y la costumbre*
>
> *una multitud compuesta de tejedores sastres*
> *aserradores mineros del carbón y del estaño*
> *hilanderas cardadores de lana y algún vago*
>
> *bajo la conducción de una mujer amazónica*
> *en cuyo corpiño late un cuchillito se dirige*
> *enarbolando una hogaza manchada de rojo*
>
> *al molino para impedir el alza del precio del pan*
> *o denunciar su factura adulterada e insulsa*
> *con mezcla de harina rancia y hasta huesos?*

En los grandes sistemas que construye la poesía caben todas las materias. Incluida, y exaltada, la poesía misma.

---

* ¿Algo parecido habrá intuido Apollinaire cuando rimó «L'Amérique» con «les prairies lyriques»?

BIBLIOGRAFÍA MÍNIMA

ASHBERY, JOHN, *Una ola*, trad. de Ignacio Infante, Barcelona, Lumen, 2003.

—, *Otras tradiciones*, trad. y pról. de E. Dobry, México, Vaso Roto, 2014.

—, *Las vanguardias invisibles (escritos sobre arte 1960-1987)*, trad. de A. Montoya Gil, A. Cristobo, E. Dobry y P. Grinberg, pról. de E. Dobry, Barcelona, Kriller71, 2021.

BLOOM, HAROLD, *La escuela de Wallace Stevens. Un perfil de la poesía estadounidense contemporánea*, trad. de Jeannette L. Clariond, México, Vaso Roto, 2011.

BORGES, JORGE LUIS, *Poesía completa*, Barcelona, Lumen, 2011.

CARRERA, ARTURO, *Potlatch*, pról. de E. Dobry, Madrid, Amargord, 2010 [2004].

CASTELLANOS, ROSARIO, *Mujer que sabe latín...*, México, FCE, 1973.

—, *Poesía no eres tú. Obra poética (1948-1971)*, México, FCE, 2014.

—, *Antología poética*, pról. de José Emilio Pacheco, Madrid, Visor, 2017.

DANTO, ARTHUR C., *Después del fin del arte*, trad. de E. Neerman, Madrid, Paidós, 2001.

DARÍO, RUBÉN, *Obras completas*, vol.1, *Poesía*, ed. de Julio Ortega, pról. de José Emilio Pacheco, Barcelona, Galaxia Gutenberg, 2007.

DARÍO, RUBÉN, *Poesía*, ed. de Á. Rama, Caracas, Biblioteca Ayacucho, 1985.

DOBRY, EDGARDO, *Pizza Margarita*, México, Mangos de Hacha, 2010.

—, *Una profecía del pasado. Lugones y la invención del «linaje de Hércules»*, Buenos Aires, FCE, 2010.

—, *Celebración. A través de la poesía americana*, Barcelona, Trampa, 2021.

ECHAVARREN, ROBERTO, José Kozer y Jacobo Sefamí (eds.), *Medusario. Muestra de poesía latinoamericana*, México, FCE, 1996.

ECHAVARREN, ROBERTO (ed.), *Transplatinos. Muestra de poesía rioplatense*, México, El tucán de Virginia, 1991.

ELIOT, T. S., *El bosque sagrado*, trad. de I. Rey Agudo, San Lorenzo del Escorial, Langre, 2004 [1920].

GINZBURG, CARLO, *Ojazos de madera. Nueve reflexiones sobre la distancia*, Barcelona, Península, 2000.

GIRONDO, OLIVERIO, *Oliverio al alcance de todos. Poesía reunida*, Barcelona, Trampa, 2018.

HEIDEGGER, MARTIN, *La autoafirmación de la Universidad alemana, El Rectorado, Entrevista del «Spiegel»*, ed. de Ramón Rodríguez, Madrid, Tecnos, 1989.

HENRÍQUEZ UREÑA, MAX, *Breve historia del Modernismo*, México, FCE, 1954.

HENRÍQUEZ UREÑA, PEDRO, *Las corrientes literarias en la América Hispánica*, México, FCE, 1949.

MORA, TULIO, *Cementerio general*, pról. de Edgardo Dobry, Barcelona, Ediciones Sin Fin, 2018 [1989].

KAMENSZAIN, TAMARA, *La novela de la poesía*, Buenos Aires, Adriana Hidalgo, 2012.

—, *El libro de Tamar*, Buenos Aires, Eterna Cadencia, 2018.

KOZER, JOSÉ, *Trazas (Spuren)*, ed. bilingüe, trad. y pres. de Susanne Lange, epíl. de E. Dobry, Zúrich, Teamart Verlag, 2007.

LANGBAUM, ROBERT, *La poesía de la experiencia*, trad. de J. Jiménez Heffernan, Granada, Comares, 1996.

LEZAMA LIMA, JOSÉ, *La expresión americana*, México, FCE, 2000 [1957].

LUGONES, LEOPOLDO, *Obras poéticas completas*, Madrid, Aguilar, 1974.

—, *Historia de Sarmiento*, Buenos Aires, Academia Argentina de Letras, 1980 [1911].

—, *Antología*, ed. de E. Dobry, Madrid, Visor, 2011.

—, *El Payador*, ed. de E. Dobry, Buenos Aires, Eudeba, 2017 [1916].

MAJOR, AURELIO, *Pródromo*, Madrid, Libros de la Resistencia, 2019.

MARIÁTEGUI, JOSÉ CARLOS, *7 ensayos de interpretación de la realidad peruana*, Caracas, Biblioteca Ayacucho, 2007 [1928].

MELVILLE, HERMAN, *The Encantadas, or Enchanted Isles*, Londres, Hesperus Classics, 2020 [1854].

MILÁN, EDUARDO, *Ensayos unidos. Poesía y realidad en la otra América*, Madrid, Machado Libros, 2011.

MILÁN, EDUARDO, *Resistir*, México, Conaculta, 1994.

OLIVER, MARY, *Devociones. Poesía reunida*, ed. de Andreu Jaume, Barcelona, Lumen, 2025.

ONÍS, FEDERICO DE, *Antología de la poesía española e hispanoamericana 1882-1932*, Nueva York, Las Americas Publishing Company, 1961.

PADGETT, RON, *Cómo ser perfecto*, pról. de Edgardo Dobry, Barcelona, Kriller71, 2018.

PAZ, OCTAVIO, *El signo y el garabato*, Barcelona, Seix Barral, 1991.

PERLONGHER, NÉSTOR, *Poemas completos*, ed. de Roberto Echavarren, Buenos Aires, Seix Barral, 1997.

—, *Papeles insumisos*, ed. de A. Canghi y R. Jiménez, Buenos Aires, Santiago Arcos, 2004.

PICÓN SALAS, MARIANO, *De la Conquista a la Independencia*, México, FCE, 1965.

PIÑA, CRISTINA y Patricia Venti, *Alejandra Pizarnik. Biografía de un mito*, Barcelona, Lumen, 2022.

PIZARNIK, ALEJANDRA, *Poesía completa*, Barcelona, Lumen, 2001.

—, *Diarios*, ed. de Ana Becciu, Barcelona, Lumen, 2013.

POE, EDGAR A., *El cuervo y otros textos poéticos*, ed. de E. Dobry y A. Ehrenhaus, Barcelona, Penguin Clásicos, 2019.

RAIMONDI, SERGIO, *Poesía civil*, Bahía Blanca, 17 grises, 2010.

—, *Lexikón*, Buenos Aires, Mansalva, 2022.

RAMA, ÁNGEL, *La ciudad letrada*, ed. de N. Catelli y E. Dobry, pról. de A. Gorelik, Buenos Aires, Trampa, 2024 [1984].

RAMA, ÁNGEL, *Las máscaras democráticas del Modernismo*, Montevideo, Fundación Ángel Rama, 1985.

REYES, ALFONSO, *Última Tule. Obras completas de Alfonso Reyes*, vol. 11, México, FCE, 1960 [1942].

RIFFATERRE, MICHAEL, *La Production du texte*, París, Éditions du Seuil, 1979.

RODÓ, JOSÉ ENRIQUE, *Ariel. Motivos de Proteo*, pról. de C. Real de Azúa, Caracas, Ayacucho, 1985 [1900, 1917].

RODÓ, JOSÉ ENRIQUE, *Rubén Darío. Su personalidad literaria, su última obra*, Montevideo, Imprenta de Donaleche y Reyes, 1899.

RODRÍGUEZ MONEGAL, EMIR, «Tradición y renovación», en VV. AA., *América Latina en su literatura*, ed. de César Fernández Moreno, México, Siglo XXI, 1972.

RODRÍGUEZ MONEGAL, EMIR y Leyla Perrone-Moisés, *Lautréamont austral*, Montevideo, Brecha, 1995.

ROSENBERG, MIRTA, *El arte de perder y otros poemas*, ed. y pról. de Olvido García Valdés, Valencia, Pre-Textos, 2016.

SAMOILOVICH, DANIEL, *El carrito de Eneas*, Buenos Aires, Bajo la Luna, 2003.

—, *Rusia es el tema. Poemas reunidos 1973-2008*, pról. de Olvido García Valdés, Buenos Aires, Bajo la Luna, 2014.

—, *Berisso 1928. La vida futura*, Buenos Aires, Bajo la Luna, 2024.

SCHKLOVSKI, VÍKTOR, «El arte como artificio», en VV. AA., *Teoría de la literatura de los formalistas rusos*, ed. de Tzvetan Todorov, México, Siglo XXI, 1978.

SCHWARZBÖCK, SILVIA, *Los monstruos más fríos*, Buenos Aires, Mardulce, 2017.

SPITZER, LEO, *La enumeración caótica en la poesía moderna*, trad. de Raimundo Lida, Buenos Aires, Instituto de Filología, Coni, 1945.

STEVENS, WALLACE, *De la simple existencia, antología*, trad. de A. Sánchez Robayna, Barcelona, Galaxia Gutenberg, 2003.

SUCRE, GUILLERMO, *La máscara y la transparencia. Ensayos sobre poesía hispanoamericana*, Caracas, Monte Ávila, 1975.

SZURMUK, MÓNICA, «Lo femenino en *El eterno femenino* de Rosario Castellanos», en A. López González, A. Malagamba y E. Urrutia (eds.), *Mujer y literatura mexicana y chicana*, México, El Colegio de México, 1990.

VALLEJO, CÉSAR, *Obra poética completa*, ed. de E. Ballón Aguirre, Caracas, Biblioteca Ayacucho, 1979.

—, *Desde Europa. Crónicas y artículos 1923-1938*, ed. de Jorge Puccinelli, Lima, Fuentes de Cultura Peruana, 1987.

WHITMAN, WALT, *Hojas de hierba*, ed. y pról. de Jorge Luis Borges, Barcelona, Lumen, 1991.

—, *Hojas de hierba*, ed. de Eduardo Moga, Barcelona, Galaxia Gutenberg, 2014.

—, *Obra escogida*, intro. de E. Dobry, trad. de C. Zardoya, Barcelona, Penguin Clásicos, 2017.

WILLIAMS, WILLIAM CARLOS, *Paterson*, trad. de Hugo García Manríquez, pról. de William Rowe, México, Aldus, 2008 [1958].

—, *Poesía reunida*, trad. de E. Dobry, J. A. Montiel y M. Tregebov, Barcelona, Lumen, 2017.

WOOLF, VIRGINIA, *Un cuarto propio*, trad. de Jorge Luis Borges, Barcelona, Lumen, 2020.

ZERÁN, FARIDE, *La guerrilla literaria. Pablo de Rokha, Vicente Huidobro, Pablo Neruda*, Santiago de Chile, FCE, 2008.

ÍNDICE ONOMÁSTICO